AF567633

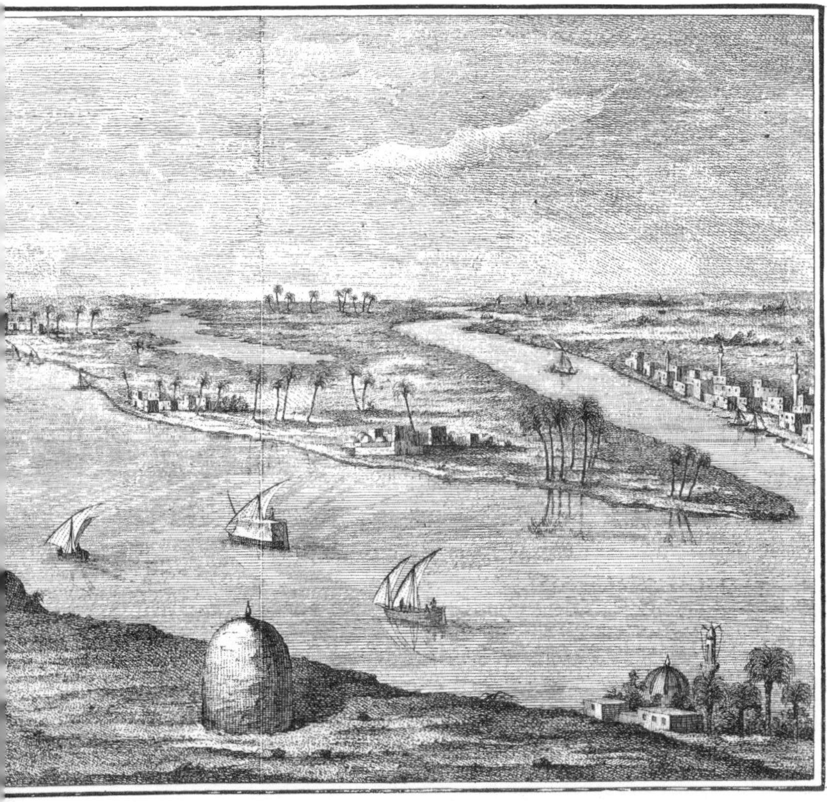

DIE 100 BEDEUTENDSTEN ENTDECKER

Carsten Niebuhrs

Reisebeschreibung

nach

Arabien und andern umliegenden Ländern.

Erster Band.

I. W. inv. I. F. Clemens Sculp.

Kopenhagen,

Gedruckt in der Hofbuchdruckerey bey Nicolaus Möller,

1774.

Titelblatt des ersten der drei Bände der Originalausgabe

Carsten Niebuhr

Entdeckungen im Orient

Reise durch Arabien im Auftrag des dänischen Königs

1761 – 1767

Herausgegeben und bearbeitet von Robert und Evamaria Grün

Mit 45 Original-Darstellungen

EDITION ERDMANN

Inhalt

Dritter Teil

Vierter Teil

Vorbericht

Im Jahre 1755 gab der König von Dänemark, Friedrich V., den beiden Förderern der Künste und Wissenschaft am Hofe, den Grafen von Bernstorff und von Moltke, den Auftrag, eine Reise nach dem glücklichen Arabien vorzubereiten. Als Teilnehmer wurden bestimmt:

Professor Friedrich Christian von Haven, den in Rom Minoriten die morgenländischen Sprachen gelehrt hatten.

Peter Forskål, ein Naturgeschichtsprofessor, der mehrere morgenländische Sprachen beherrschte.

Carsten Niebuhr, geboren in Lüdingworth an der Niederelbe, dem die Beschreibung Arabiens aufgetragen wurde.

Der Arzt *Christian Carl Cramer.*

Der Maler und Kupferstecher *Georg Wilhelm Baurenfeind.*

C. Niebuhr's

Reisebeschreibung

nach

Arabien und andern umliegenden Ländern.

Dritter Band.

Carsten Niebuhr
im 76ten Lebensjahre.

Hamburg,

bei Friedrich Perthes.

1837.

Titelblatt des dritten Bandes der Originalausgabe

Erster Teil

Carsten Niebuhr in arabischer Kleidung

Die Reise von Kopenhagen nach Konstantinopel

Nachdem wir im Dezember 1760 in Kopenhagen eingetroffen waren, gab uns der König den Befehl, auf einem Kriegsschiff zunächst nach Smyrna zu reisen. So begaben wir uns am 4. Januar 1761 an Bord. Wir sahen schon anfangs, dass diese Seereise bequem und angenehm werden würde. Der Befehlshaber des Schiffes, Konteradmiral Heinrich Fischer, hatte für uns Reisende zwei Kammern einrichten lassen, die zwar klein, aber gemütlich waren. Mittags und abends aßen wir in der großen Kajüte, und nicht nur der Kommandeur, sondern auch die anderen Offiziere behandelten uns freundlich und höflich.

Der Wind war uns günstig, sodass wir gegen Ende des Monats das gefährliche Kattegatt glücklich passieren und die Nordsee erreichen konnten. Dann aber, im Februar, wurde der Sturm so heftig, dass wir auf dem Schiff kein Feuer machen durften. Einer der Matrosen ging über Bord und konnte nicht gerettet werden. Wohl legte sich der Wind später wieder, er blies aber noch immer derart, dass wir nicht weiterkamen. Das ging viele Tage so, und die Folge war, dass mehrere Matrosen starben und an die dreißig krank daniederlagen. Erst im März kam das schöne Frühlingswetter, das wir herbeigesehnt hatten.

Nachdem viele Tage lang kein Land zu sehen gewesen war, erblickten wir am 21. April Kap Vincent. Dort versorgten wir uns mit allem Nötigen. Unsere weitere Fahrt, die auf der Mittelländischen See, war dann angenehm. Wir hatten schöne Ausblicke auf Gebirge an der europäischen oder afrikanischen Küste, oft sogar auf beide zugleich. Waren uns in der Nordsee die stürmischen Winde unangenehm gewesen, plagte uns hier allerdings manchmal Windstille. Außerdem war das Trinkwasser kaum noch genießbar.

Wir hielten dennoch durch. Von der Meerenge von Gibraltar sahen wir nicht viel, und am 15. Mai erreichten wir Marseille. Dort lagen unzählige Handelsschiffe, vor allem französische, die sich wegen des Krieges mit England nicht mehr auf See wagen durften. Der Aufenthalt in Marseille war uns nach der langen Seereise sehr angenehm. Wir besuchten die Buchläden, die Handlungen, in welchen man billig allerhand Seetiere, so zum Beispiel rote Korallen, kaufen kann, und die berühmten Jesuiten Pezenas und La Grange, welche hier eine mit vortrefflichen Instrumenten ausgerüstete Sternwarte haben. Überall wurden wir freundlich aufgenommen.

In Marseille stießen wir auf drei dänische Handelsschiffe, deren Ziel Smyrna war. Ende Mai gingen wir an Bord. Aber widrige Winde sorgten dafür, dass wir erst am 3. Juni unter Segel gehen konnten. Am Nachmittag des 5. Juni erblickten wir in der Ferne vier Schiffe und sahen bald, dass es Engländer waren. Da Dänemark mit England in Frieden lebte, ließen sie uns in Ruhe.

Am 14. Juni erreichten wir Malta und warfen in dem großen Hafen, gleichsam in der Stadt selbst, Anker. Denn die Hauptstadt dieser Insel besteht, wie bekannt, aus mehreren kleinen Städten, die durch Meerbusen, die ebenso viele Häfen sind, eingeschlossen werden. Malta hat ein vortreffliches Aussehen. Die Häuser, nach morgenländischer Art flach, liegen auf steilen Anhöhen und sind aus behauenen Steinen. Der Felsen, aus dem die Insel besteht, ist ein so weicher Kalkstein, dass man ihn wie Holz bearbeiten kann. Und da es dem Orden nicht an Geld und guten Baumeistern mangelt, sind auf dieser Insel viele prächtige Kirchen und Paläste zu finden. Das vornehmste Gotteshaus ist die St. Johannis-Kirche. Diese wird von den Großmeistern reich beschenkt, und man sagte mir auch, dass an sie ein Teil der Beute fällt, die der Orden macht. Durch diese und andere Einkünfte sind hier unermessliche Schätze angehäuft worden. Neben vielem Gold- und Silbergerät sieht man eine Lichtkrone mit einer Kette aus purem Gold, die 500 000 maltesische Taler gekostet haben soll. Unter den Reichtümern, welche in den Nebenkapellen aufbewahrt werden, trifft man noch viel kostbarere Sachen an, so ein 24 Pfund schweres Kreuz aus reinem Gold, das mit zahllosen kostbaren Edelsteinen besetzt ist. Kurz, die Reichtümer der Kaaba zu Mekka können sich nicht mit jenen in dieser Kirche vergleichen.

Es gibt auf Malta auch ein vortreffliches Hospital, in dem alle Kranken ohne Unterschied und ohne Entgelt aufgenommen und verpflegt werden, wobei man die Speisen in silbernen Schüsseln reicht. Große Kornmagazine sind zur Gänze aus dem Felsen gehauen, und das Wasser wird mittels einer am Anfang des 17. Jahrhunderts gebauten Wasserleitung von einer fast drei Meilen entfernten Quelle in die Stadt geführt. Die ganze Insel ist nur 4 ¾ Meilen lang und 2 ¼ Meilen breit. An der Südseite ist das Ufer steil, an der Nordseite jedoch, wo es flacher ist, sind Türme und Schanzen aufgeführt, um die Landung eines Feindes zu verhindern. Also ist die ganze Insel eine Festung.

Wir verließen die Insel Malta am 20. Juni und erreichten am 3. Juli Smyrna. Am 10. gingen wir wieder unter Segel und ankerten am 13. vor der Insel Tenedos. Hier verließen wir unser Schiff und bestiegen ein türkisches. Die Sprache, die Kleidung und das Betragen der Türken waren uns so fremd, dass wir wenig Hoffnung hatten, an den Türken Gefallen zu finden. Am 30. Juni erreichten wir Konstantinopel. Wir legten bei Galata an und wurden sogleich zu Herrn von Gähler, dem außerordentlichen Gesandten des Königs zu Konstantinopel, geführt. Herr von Gähler nahm uns alle in seinem Haus auf.

Die Reise von Konstantinopel bis Alexandria

In Konstantinopel wurde ich krank, sodass ich von dieser großen Stadt fast nichts sehen konnte. Als ich wiederhergestellt war, trafen wir sofort alle Anstalten für die Reise nach Ägypten. Um vom Pöbel nicht verspottet zu werden, ließen wir für uns morgenländische Kleidung anfertigen, außerdem kauften wir Küchengerät und Lebensmittel. Herr von Gähler besorgte uns vom Sultan einen Reisepass und Empfehlungsschreiben.

Am 8. September begaben wir uns an Bord eines Schiffes, das von der Republik Ragusa gekommen war. Die Winde waren uns nicht hold, und so erreichten wir erst am 15. die Dardanellen. Alle Schiffe, die von Konstantinopel kommen, werden hier durchsucht, und das dauert einen ganzen Tag. Das war mir nur recht, weil es mir dadurch möglich war, an Land zu gehen und diesen berühmten Ort zu sehen.

Die Kastelle hier sind von keiner nennenswerten Bedeutung. Die Kanonen sind zwar groß, liegen aber alle auf der bloßen Erde oder auf Balken. Manche sind verrostet und nur mit Steinkugeln geladen. Der Kanal ist bei den Dardanellen so schmal, dass die Kanonenkugeln das gegenüberliegende Ufer erreichen können. Außerdem ist er so stark gekrümmt, dass niemand hoffen darf, ihn selbst bei günstigem Wind in einer Nacht zu durchsegeln. Also ist es für eine feindliche Flotte nicht leicht, hier zu passieren und Konstantinopel von der Wasserseite her anzugreifen. Wollten also die christlichen Seefahrer die Hauptstadt des Türkischen Reiches erobern, müssten sie die Zufuhr verhindern.

Am 17. September gingen wir wieder unter Segel, am 21. erreichten wir Rhodos. Herr Forskål, Herr Baurenfeind und ich gingen sogleich an Land, um den französischen Konsul zu sprechen. Da wir aber türkisch gekleidet waren, ließ er uns nicht ein. Auf dem Rückweg begegneten wir einem Kapuziner, und der führte uns zu dem Konsul zurück. Der Konsul nahm uns nun höflich auf und gab uns einen Dolmetscher, der uns in der Stadt umherführte.

Wir sahen, dass die Häuser hier sehr dauerhaft gebaut sind. In der Straße der Ritter erblickten wir da und dort Wappen, auch das venezianische. Die Festung ist eine der besten im ganzen Türkischen Reich. Bei dieser Stadt stand ehemals, wie bekannt, der berühmte der Sonne gewidmete Koloss. Wo er gestanden hat, kann jetzt nicht mehr bestimmt werden.

Auf Rhodos versuchten wir zum ersten Mal, in einer türkischen Garküche zu essen. Die Mahlzeit war gut und wohlfeil, sonst jedoch war alles in dieser Herberge übel. Wir saßen auf der Straße, ohne Messer und Gabel, die Schüssel, aus der wir aßen, starrte von Schmutz. Nachher suchten wir einen Juden auf, der alle hier ankommenden Europäer gerne mit Wein bewirtete. Zwei Mädchen, die er für seine Töchter ausgab, schenkten uns kleine Geldbeutel, die sie selbst verfertigt hatten.

Der Kommandant des Schiffes, das uns nach Alexandria bringen sollte, sprach so wie sein Schreiber und seine Steuerleute ein gutes Italienisch. Der Schreiber war nicht nur in Venedig und anderen italienischen Häfen gewesen, sondern einmal auch bis nach Wien gekommen. Ich fragte ihn, ob man in den Ländern des Sultans noch Heiden fände. Da antwortete er: »Deren gibt es viele in Deutschland, sie heißen daselbst Lutheraner und wissen nichts von Gott und seinem Propheten.«

Wir wohnten in einer großen Kajüte, die so lag, dass wir von den Türken ganz abgesondert waren. Über uns, auf der anderen Seite, befand sich eine Kammer, in der vornehme türkische Sklavinnen wohnten. Nach einiger Zeit öffneten wir das Fenster und sahen zu den Frauen hinauf. Anfangs erhoben sie ein großes Geschrei, nach und nach gewöhnten sie sich aber daran, uns zu sehen. Wir zeigten ihnen Früchte und in Europa zubereiteten Zucker, und wenn ihnen etwas gefiel, ließen sie Tücher herunter, um unsere kleinen Geschenke so in Empfang zu nehmen.

Am 26. September ankerten wir im Hafen von Alexandria. Während unserer kurzen Reise waren acht Personen, darunter der Steuermann, plötzlich gestorben. Man nahm an, dass sie alle durch die Pest hinweggerafft worden waren. Unsere Gesellschaft litt gottlob an keiner ansteckenden Krankheit, obwohl unser Arzt die Kranken besucht hatte.

Beschreibung von Alexandria

Die Stadt Alexandria liegt jetzt auf einer Erdzunge zwischen einer Halbinsel und der alten Stadtmauer und zwischen den beiden Häfen. Die Polhöhe beträgt 31°12'. Der Grund ist so niedrig, dass man glauben könnte, der größte Teil dieser Siedlung wäre in den alten Zeiten mit Wasser bedeckt gewesen. Gleichwohl verleihen die Moscheen und Türme wie auch einige große Gebäude mit dem Überrest der Stadtmauer und die Dattelbäume der Stadt ein schönes Aussehen. Auch der Obelisk der Kleopatra ist sehenswert.

Alexandria ist nicht auf einmal verlassen worden, sondern nach und nach in Verfall geraten, so wie seine Einwohner immer

Ansicht der Stadt Damiât

weniger und ärmer geworden sind.[1] Die alten Paläste wurden niedergerissen, die Steine für neue Bauten verwendet. Das beste Stück des Altertums konnten die Mohammedaner allerdings nicht wegbringen. Es ist dies der Obelisk der Kleopatra. Er ist aus hartem rotem Granit verfertigt und besteht aus einem Stück. Einige Buchstaben von der pharaonischen Schrift sind noch einen Zoll tief. Hieraus ersieht man, welche Sorgfalt die Ägypter anwandten, ihre Nachrichten gleichsam für die Ewigkeit aufzubewahren. Es ist nicht ihre Schuld, dass ihre Nachkommen nicht mehr imstande sind, sie zu lesen.

1 Alexandria ist heute nach Kairo die größte und bedeutendste Stadt Ägyptens und hat 4,3 Millionen Einwohner.

Von den vielen prächtigen Tempeln Alexandrias ist nur die Kirche des heiligen Athanasius übrig geblieben. Man soll in ihr viele schöne Säulen und kostbare griechische Bücher finden können. Allein diese schöne Kirche wurde vor vielen Jahren in eine Moschee umgewandelt, also ist Christen der Eintritt verboten. Außer dem Erwähnten ist in der Stadt Alexandria nichts sehenswert. Alles ist wüst und schmutzig.

Alexandria hat ansehnliche Zolleinkünfte, da im Hafen alle Schiffe ankern, die Waren aus Europa nach Ägypten bringen. Es halten sich hier verschiedene europäische Kaufleute auf, Franzosen, Venezianer und Holländer. Alle bedienen sich im Umgang mit den Arabern des Italienischen. Es gibt aber auch viele Araber, welche diese Sprache beherrschen. Sie lernen sie wohl wegen der Hoffnung auf Gewinn.

Während unseres Aufenthalts gab es in der Stadt häufig Unruhen und viele Plünderungen. Deshalb waren wir froh, als wir ihr den Rücken kehren konnten.

Die Reise von Alexandria nach Káhira

Wenn man Káhira erreichen will, muss man zuerst nach Raschid. Diese Reise auf dem Landweg zurückzulegen ist deshalb gefährlich, weil es hier von Räubern wimmelt. Fällt man ihnen in die Hände, muss man froh sein, wenn sie einem die Beinkleider lassen. Aus diesem Grunde mieteten wir in Alexandria ein kleines Fahrzeug, mit dem wir nur sehr langsam weiterkamen. Teils war uns der Wind nicht wohlgesinnt, teils stieß unser Schifflein immer wieder auf Grund. Der Schiffer entschuldigte sich damit, dass sich das Bett des Stromes hier sehr oft verändere. Schließlich kamen wir aber doch an unser Ziel.

Die Stadt Raschid – die Europäer nennen sie Rosette[2] – ist in der arabischen Geschichte schon lange bekannt. Heute ist sie ein Umschlagplatz für alle Kaufmannswaren, welche von Káhira nach Alexandria und von hier nach Káhira gebracht werden. Sie ist ziemlich groß und liegt an der Westseite des Nils auf einer Anhöhe, von welcher man eine vortreffliche Aussicht hat. Ihre Polhöhe ist 31°24'.

In Raschid wohnen ein französischer und ein venezianischer Konsul sowie einige europäische Kaufleute, welche den Transport der Waren ihrer Freunde besorgen und überwachen. Wir nahmen bei den Franziskanern Quartier. Die Einwohner dieser Stadt sind wegen ihrer Höflichkeit den Europäern gegenüber berühmt. Also hätten wir uns hier länger aufhalten können. Doch wir wollten bald nach Káhira (Kairo) kommen. Am 6. November reisten wir ab.

---

2 Rosette, das heute bedeutungslos ist, wurde durch eine dort 1799 gefundene Steintafel mit dreisprachiger Inschrift berühmt. Diese Tafel ermöglichte es, Hieroglyphen zu entziffern.

Die Reisen auf dem Nil sind, besonders in dieser Jahreszeit, da alle Felder grün bewachsen sind, sehr angenehm. Beide Ufer des Flusses sind voller Dörfer. Die Häuser sind aus ungebrannten Ziegelsteinen verfertigt und oben flach. Sie vermitteln, da sie alle von Dattelbäumen umgeben sind, dem Europäer einen fremden und hübschen Anblick. Oft sieht man bei den Dörfern Ruinen alter Städte und große Haufen Salz. Krokodile habe ich keine zu Gesicht bekommen. Die Ägypter glauben, dass ein ins Strombett eingemauerter Talisman es den Bestien verbietet, sich in diesem Teil des Stromes aufzuhalten.

Man spricht sehr viel von Räubern, die ständig auf dem Nil anzutreffen sind. Aber man muss sie nicht fürchten, wenn man des Nachts Wache hält und des Öfteren hören lässt, dass man mit einem Feuergewehr versehen ist. Wenn man außerdem eine Laterne brennen lässt, wissen die Räuber, dass sich auf diesem Schiff Europäer befinden, die sich nicht leicht im Schlaf überfallen lassen. Im März 1762 wurden auf diesem Arm des Nils wirklich drei Schiffe geplündert. Aber man nimmt an, dass die Räuber den Überfall nur wagten, weil sie mit dem Schiffer, mit dem sie die Beute später teilten, gemeinsame Sache gemacht hatten.

Die Türken erzählten mir folgende Geschichte von einem dieser Räuber: Ein Pascha, der soeben erst nach Ägypten gekommen war, schlug sein Lager am Ufer des Nils auf, und seine Leute hielten des Nachts so gut Wache, dass sie einen Dieb, der ihnen einen Besuch abstatten wollte, ergriffen. Am Morgen wurde der Dieb sofort vor den Pascha geführt. Dieser ließ ihn wissen, dass er sterben müsse. Nun bat der Gefangene um die Erlaubnis, dem Pascha ein Kunststück zeigen zu dürfen, was ihm gewährt wurde. Daraufhin band der Dieb die Kleider des Paschas und alles, was sonst noch in dem Zelt lag, zu einem Bündel zusammen und zeigte einige Gaukeleien. Und dann warf er sich blitzschnell in den Nil und brachte sich, die geraubten Sachen auf dem Kopf, an das andere Ufer in Sicherheit, ehe die Türken ihre Gewehre holen und ihn aufhalten konnten.

Beschreibung der Stadt Káhira

Die erste Stadt, welche die Mohammedaner in Ägypten erbauten, hieß Fostát. Über ihren Ursprung kann man von den arabischen Schriftstellern viel erfahren. Als Amru, der General des Kalifen Omar, diesen Teil Ägyptens erobert hatte und mit seiner Armee gegen Alexandria vorrücken wollte, soll er hier ein Zelt haben stehen lassen, um eine Taube, die auf demselben ihr Nest gemacht hatte, nicht zu stören. Und dies war für die Araber eine so gute Vorbedeutung, dass sie an Ort und Stelle eine Stadt erbauten. Aber die Araber hatten auch andere Gründe, sich in dieser Gegend niederzulassen. Sie hielten es wohl nicht für ratsam, sich unter den christlichen Einwohnern aufzuhalten, außerdem konnte der Statthalter Ägyptens von hier nach allen Provinzen, wenn es notwendig war, eiligst Truppen schicken. Er residierte ja fast mitten im Lande.

Nachdem also Fostát die Hauptstadt Ägyptens geworden war, erhielt sie den Namen Masr, das heißt die Herrscherin. Doch sie behielt diese Ehre nicht, sondern verfiel nach und nach, während Káhira, das die Europäer später Kairo nannten, emporkam.

Die Stadt Káhira ist, wie bekannt, schon im Jahre 358 nach der Hedschra[3] von Jaur, dem General des fatimidischen Kalifen Elmoas, angelegt worden. Aber diese neue Stadt wurde bis etwa zum Jahr 572 als Vorstadt von Fostát angesehen, obwohl Salah ed-dîn in ihr viele prächtige Moscheen, Schulen und Krankenhäuser erbaut hatte. Ob die Größe der Stadt in den letzten Jahrhunderten zu- oder abgenommen hat, kann nicht mit Gewissheit bestimmt werden. Es ist allerdings wahrscheinlich, dass sie größer geworden ist.

Káhira ist zwar groß, aber nicht so stark bevölkert wie eine gleich große Stadt in Europa. Die Häuser sind auch nicht so hoch wie bei uns, sie haben meist nur ein Stockwerk. Es gibt drei Bezirke: das Quartier des Paschas, das so voller Ruinen

3 980 n. Chr.

Bâb-el-fitûch, ein Tor zu Káhira

ist, dass man hier die Wohnung des Statthalters von ganz Ägypten schwerlich suchen würde (da die Paschas selten lange hierbleiben, geben sie sich nicht die Mühe, einen neuen Palast zu erbauen); das Quartier der Janitscharen und das der Assabs. Im Quartier des Paschas befindet sich auch das Münzamt. Hier werden Sequins, goldene Münzen, Pará, kleine silberne Münzen, und Burben, kleine Kupfermünzen, gehauen. Das Quartier der Janitscharen ähnelt einer Festung, denn es ist von einer mit vielen Türmen versehenen Mauer umgeben. Das Corps der Janitscharen wird vom Sultan bezahlt. In diesem Quartier befinden sich der berühmte Brunnen Josephs und der Palast Josephs. In Letzterem wird das kostbare Tuch verfertigt, das alljährlich auf Kosten des Sultans nach Mekka gesandt wird. Das Quartier der Assabs, des gewöhnlichen Volkes, habe ich nicht betreten. Ein Europäer, der dort eindringen würde, käme wohl kaum mit dem Leben davon.

Die vielen Moscheen Káhiras zu beschreiben, erspare ich mir. Sie sind in zahlreichen Reiseberichten gründlich geschildert worden.

Die Stadt Káhira (Cairo, Kairo) ist etwa eine halbe deutsche Meile vom Nil und eine Viertelmeile von Masr-el-atik, einer größtenteils sandigen Ebene, entfernt und liegt am Fuß und äußersten Ende des Berges Mokattam. Die Straße, in welcher die Franzosen wohnen, hat die Polhöhe 30°2'58". Man kann die Stadt am besten vom Berg Mokattam übersehen. An den übrigen Seiten ist sie zum Teil von großen Hügeln umgeben, die nichts anderes sind als der täglich auf Eseln aus der Stadt gebrachte Unrat. Auch die Hügel am Kanal sind riesige Abfallhaufen. Die meisten sind schon so hoch, dass man von dieser Seite des Nils kaum noch die Spitzen der Türme sehen kann.

Das Kastell liegt zwischen der Stadt und dem Berg Mokattam auf einem hohen Felsen. Wann es erbaut wurde, kann nicht bestimmt werden, es ist aber möglich, dass es schon unter der Regierung der Griechen auf diesem Platz stand. Die Lage dieses Felsens ist so vorteilhaft, dass das Kastell uneinnehmbar zu sein scheint.

Die ehemalige Vorstadt El-Karâfe ist jetzt nur sehr wenig bewohnt. Man findet aber daselbst noch viele prächtige, zum Teil schon verfallende Moscheen und Grabmäler der ehemaligen Beherrscher Ägyptens. Hier liegt auch das Grab des berühmten Schafei, des Stifters der Sekte der Sunniten. Diese Gegend wird besonders am Freitag von mohammedanischen Weibern besucht, die hier ihre Andacht verrichten. Vor der Moschee Dsjami-el-ashar erhalten täglich zahlreiche Arme Essen und Wasser.

Hochzeitsprozession der Mohammedaner zu Káhira

Die Moscheen Káhiras aufzuzählen und zu beschreiben, erscheint mir, wie erwähnt, überflüssig. Hierzu ist auch ihre Zahl zu groß. Ich will nur bemerken, dass die meisten mehr als ein Minarett haben und dass die Gläubigen von einer offenen Galerie aus zum Gebet gerufen werden. Glocken findet man nirgends. Denn die Mohammedaner sagen, das Geläut der Glocken gehöre nur zu Lasttieren, also Eseln und Kamelen. In den Moscheen findet man eine Kanzel, große, kostbare Teppiche (oder auch nur Strohmatten), von der Decke herabhängende Lampen und an den Wänden Sprüche aus dem Koran. Nach der Seite, wo Mekka liegt, befindet sich eine Marmornische, die man Kebbla nennt. Davor stehen große Leuchter mit Wachskerzen. Wenn es nicht an Platz mangelt, wird die Moschee immer so gebaut, dass das eine Ende gegen Mekka liegt.

Der Muristân ist ein Hospital für Kranke und Wahnsinnige. Man spricht in Káhira viel von den großen Einkünften dieses Hospitals und auch mancher Moscheen. Meistens aber werden diese so verwaltet, dass die Rechnungsführer reich, die Moscheen jedoch nach und nach arm werden, wenn nicht neue Vermächtnisse den Verlust ersetzen. In dem erwähnten Hospital, das ich betreten durfte, war für alles gesorgt, was ein Kranker notwendig hat.

Die Oquals sind mächtige Gebäude, in welchen sich viele kleine Räume befinden, wo die Kaufleute ihre Waren stapeln. Hiervon gibt es in der Stadt sehr viele. Auch die Zahl der öffentlichen Bäder ist groß. Diese sehen von außen nicht sehr hübsch aus, im Innern jedoch sind sie geräumig, sauber und schön. Der Fußboden ist oft mit kostbarem Marmor belegt. In den Bädern befinden sich zahlreiche Diener, von welchen jeder seine eigene Aufgabe hat. Die Zeremonien, welche diese Diener mit den Badenden vollführen, reizen einen Europäer nur zum Lachen. Ich jedenfalls verzichtete darauf, mich kneten und mir die Glieder verrenken zu lassen. Am Ende des Gebäudes befindet sich eine Kammer, in der sich ein etwa 2½ Fuß hoher Pfahl befindet. Auf diesen Pfahl setzen sich jene, die sich an verschiedenen heimlichen Stellen die Haare entfernen lassen. Dies geschieht mit einer Salbe, die man in den Bädern verkauft.

Etwa zwei Stunden von Káhira entfernt liegt die Stadt Heliopolis. Von ihr ist aber nicht mehr viel übrig: große Dämme und Hügel, übersät mit Marmor- und Granitscherben, die Überbleibsel einer Sphinx und ein aufrechtstehender Obelisk aus Granit, der mit Hieroglyphen beschrieben ist. Dieser aus dem Altertum stammende Obelisk stand vor dem berühmten, der Sonne geweihten Tempel, von dem jetzt nichts mehr zu sehen ist. Der Obelisk ist 5 Fuß 7 Zoll hoch. Die Ägypter, die mir zusahen, als ich die Höhe des Obelisken maß, glaubten, ich würde diesen großen Stein durch einen Zauber, der nur mir bekannt war, in die Höhe werfen und mir dann die darunter vergrabenen Schätze aneignen. Dass sie mir diese Schätze nicht lassen würden, war sicher eine beschlossene Sache. Als sie sahen, dass sie geirrt hatten, zogen sie mit enttäuschten Mienen ab.

In der Nähe von Heliopolis liegt das Dorf Matare, wo man einen Sykomorenbaum zeigt, der von den morgenländischen Christen sehr verehrt wird, weil er sich öffnete, um die Heilige Familie zu verbergen, als sie sich auf der Flucht nach Ägypten befand. Des Weiteren zeigt man hier einen Brunnen, der plötzlich Wasser spendete, als die Heilige Familie vor ihm stand.

Vier Stunden östlich von Káhira liegt Birket-es-hadsj (Versammlungsort der Pilger), ein großer See, der sein Wasser vom Nil erhält und den man deshalb so nennt, weil sich die Mekka-Pilger hier alljährlich bei ihrer Abreise versammeln und nach ihrer Rückkehr hier wieder auseinandergehen. An den Ufern dieses Sees befinden sich einige Landhäuser, die reichen Kaufleuten gehören.

Bulak ist eine große Stadt und der Haupthafen der Stadt Káhira. Alle Waren, die auf dem Nil nach der Hauptstadt gebracht oder von dort nach dem Mittelländischen Meer gesandt werden, müssen hier passieren. Deshalb befindet sich hier das größte Zollhaus Ägyptens. In großen Häusern werden Reis, Salz und Holz aufgestapelt. In einem Gebäude, das dem Sultan gehört, bewahrt man das Korn auf, das der Herrscher jährlich nach Mekka und Medina sendet.

Die Einwohner Káhiras

Die meisten Einwohner der Stadt sind Araber, Türken und andere Mohammedaner aus allen Provinzen des Türkischen Reiches. Dazu kommen noch Maghrebiner, Afrikaner, Tataren und Perser. Nach den Mohammedanern ist die Gemeinde der koptischen Christen[4] die größte. Diese sind Abkömmlinge der alten Ägypter und werden von den Türken spöttisch die »Nachkommen des Pharaos« genannt. Die nächststärkste Gemeinde ist die der Juden, welche fast alle Zölle in der Hand haben. Die Griechen besitzen in der Stadt nur zwei Kirchen. In der einen residiert der Patriarch von Alexandria, in der anderen der Bischof vom Berg Sinai.

Es gibt in Káhira einen französischen, einen venezianischen und einen holländischen Konsul. An europäischen Mönchen mangelt es nicht. Da sind die Jesuiten, die Kapuziner und die Franziskaner. Alle diese Väter bemühen sich sehr zu bekehren, und oft glückt es ihnen, aus einem morgenländischen Christen einen römischen zu machen. Die Regierung besitzt keinen Grund, den europäischen Aposteln entgegenzutreten, denn durch die Uneinigkeit, welche sehr oft zwischen den Bekehrten und jenen, die bei der alten Kirche bleiben wollen, entsteht, haben die Paschas manche Gelegenheit, große Strafgelder bald bei der einen, bald bei der anderen Partei zu kassieren. Bisweilen müssen auch die Mönche tief in den Geldbeutel greifen.

Der Pascha, der hier residiert, hat drei Rossschweife, das heißt, dass er von allererstem Range ist. Aber seine Macht ist nicht so groß wie die der Paschas in den übrigen Provinzen. Man behauptet, dass alle Paschas in Ägypten von christlichen Eltern abstammen und in ihrer Jugend als Sklaven verkauft worden sind. Ich habe jedoch festgestellt, dass einige, wenn auch wenige, von mohammedanischen Eltern geboren wurden.

Der Handel der Stadt Káhira

Das rohe Leder ist ein bedeutender Ausfuhrartikel. Jährlich werden etwa 80 000 Häute ausgeführt, 10 000 gute Büffelhäute gehen nach Marseille. Nach Italien wird eine noch größere Menge verschickt, vornehmlich von Büffeln, Ochsen, Kühen und Kamelen.

---

4 Die koptische Kirche, die christliche Nationalkirche Ägyptens, hat heute noch rund 5 Millionen Anhänger.

Kopftrachten der Morgenländer

Die Häute der Büffelochsen werden vor allem in Syrien verkauft. Die meisten Tiere werden nach dem Osterfest geschlachtet.

Die Blume, die wir Safran nennen, wird am Anfang des Juni geerntet. Das Meiste und Beste geht nach Marseille, Livorno und Venedig. Die schlechteren Sorten werden nach Syrien und Dschidda verkauft.

Auch der Flachs wird im Juni geerntet, verkauft wird er allerdings erst im Winter. Die Länder, die ihn abnehmen, sind die Türkei, Syrien und Italien. Weiter wird ausgeführt: Reis, Zuckerrohr, Salmiak, gelbes Wachs, arabischer Gummi, Elefantenzähne, Straußenfedern und Goldstaub.

Die Tracht der Morgenländer

Die Türken, die Araber, die Perser – kurz, alle Mohammedaner tragen lange weite Kleider, doch hat jede Nation etwas Besonderes, sodass man sie leicht voneinander unterscheiden kann. Die in den Städten wohnenden Morgenländer verändern ihre Moden überdies genauso wie die Europäer.

In Konstantinopel ist den Christen und Juden das Tragen von Kleidern, die eine lebhafte Farbe haben, verboten. In Ägypten dagegen kann jeder die Farbe seiner Kleidung nach Belieben wählen, wenn er nur nicht Grün nimmt. Diese Farbe ist den Mohammedanern allein vorbehalten. Würde man sich grün kleiden, würde man vom Pöbel totgeschlagen werden. Die Europäer dürfen gelbe Pantoffeln tragen, den morgenländischen Christen und Juden, also Untertanen des Sultans, ist diese Farbe verboten. Sie müssen rotes, schwarzes oder blaues Leder verwenden.

Die meiste Sorgfalt verwenden die Morgenländer für ihre Kopftracht. Herr Baurenfeind hat einige davon abgebildet.

Alle Morgenländerinnen tragen große Beinkleider am bloßen Leib. Die Bauernweiber und die gewöhnlichen Weiber in Kairo tragen darüber nur ein weites blaues Hemd mit langen Ärmeln. An ihren geflochtenen Haaren haben sie oft Schellen, die kleinen Mädchen hängen bisweilen Schellen auch an ihre Füße. Manche dieser Frauenspersonen haben Ringe in den Ohren und sogar in der Nase. Man hält es hier für schön, die Hände und Füße gelb und die Nägel rot zu färben.

Kein Kleidungsstück scheint den Morgenländerinnen so wichtig zu sein wie das Tuch, mit dem sie ihr Gesicht bedecken können, wenn sich ihnen ein Mann nähert. Ein Engländer überraschte einmal in Basra eine Frau, die gerade im Euphrat badete. Die Frau schlug sofort die Hände vors Gesicht, ohne sich darum zu kümmern, was der Fremde sonst sehen konnte.

Vornehme Frauen benützen in Konstantinopel Kutschen. In Káhira, wo es kein einziges Fuhrwerk zu sehen gibt, müssen die Damen auf Eseln reiten. Wenn sie reisen, sitzen sie in Sänften, die von Mauleseln oder Kamelen getragen werden.

Zeitvertreib der Morgenländer

Es macht den Ägyptern, Syrern und Arabern viel Spaß, des Abends vor den Kaffeehäusern zu sitzen, eine Pfeife zu rauchen und den Historienerzählern, Musikanten und Sängern zuzuhören oder Tänzerinnen zuzusehen, aber es wird für unanständig gehalten, wenn Männer tanzen. Der Tanz ist niedrigen Weibern vorbehalten, die auf diese Weise ein wenig Geld verdienen. Die meisten singen auch, für unsere Ohren ist ihr Gesang kaum erträglich.

Kartenspiel habe ich nie gesehen, dafür erfreuen sich die Morgenländer an dressierten Affen und tanzenden Schlangen. Das vornehmste Vergnügen ist Reiten, doch gibt es nur wenige, die es sich leisten können, ein Reitpferd zu halten. Weitere Vergnügungen sind Marionettentheater und Schattenspiele. Bei den Marionettenspielen ist immer eine komische Figur zu sehen, und diese ist ausnahmslos ein Europäer.

Altertümer in Ägypten

Von allen ägyptischen Altertümern fällt keines so sehr in die Augen wie die Pyramiden, die, schräg gegenüber Káhira, an der Westseite des Nils auf einem Hügel liegen. Kein Europäer, der nach Káhira gekommen ist, würde die Stadt verlassen, ohne diese erstaunlichen Bauwerke aus der Nähe gesehen zu haben.

Als ich die Pyramiden das erste Mal besuchen wollte, ritt ich mit Europäern, die in Dsjise eine Sommerwohnung hatten, auf die Jagd und kam zu einer Brücke, die über einen großen Arm des

Nils führt und Dsjise mit dem Weg zu den Pyramiden verbindet. Meine Freunde kehrten von hier wieder in die Stadt zurück, nur Herr Forskål entschloss sich, mich zu den Pyramiden zu begleiten. Wir nahmen als Führer zwei Beduinen auf, die wir bei der erwähnten Brücke angetroffen hatten, also nicht weiter kannten. Sie waren zu Pferd, uns vermieteten sie Maulesel, auf welchen wir ganz demütig ritten. Ich hatte mein Astrolabium[5] mitgenommen, weil ich hoffte, es gelegentlich verwenden zu können.

Als wir den Hügel erreicht hatten, auf dem die Pyramiden liegen, kam ein Araber in vollem Galopp auf uns zu. Ich hatte soeben mein Astrolabium hervorgeholt und hielt es für ratsam, es nun rasch wieder einzupacken, da wir es noch nicht gewohnt waren, mit umherstreifenden Arabern umzugehen. Dieser Araber war, wie es schien, vornehmer als unsere Führer und behauptete, der Sohn eines Scheichs zu sein. Er fragte uns sehr höflich, was wir in dieser Gegend zu suchen hätten. Nachdem wir ihm Antwort gegeben hatten, bot er uns an, uns zu den Pyramiden oder auch anderswohin zu begleiten. Wir lehnten sein Anerbieten ab, weil wir der Meinung waren, mit zwei Führern hinreichend ausgerüstet zu sein. Doch er wollte bei uns bleiben und sagte, wir würden es ihm nicht verbieten können, mit uns zu reiten. Er versicherte uns auch, dass er uns nicht hinderlich sein würde.

Wir ritten also weiter auf die Pyramiden zu. Als wir einen kleinen Hügel passiert hatten, gefiel es dem Araber plötzlich, vor Herrn Forskål seine Lanze in die Erde zu stoßen und ihm in barschem Ton das Weiterreiten zu verbieten. Mit einem Wort, er forderte ein Trinkgeld. Herr Forskål weigerte sich nicht, ihm etwas zu geben, versprach ihm aber auch nichts. Unsere Lage war nicht angenehm, da wir unbewaffnet waren und uns also nicht verteidigen konnten. Außerdem schien es uns sicher zu sein, dass wir uns auf die zwei Beduinen nicht verlassen konnten.

Ich ritt rasch auf den Hügel hinauf und rief Herrn Forskål zu, dass ganz in der Nähe auf einem Feld Bauern arbeiteten.

---

5 Historisches astronomisches Instrument zur Winkelmessung an der Himmelssphäre.

Abbildung der Tänzerinnen und ihrer Musikanten zu Kâhira

Sofort wurde der Sohn des Scheichs wieder höflich. Doch uns war die Lust zum Weiterreiten vergangen, und wir kehrten nach Dsjise zurück. Beim Abschied verlangte der Araber abermals ein Trinkgeld von uns. Er wäre vielleicht mit einem kleinen Betrag zufrieden gewesen, doch Herr Forskål war fest entschlossen, ihm nichts zu geben. Daraufhin riss ihm der Araber den Turban vom Kopf. Herr Forskål benahm sich vortrefflich, blieb ganz ruhig und sagte zu den Beduinen: »Ihr Beduinen, man glaubt in unseren Ländern, dass die Franken unter eurem Schutz jederzeit sicher sind. Ich habe mich unter euren Schutz begeben. Wenn ihr also erlaubt, dass mich ein Araber meines Turbans beraubt, werde ich meinen Landsleuten erzählen, dass bei euch weder Treue noch Glauben anzutreffen sind.« Durch diese Worte wurde das Ehrgefühl der beiden Araber so aufgestachelt, dass sie den Dritten zwangen, den Turban zurückzugeben. Nun wandte sich der junge Scheich an mich. Aber ich wollte ihm auch nichts geben. Als er nach meinem Astrolabium griff, das ich vor mir auf meinem Esel hielt, benahm ich mich nicht so kaltblütig wie Herr Forskål, sondern gab ihm einen so heftigen Stoß, dass er von seinem Pferd herunterfiel. Dies hätte mich in große Gefahr bringen können. Denn der junge Herr hielt es für einen großen Schimpf, dass er von einem Europäer vom Pferd heruntergeworfen worden war, und setzte mir auch schon seine Pistole an die Brust. Ich kann nicht leugnen, dass ich glaubte, dem Tode nahe zu sein. Aber vermutlich war die Pistole gar nicht geladen. Die beiden Araber besänftigten ihn, und ich gab ihm nun doch einen halben Species-Taler. Kaum hatte er das Geld erhalten, ritt er davon.

Über den vorher erwähnten Arm des Nils spannen sich zwei Brücken. Die eine ist 60, die andere 50 doppelte Schritte lang, jede hat 10 Bogen. Auf den Pfeilern sieht man große arabische Inschriften. Dadurch ist bewiesen, dass die Brücken von den Mohammedanern gebaut wurden.

Einige Tage später ritten wir zusammen mit mehreren Kaufleuten zu den Pyramiden. Herr Meynard, ein französischer Kaufmann, der schon viele Jahre in Ägypten lebte und die Pyramiden oft besucht hatte, war unser Führer. Er versprach uns völlige Sicherheit. Dennoch wurde einer von uns, ein Italiener, bestohlen. Unter unsere arabischen Diener und Eseltreiber hatten sich viele Araber aus den Dörfern und mehrere Beduinen gemischt. Als wir uns auskleideten, um zu den Pyramiden zu gehen, gab jeder seine Kleider seinem Diener. Der Italiener jedoch gab sie einem in der Nähe stehenden Araber, der sich sehr dienstfertig zeigte. Wie nicht anders zu erwarten, machte sich dieser mit der willkommenen Beute aus dem Staub. Als wir aufbrachen, bemerkten wir noch den Verlust einer Pistole.

Es war meine Absicht, die Höhe der beiden größten Pyramiden zu bestimmen. Doch wenn man wenig Zeit hat und ununterbrochen von Menschen umgeben ist, die einem auf Schritt und Tritt folgen und allen möglichen Kram verkaufen wollen, ist dies nicht möglich. Ich habe daher die Seiten der Pyramiden nur in Schritten gemessen. Da aber auch diese Messung ungenau war, will ich sie nicht festhalten.

Abbildung der nachfolgend beschriebenen ägyptischen Götterbilder

Die beiden großen Pyramiden bestehen aus weichem Kalkstein. Es besteht wohl kein Zweifel, dass man die Felsblöcke, die man zum Bau benötigte, in der Nähe gefunden hat. Denn die Sphinx ist zur Gänze aus Felsen herausgehauen, dies sicherlich an Ort und Stelle. Manche behaupten, dass die Pyramiden oben mit Marmor verkleidet sind. Um zu untersuchen, ob dies wahr ist oder nicht, erkletterte ich die erste Pyramide bis zum Dach hinauf, was wahrscheinlich vor mir kein Europäer getan hat. Ich fand das Dach glatt, aber nicht aus Marmor, und an vielen Stellen beschädigt. Hieraus kann man schließen, dass die Pyramiden dereinst zur Gänze verfallen werden. Aber bis dahin werden wohl noch viele Tausend Jahre vergehen.

Die Aussicht von oben war sehr schön. Ich ging auch in die Pyramiden hinein und sah das, was viele andere schon beschrieben haben. Das Glück, eine bisher unbekannte Grabkammer zu entdecken, hatte ich nicht. Solch eine Kammer fand bald nach meiner Abreise ein Herr Davison, was meiner Aufmerksamkeit nicht zur Ehre gereicht.

In dem Kalkstein, aus dem die Pyramiden bestehen, findet man Versteinerungen, die etwa so groß wie ein Dukaten, aber viel dicker sind. Die Araber nennen sie Fadda abu-el-haun (Sphinx-Pfennige). Von diesen Versteinerungen hat schon Strabo erzählt. Er behauptet, es handle sich um Brotkrümel, welche die Leute fallen ließen, die an den Pyramiden arbeiteten. Ich glaube, dass es sich eher um Schnecken handelt. Aber was wissen wir überhaupt von den Pyramiden? Es ist uns ja nicht einmal bekannt, von wem und in welchem Jahrhundert sie erbaut wurden.[6]

Man würde mit der alten Geschichte dieses merkwürdigen Landes viel besser vertraut sein, könnte man die Schrift der früheren Einwohner entziffern. Denn so viele Denkmäler mit alten Schriften wie Ägypten besitzt wohl kein Land der Welt. Doch der Fleiß der früheren Bewohner, ihre Nachrichten in Stein gleichsam für die Ewigkeit aufzuzeichnen, nützt uns wenig, da wir sie nicht verstehen.[7] Man findet unter den europäischen Gelehrten zwar einige wenige, die sich mit Altertümern befassen, doch hat keiner von ihnen den Mut, seine Studierstube zu verlassen. Einer, der die Hieroglyphen entziffern wollte, könnte dies nur hier in Ägypten tun. Und die Reisenden bekümmern sich zwar um Form und Lage der Steine, nicht aber um die Inschriften.

---

6 Man weiß heute, dass die Pyramiden etwa 2500 v. Chr. erbaut wurden.

7 Die Hieroglyphen wurden 1822 von Jean-François Champollion (1790–1832) mithilfe der Inschriften auf dem Stein von Rosette entziffert.

Obwohl ich keinen Auftrag hatte, mich um die Altertümer zu kümmern, kopierte ich einige Inschriften, dies zu meinem Vergnügen. Bei der ersten Inschrift brauchte ich viel Zeit, da mir die Zeichen noch alle unbekannt waren. Bei der zweiten hatte ich schon viel weniger Mühe. Und bei der dritten waren mir die hieroglyphischen Zeichen schon so vertraut, dass ich sie wie griechische Buchstaben abschreiben konnte. Eine dieser Inschriften (sie befindet sich auf einem Grabdeckel in der Moschee Teilûn) habe ich in meinen Reisebericht aufgenommen. Der Leser soll daraus ersehen, dass es schwer, doch nicht allzu schwer ist, sie zu kopieren.

Man findet mit Hieroglyphen beschriebene Steinkästen überall in Ägypten, die meisten stehen in den Vorhöfen der Moscheen, wo sie als Wasserbehälter verwendet werden. Auch die Obelisken sind voll von Inschriften, ebenso die Grabsteine.

Es gelang mir mit viel Mühe, in Káhira einige Kostbarkeiten zu erwerben, die ich alle sofort nach Dänemark schickte. Ich habe sie abgebildet. Die Figur A ist aus Kupfer und von der Fußsohle bis zum Rand der Mütze 5 ½ Zoll hoch. Hieraus kann man auf die Größe der übrigen schließen. B ist gleichfalls aus Kupfer. Die Figur hat unter den Füßen Zapfen, saß also irgendwo. Der Sitz ist offensichtlich verloren gegangen. Sie hat keine Beinkleider, wie sie die Morgenländerinnen jetzt zu tragen pflegen, sondern wie die Waschweiber nur ein Tuch um die Hüften gewickelt. Die Figur C hat das, was sie in beiden Händen hielt, verloren. Die Figur D soll wohl einen Cupido darstellen, der in jeder Hand eine Taube hält. E und F sind aus gebrannter Tonerde.

Reise von Káhira nach Sues und zum Berg Sinai

Arabien und da vornehmlich der südlichste Teil dieser Halbinsel war das eigentliche Ziel unserer Reise. Aber uns Christen ist es bei Androhung der Todesstrafe verboten, zusammen mit den Pilgern auf dem Landweg von Káhira nach Mekka zu reisen. Also mussten wir die Jahreszeit abwarten, in der Schiffe von Sues nach Dschidda fahren. Wir konnten nicht einmal die Reise nach Sinai antreten, um den Dsjabbel el-Mokátteb, den Berg der

Inschriften, aufzusuchen. Denn auf dem Weg dorthin hausten räuberische Stämme, die alle Karawanen überfielen, und so schwach war die Regierung des volkreichen Ägyptens und seines mächtigen Herrn, des Sultans, der sich auch Beherrscher Arabiens nennt, dass sie nicht imstande war, einem Häuflein Araber das Handwerk zu legen. Dieser Umstand verursachte, dass wir uns beinahe ein ganzes Jahr in Ägypten aufhalten mussten.

Wenn ein nach den Morgenländern reisender Europäer die Landessprache ein wenig versteht, hat er schon viel gewonnen. Aber wenn er einigermaßen bequem reisen will, braucht er Diener, die in diesen Ländern schon mehrere Reisen unternommen haben. Wir waren bei unserer Abreise von Káhira nur schlecht mit Dienern versehen. Unser europäischer Bedienter, ein geborener Schwede, kannte die Morgenländer nicht viel besser als wir selbst. Unser Koch, ein Grieche, hielt sich zwar schon lange in Ägypten auf, war aber noch nie in die Wüste gekommen. Außer diesen beiden hatten wir noch einen Juden aufgenommen, der als Einziger die Reise, die uns bevorstand, schon gemacht hatte. Er wurde nun wieder von den Mohammedanern, mit welchen wir meist zu tun hatten, wegen seiner Religion verachtet. Schließlich nahmen wir noch einen Dolmetscher mit, einen Griechen, der Mohammedaner geworden war. Mit allem, was notwendig war, waren wir versorgt: mit Küchengerät, Butter, Tassen, Wachslicht, Salz, Pfeffer, Gewürzen, Laternen, Ziegenfellen, in welchen sich Trinkwasser befand, und Wein. Hiervon nahmen wir 27 Flaschen mit.

Endlich, am 27. August 1762, verkündete vom Kastell her ein Kanonenschuss, dass eine große Karawane nach Sues aufbrechen würde. Ihr wollten wir uns anschließen. Am Morgen des 28. war es dann so weit. Wir gingen immer nach Osten und nur sehr wenig südlich. Nirgendwo sahen wir ein Haus oder Wasser, kein einziges grünes Kraut zeigte sich. Nach fünf Stunden Marsch lagerten wir mit der ganzen Karawane in einer Gegend, welche die Araber El-firn-bebâd nennen.

Unsere Karawane bestand aus 400 Kamelen, die fast alle mit Korn und für Sues bestimmten Materialien beladen waren. Vier Kamele trugen einen Schiffsanker. Wir fürchteten zwar nicht, überfallen zu werden, hielten uns aber doch immer inmitten der Karawane. Denn Reisende, die sich zu weit vorauswagen oder zurückbleiben, werden nahezu immer ausgeraubt. Bei den Kamelen befanden sich nur wenige Treiber. Sie hatten einige Flinten ohne Ladestöcke, eine leere Pulvertasche und ein paar verrostete Säbel bei sich. Die Scheichs hingegen, die auf Dromedaren mit uns ritten, waren ganz gut mit Lanzen, Säbeln und Flinten bewaffnet.

Meine Reisegefährten hatten sich für Pferde entschieden, ich wählte – aus Neugierde – ein Dromedar. Bald wusste ich, dass meine Wahl richtig gewesen war. Die Pferde laufen hier einmal langsamer, dann wieder schneller, während das Dromedar gleichmäßig einhertrottet. So kann man auf dem Rücken dieses Tieres sogar schlafen und wird weniger müde als die Pferdereiter.

Am 29. August um 4 Uhr morgens brachen wir wieder auf und lagerten nach 6 Stunden in einer Gegend, welche die Araber Dsjafra nennen. Wir hofften, uns hier ein wenig erholen zu können, aber man ließ uns kaum Zeit, ein paar Bissen hinunterzuschlingen. Des Nachmittags legten wir noch einen Weg von 5 Stunden zurück. Am nächsten Tag begann unsere Reise schon nach Mitternacht, und gegen Abend kamen wir zu zwei tiefen Brunnen, wo sich unsere mohammedanischen Begleiter labten. Wir hüteten uns, dieses Wasser zu trinken. Der mitgenommene Wein kam uns jetzt sehr zustatten.

Am nächsten Tag waren wir in Sues. Sues liegt 1½ Meilen südlicher als Kairo, nämlich unter der Polhöhe 29°57'.

In früheren Zeiten, als die Schiffe noch höher in den Arabischen Meerbusen hinaufkommen konnten, lag dicht bei der Stelle, auf der später Sues gebaut wurde, die von den arabischen Schriftstellern häufig gerühmte Stadt Kolsum. Von ihr sieht man jetzt nichts mehr als Ruinen. Angeblich wurden in dieser Stadt in den Jahren 1538 bis 1600 hervorragende Schiffe gebaut.

Der hiesige Schiffsbau ist auch jetzt noch ansehnlich, obwohl alles Holz, Eisen und was sonst noch erforderlich ist, auf Kamelen von Kairo hierher gebracht werden muss, was den Bau natürlich arg verteuert. Die hier gebauten Schiffe fahren nicht weiter als bis Dschidda, zu dem in wüstenhafter Umgebung gelegenen großen Hafen, von dem aus die heiligen Städte Mekka und Medina versorgt werden.

Die Stadt Sues liegt an der Westseite, also nicht eigentlich am äußersten Ende des Arabischen Meerbusens. Sie besitzt keine Stadtmauer, doch sind ihre Häuser an der Landseite gegen einen Überfall geschützt, das heißt, so miteinander durch Mauern verbunden, dass man nur durch zwei Straßen in die Stadt gelangen kann. Von diesen ist die an der Seeseite ganz offen, die Hauptstraße an der Nordseite kann durch eine Pforte abgeschlossen werden. Die Häuser der Stadt sind alle sehr schlecht, nur einige öffentliche Herbergen, die man Châns nennt, sind dauerhaft gebaut. Die Gegend ringsum ist felsig und nur wenig mit Sand bedeckt. Man sieht weder Kräuter noch Gras, geschweige denn Bäume, Wiesen oder Felder. Auch an Wasser mangelt es sehr. Das beste Wasser schöpft man aus dem sogenannten Mosesbrunnen, der aber zwei Stunden von der Stadt entfernt ist. Ich sah dieses Wasser. Es war eine braune, schmutzige Brühe, die entsetzlich stank. Bei uns würde solches Wasser nicht einmal das Vieh trinken.

Der Statthalter von Sues war zur Zeit unserer Ankunft ein Bey. Obwohl er viele Haustruppen besaß, kümmerten sich die Araber wenig um ihn. Legte er ihnen etwas in den Weg, erfüllte er ihre Wünsche nicht, drohten sie ihm, ihn von den Brunnen abzuschneiden, ja sogar das Wasser zu vergiften. Auch wir mussten erfahren, dass man hier den Arabern ausgeliefert ist. Sehr bald nach unserer Ankunft verdoppelten sie den Preis für die Milch, die wir dringend benötigten. Als wir ihnen versicherten, wir seien Weintrinker und keine Milchtrinker und benötigten die Milch nur zum Waschen, lachten sie uns aus. Am nächsten Tag riet uns ein vornehmer Mohammedaner, wir sollten uns mit ihnen vergleichen. Täten wir das nicht, könnte es nur zu leicht geschehen, dass wir Sues nicht lebend verlassen würden. So mussten wir denn nachgeben.

Wir erkundigten uns gleich nach unserer Ankunft bei Griechen nach dem Berg der Inschriften. Nach vielem Hin und Her wurde uns schließlich ein Scheich vermittelt, der diese denkwürdige Stätte kannte. Und weil sich der Berg ganz in der Nähe der

Ansicht eines Felsens auf der Ebene Warsân

Ansicht in dem Tal Israitu

Behausung dieses Scheichs befand, glaubten wir, wir müssten nur ihn für die Führung bezahlen. Er aber klärte uns auf, dass wir von jedem Araberstamm, der sich zwischen Sues und dem Berg aufhalte, einen Ghafîr nehmen müssten, wollten wir unser Ziel erreichen, ohne zur Gänze ausgeplündert zu werden.

Wir erfuhren, dass ein Ghafîr hier sehr nützlich ist und dass sich viele mohammedanische und griechische Matrosen, die von Sues nach Dschidda fahren, eines Ghafîrs (das heißt: Beschützers) bedienen. Wenn ein Schiff auf der Fahrt strandet und einige Güter gerettet werden, ruft jeder nach seinem Ghafîr. Und wenn sich dieser gemeldet hat, ziehen sich die Araber, welche schon herbeigeeilt sind, um zu plündern, sofort zurück, und die Sachen werden entweder nach Sues oder nach Kairo gebracht. Kann ein Reisender keinen Ghafîr nennen, darf er sicher sein, zur Gänze ausgeplündert zu werden, gleichgültig, ob er Christ oder Mohammedaner ist.

Wir einigten uns also mit den Arabern und mieteten die Ghafîrs und auch gleich Kamele. Um unserer Sicherheit willen schlossen wir den Vertrag vor dem Kadi. Dieser Rechtsgelehrte empfand sehr viel Hochachtung vor mir und meinte allen Ernstes, ich könnte in die Zukunft sehen. Nachdem er mich mehrmals dringend gebeten hatte, ich möchte ihm doch endlich voraussagen, wann er einen Sohn haben würde, tat ich ihm den Gefallen und prophezeite ihm drei Söhne. Schließlich bin ich nicht nach Arabien gereist, um dort den Aberglauben auszurotten.

Bedauerlicherweise befanden sich meine Reisegefährten nur zum Teil wohl. So konnten lediglich Herr von Haven und ich zu dem Berg aufbrechen. Wir nahmen den Juden und einen griechischen Koch mit, während wir den eigentlichen Koch bei den Kranken zurückließen. Am schwersten erkrankt war Herr Baurenfeind, ihn schüttelte ein heftiges Fieber.

Am 6. September gegen Abend überquerten wir mit einem Boot den Arabischen Meerbusen. Die folgende Nacht schliefen wir an der Ostseite desselben unter freiem Himmel. Unsere Araber hatten sich hier schon versammelt. Am Morgen des 7. September traten wir unsere Reise nach dem Berg der Inschriften dann endgültig an. Es begleiteten uns drei Scheichs, ihre Freunde und Knechte, die Ghafîrs und viele andere. Sie alle wollten auf unsere Kosten leben. Da wir viel Geld dafür bezahlten, ein paar alte Inschriften sehen zu können, hielt man uns für reiche Leute, wahrscheinlich außerdem für verrückt.

Der Weg führte uns an kleinen Hügeln vorbei bis Aijûn Musa, einer Oase. Hier rasteten wir eine Weile. Dann ritten wir durch Ebenen, welche die Araber Wadis oder Täler nennen, weil sich in ihnen nach einem starken Regen etwas Wasser sammelt. In der Oase Ettí lagerten wir zum zweiten Mal. Der Wind war nun, am Abend, sehr stark und der in Bewegung gebrachte Sand unangenehm. Doch es bestand kein Grund für die Befürchtung, wir würden unter dem Sand begraben werden.

Die Gegend, welche zu durchreisen wir im Begriff waren, ist eine der merkwürdigsten im Morgenland, weil uns Moses die Reise der Kinder Israel in dieser Wüste aufgezeichnet hat. Ich bemühte mich daher, den Weg so genau wie möglich zu messen und alles aufzunehmen, was zur Verbesserung der Karten und vielleicht auch zur Erklärung der Heiligen Schrift beitragen konnte. Am schwersten war dabei, von den Arabern die richtigen Namen der Berge und Täler zu erfahren. Herrn von Haven erging es nicht besser als mir.

Ich benützte auf dieser Reise heimlich einen kleinen Kompass, heimlich deshalb, weil sogar ein Kompass den Argwohn der Araber erregt. Wenn man in Reisebeschreibungen von Arabien liest, dass Karawanen einen Kompass benützen, ist diese Behauptung sicherlich der allzu üppigen Phantasie des Verfassers entsprungen.

Es ist in diesen Ländern leichter als in Europa, die Länge des Weges zu bestimmen. Denn bei uns fährt der Postillon einmal langsam, einmal rasch, und noch viel rascher, wenn ein Wirtshaus nicht mehr weit ist. Die Karawanen hingegen bewegen sich sehr gleichmäßig vorwärts. Ich legte täglich des Morgens und des Abends in der Kühle und des Nachmittags in der größten Hitze eine halbe Stunde zu Fuß zurück und zählte meine Schritte. In der Hitze waren es in der erwähnten Zeit 1580, in der Kühle aber 1620 doppelte Schritte. Hiernach konnte ich, indem ich das Mittel nahm, die Länge des Weges in Schritten und mithin auch in deutschen Meilen berechnen.

Am 8. September brachen wir vor Sonnenaufgang auf und ritten durch die Ebene Girdân zum Hadsjar rakkâbe. Dies ist ein großer Felsblock, der vom Himmel heruntergefallen zu sein scheint und bei dem die Araber abzusteigen pflegen, um Kaffee zu trinken. Ich erstieg diesen Felsen, konnte aber den Arabischen Meerbusen kaum noch sehen. Von dort ritten wir zum Tal Girondel. In der Regenzeit findet man in diesem Teil einen starken Strom, der sich in den Arabischen Meerbusen ergießt. Jetzt war er ausgetrocknet. Weil im Tal Girondel kein Mangel an Wasser ist, sieht man hier viele Bäume. Vielleicht ist dieses Tal das Elim der Heiligen Schrift, jene Gegend, in welcher die Kinder Israels lagerten, nachdem sie über das Gebirge Adarim gekommen waren, jene Gegend, in der Gott zu Moses sprach: Sammle das Volk, ich will ihm Wasser geben.

Am 9. September sandten wir unsere Bedienten mit Lebensmitteln zum Berg Sinai voraus. Herr von Haven und ich gingen mit zwei Scheichs vorerst durch kleine Waldungen und dann über grüne Hügel nach Südwesten. Es folgte die Ebene, an deren Ende Hamam Faraûn (ein berühmtes Bad) liegt. Diese Quelle entspringt aus einem Felsen, und das Wasser ist so heiß, dass man sich verbrennen würde, hielte man einen Finger hinein. Es sollen oft Kranke hierherkommen und vierzig Tage lang in dem heißen Wasser baden, wobei sie fast keine Nahrung zu sich nehmen. Welche Wirkungen diese Kur hat, weiß ich nicht. Die Araber erzählten uns, dass Pharao, der die Israeliten verfolgte und im Roten Meer umkam, sich nun auf dem Grund dieser Quelle befindet und die Schwefeldämpfe heraustreibt.

Wir nahmen unseren Weg nun durch ein schmales, tiefes Tal, welches offensichtlich die Gewalt des Regenwassers in den Kalkstein gegraben hatte. An seinem Ende warteten unsere Bedienten schon auf uns. Man findet hier viele Palmbäume, aber schlechtes Wasser. Während wir unser Lager aufschlugen, entfernten sich einige Araber, um Salz zu holen. Wir wollten mitkommen, doch die Scheichs verwehrten uns dies.

Am 10. September gefiel es den Arabern, fünf Stunden vor Sonnenaufgang aufzubrechen. Nach Sonnenaufgang erreichten wir einen kleinen Felsen, in welchen viele griechische Pilger nach dem Berg Sinai ihre Namen eingegraben haben. Hier stießen wir auf Beduinen, die uns mit Kaffee bewirteten. Ich nutzte die Gelegenheit und stellte fest, dass wir 18 deutsche Meilen von Sues entfernt waren.

Ich hoffte, dass ich endlich so glücklich sein würde, die berühmten Inschriften zu sehen, welche die Ursache dieser Reise in die Wüste waren. Aber es versammelten sich in unserem Lager immer mehr Leute, von welchen die meisten Scheichs genannt wurden (ich vermute, dass der Titel Scheich nicht viel mehr bedeutet als Monsieur bei den Franzosen), obwohl sie nicht besser als die gemeinen Araber gekleidet waren. Alle diese Gäste mussten – auf unsere Kosten mit Kaffee und Essen bewirtet werden. An Aufbruch dachte außer uns niemand. Am Abend wurde eine Ziege geschlachtet, und das Spiel wiederholte sich am nächsten Tag. Es wurde weitergeschmaust und getrunken, das Ziel unserer Reise schien vergessen.

Als sich auch am folgenden Tag nichts änderte, ging ich allein in die umliegenden Täler. Da ich einen Ghafîr besaß, hatte ich nichts zu fürchten. Aber ich kam am Abend zurück, ohne auf eine einzige Inschrift gestoßen zu sein. Alles, was ich zu sehen bekommen hatte, war ein Zelt, in dem eine Frau in einer kleinen Handmühle Korn mahlte, und ein Junge, der Ziegen hütete.

Am 11. September ritten Herr von Haven und ich in der Begleitung von Arabern, die so bewaffnet waren, als hätten wir einen Überfall zu befürchten, bis zum Fuß des Dsjabbel el-Mokátteb, des Berges der Inschriften. Dieser ist so hoch, dass wir von unseren Kamelen steigen und über 1½ Stunden hinaufklettern mussten. Oben angelangt, wunderten wir uns nicht wenig, hier, mitten in der Wüste, auf dem Gipfel eines hohen steilen Berges, einen prächtigen Totenacker zu sehen. Vor uns lagen viele teils aufrechtstehende, teils umgefallene oder zerbrochene Steine, alle waren mit ägyptischen Hieroglyphen bedeckt. Wie schade, dass wir sie nicht entziffern konnten!

Die Araber erlaubten uns, alles genau in Augenschein zu nehmen und auch einiges aufzuschreiben. Ich hatte nach meiner Rückkehr nach Europa einen Beweis dafür nötig, dass die hier befindlichen Inschriften wirklich ägyptische Hieroglyphen waren, und wollte deshalb einige Inschriften nachzeichnen. Darauf schienen die Araber geradezu gewartet zu haben. Sie eilten alle herbei und verboten mir, ohne Erlaubnis des Scheichs dieses

Berges etwas abzuschreiben. Daraufhin forderte ich meinen Ghafîr auf, den Scheich zu holen.

Der Scheich fand sich bald ein und erklärte uns, dass er nichts dagegen habe, wenn wir alles genau besähen. Er versicherte mir aber auch, nicht einmal für 100 Species-Taler würde er mir erlauben, auch nur eine einzige Inschrift abzuschreiben. Er könne es nicht zulassen, dass Fremde die hier vergrabenen Schätze fortholten. Die Araber glauben nämlich, dass Europäer, die vergrabene Schätze finden, durch geheime Künste imstande sind, diese Schätze mitzunehmen, wenn sie nur die Inschriften haben. Hier allerdings schien mir das Verbot des Scheichs nur ein Vorwand zu sein, um aus uns ein großes Trinkgeld herauszupressen. Dass ich recht hatte, bewies mir ein Zeichen, das mir mein Ghafîr heimlich machte. Mit diesem redlichen Burschen stieg ich am nächsten Tag noch einmal den Berg hinauf und kopierte die Hieroglyphen von drei Steinen. Es fiel mir auf, dass ich auf fast allen Steinen die Figur einer Ziege sah, während in Ägypten auf den Obelisken nahezu immer Ochsen abgebildet sind. Das rührt wahrscheinlich daher, dass es in dieser Wüstengegend sehr viele Ziegen gibt. Ich wünschte mir, dass andere Reisende hier graben ließen, um zu untersuchen, ob es auch wirklich Überreste von Leichen gibt. Ob man allerdings die Araber hierzu überreden könnte?

Die Hieroglyphen auf den Leichensteinen sind sehr schön, was ein Zeichen dafür ist, dass die Künste auch hier geblüht haben und dass eine Stadt mit reichen Einwohnern in der Nähe gewesen ist. Oder sollte man hier die Lustgräber (4. Buch Mosis 11,34) oder den Berg Hor (4. Buch Mosis, 33,38) suchen können, jenen Berg Hor, wo die Kinder Israels ihre 34. Lagerstatt aufschlugen und wo Aaron im 123. Lebensjahr starb?

Am 12. September reisten wir von hier wieder ab. Das Land wurde immer mehr bergig, und nach etwa zwei Stunden erblickten wir in der Ferne den Berg Sinai. Am 13. September kamen wir in das Tal Ertâme. Hier schlugen die Araber unser Zelt bei einem Baum auf und ließen uns ausruhen. Wohin wir blickten, sahen wir Dattelgärten und große Scharen von Ziegen und Kamelen. Auch Esel, Hühner und Hunde gab es hier.

Es war uns klar, dass wir in dem berühmten Tal Pharan angelangt waren, aus dem Moses zwölf Männer aussandte, das verheißene Land Kanaan zu suchen. Die Berge, welche das Tal zu beiden Seiten einschließen, sind aus Sandstein oder aus rot und schwarz gesprenkeltem grobem Granit. Es war in dieser Jahreszeit hier trocken, aber nach einem lange anhaltenden Regen ergießt sich das Wasser von den Gebirgen dermaßen stark in das Tal, dass die Araber mit ihren Zelten auf Anhöhen flüchten müssen. Wir sahen nur einen kleinen Teil dieses Tals, erfuhren aber, dass die Dattelgärten hier viele Tausend Menschen ernähren können. Die Araber, die hier wohnen, bringen alljährlich Datteln, Weintrauben, Äpfel, Birnen und andere Früchte nach Sues und Kairo. Außerdem verkaufen sie in den beiden Städten Ziegen, Gummi, Holzkohlen und kleine Steine zur Anfertigung von Handmühlen.

Es ist bekannt, dass es den Arabern erlaubt ist, bis zu vier Frauen zugleich zu haben. Indes begnügen sich die meisten mit einer, wenn sie sich nur einigermaßen dem Willen des Mannes beugt. Einer unserer Scheichs hatte zwei Frauen. Die eine wohnte in der Nähe unseres Zelts und beaufsichtigte die Diener, die das Vieh hüteten. Die andere wohnte weit weg und hatte die Aufsicht über einen Garten mit Dattelbäumen. Unsere Frau Nachbarin, die vornehmste Dame im Lager, beehrte uns eines Nachmittags in Gesellschaft von mehreren anderen Araberinnen mit einem Besuch und schenkte uns ein Huhn und vier Eier. Es war dies das erste Mal, dass ich mit einer Araberin sprach. Unsere weiblichen Gäste kamen nicht in unser Zelt, sie setzten sich außerhalb nieder, so nahe, dass sie im Schatten saßen und wir bequem miteinander reden konnten. Von allem, was ich ihnen über Europa erzählte, gefiel ihnen am besten, dass ein Christ nicht mehr als eine Frau nehmen darf.

An demselben Tag besuchten uns Araber, die uns frische gelbe Datteln brachten. Sie schmeckten uns gut, obwohl sie noch nicht ganz reif waren. Am Abend fanden sich unsere Ghafîrs wieder bei uns ein. Am 14. September brachen wir auf. Der Weg war nun schlecht, und am Abend lagerten wir bei einem Stein, der etwa 16 Fuß im Durchschnitt hat. Nach meiner

Meinung war dieser Stein in der Mitte geborsten, die Araber jedoch behaupteten, Moses habe ihn durch einen Schwertschlag geteilt. Hier fanden wir eine Quelle, aus der ein Wasser floss, das köstlicher schmeckte als der beste Wein in Europa.

Am 15. September erreichten wir das Kloster St. Katharina. Der Grund, auf dem das Kloster steht, ist voller Abhänge, das Hauptgebäude ist etwa 60 doppelte Schritte lang und 55 doppelte Schritte breit. Es besteht zum Großteil aus behauenen Steinen, was hier, mitten in der Wüste, viel Geld und Mühe gekostet haben muss. An das Hauptgebäude schließt ein anderes, kleines an. Es gibt in diesem Kloster nur eine einzige Tür, und die ist fast immer zugemauert. Alles, was man in das Kloster hineinbringen will, Menschen ebenso wie Lebensmittel, wird mittels eines Strickes in die Höhe gezogen. Dicht vor dem Kloster liegt ein großer Obstgarten, den die Mönche, wie uns die Araber versicherten, durch einen unterirdischen Gang erreichen.

Kein Fremder wird in dieses Kloster gelassen, wenn er nicht einen Brief des Bischofs vom Berg Sinai mitbringt, der in Kairo residiert. Das hatten wir schon in Ägypten erfahren, aber es war uns nicht gelungen, dieses Empfehlungsschreiben zu bekommen, da sich der Bischof damals in Konstantinopel aufgehalten hatte. Was wir mithatten, war einzig und allein der Brief eines Patriarchen, der über drei Jahre in dem Kloster gewesen war.

Wir mussten lange warten, bis die Mönche einen Boten zu uns schickten. Dieser fragte sogleich nach dem Brief des Bischofs. Wir gaben den Brief des Patriarchen ab und hörten zunächst überhaupt nichts mehr. Während dieser Zeit sammelten sich viele Araber an, die von den umliegenden Bergen gesehen hatten, dass Fremde bei dem Kloster angelangt waren. Die Araber lieben die Mönche nicht. Bisweilen nehmen sie von nahen Hügeln her das Kloster unter Feuer, und wenn sich die Griechen nur ein wenig aus dem Kloster entfernen, können sie sicher sein, dass sie gefangen genommen und nur gegen ein Lösegeld freigelassen werden.

Da wir also genötigt waren, vor dem Kloster zu warten, zeichnete ich es von allen Seiten. Und dann schickten die Mönche

Abbildung eines türkischen Pilgers

wieder einen Boten. Dieser brachte uns Weintrauben und ließ uns wissen, dass wir das Kloster nicht betreten dürften. Der Brief des Patriarchen genügte also nicht.

Waren wir nicht in das Kloster gekommen, wollte ich wenigstens den Berg Sinai ersteigen. Deshalb suchte ich nach einem Araber, der mich führen konnte. Die Folge davon war ein Streit, da nicht nur einer den Lohn für die Führung haben wollte. Herr von Haven konnte nicht mitkommen, eine Fußverletzung, die von Tag zu Tag schlimmer geworden war, zwang ihn, die Rückreise anzutreten. Schließlich nahm ich einen der Scheichs und einen Ghafîr als Führer.

Der Berg Sinai liegt an der Südwestseite des Klosters. Er ist hier so steil, dass ihn Moses von dieser Seite schwerlich ersteigen konnte. Jetzt ist der Weg nicht mehr beschwerlich, da die Griechen dort, wo der Felsen fast senkrecht ist, Treppen herausgehauen haben. Bald kommt man zu einer Quelle mit köstlichem Wasser und noch weiter aufwärts zu einer kleinen Kapelle. Hier betete der mich begleitende Scheich nicht nur, er ging auch in die Kapelle hinein und küsste das Bildnis Christi und der Jungfrau Maria sehr andächtig. Sicher war das alles Verstellung, wahrscheinlich glaubte er, mir auf diese Weise einen Gefallen zu tun.

Wir passierten hierauf zwei kleine gemauerte Pforten und kamen endlich auf ein großes Plateau, auf dem ein Gebäude stand, in dem sich nebeneinander eine griechische und eine mohammedanische Kapelle befinden. Meine Führer wussten ihre Namen nicht und behaupteten, wir hätten den höchsten Punkt des Berges erreicht. Dass dem nicht so war, wusste ich, doch es gelang mir nicht, meine Führer dazu zu überreden, weiter in die Höhe zu steigen. Also kehrten wir zurück. Mittags brachen wir auf und am Abend lagerten wir wieder im Tal Pharan. Auf der Rückreise nahmen wir denselben Weg und trafen wohlbehalten am 27. September in Sues ein.

Reise von Sues nach Dschidda

Während unserer Reise zum Berg Sinai waren zahlreiche Karawanen in Sues angekommen. So war diese Stadt, im Verhältnis zu ihrer Größe, plötzlich volkreicher als Kairo geworden. Alle Reisenden mieteten auf den Schiffen – es waren vier, die zugleich abfahren sollten – ihre Plätze. Wir mieteten die oberste Kajüte auf dem größten Schiff für uns allein, um von den Mohammedanern abgesondert zu sein. Zwar waren wir mit Mohammedanern bereits zu Wasser und zu Lande gereist, doch wir fürchteten uns sehr vor der bevorstehenden Reise, weil wir annahmen, dass es die Mohammedaner für einen Frevel hielten, wenn Christen diesen heiligen Weg betraten. Die Griechen hatten uns versichert, dass wir auf dem Schiff nicht einmal in Pantoffeln würden gehen dürfen.

Dass dem so war, brachten wir bald in Erfahrung. Wir hatten kaum unsere Kajüte verlassen, als uns angezeigt wurde, dass wir die Pantoffeln ablegen müssten. Es gab auch viele, die uns hasserfüllte Blicke zuwarfen und uns verhöhnten. So waren wir froh, dass wir eine Kajüte für uns allein hatten, in die niemand kommen durfte. Ich hatte es darin so bequem, dass ich astronomische Beobachtungen machen konnte, ohne dass dies irgendwer merkte. Wir segelten zwar nach Süden, aber die meiste Zeit so viel östlich, dass ich die Sonne im Mittagszirkel sah. Wenn wir ankerten, lag das Hinterteil des Schiffes, wegen der ständigen nördlichen Winde, auch nach Süden.

Unser Schiff war stark beladen. In der unteren, größeren Kajüte befanden sich über vierzig Weiber und Sklavinnen mit ihren Kindern. Vor unserer Behausung logierte ein reicher schwarzer Verschnittener, der nach Medina reisen wollte und – was merkwürdig war – wie vornehme Türken seinen eigenen Harem besaß. Jeder der Kaufleute hatte die oben auf dem Deck gemietete Stelle rundum mit Kästen und Packen so besetzt, dass in der Mitte ein kleiner Platz freiblieb. Hier konnte er seinen Kaffee trinken und sein Essen zubereiten, rauchen und schlafen. Außer den vielen Menschen schleppte das Schiff auch noch zahlreiche Wasserkrüge mit, die außen angebunden waren.

Diese Schiffe fahren nur einmal im Jahr von Sues nach Dschidda. So haben die Seeleute wenig Übung, außerdem mangelt es ihnen an Platz für ihre Arbeit. Wenn die Segel eingenommen werden sollten, wurde die Rah heruntergelassen. Und da waren die Matrosen, meist Griechen, oft genötigt, auf den Packen der Kaufleute umherzuturnen. Dadurch kam es häufig zu Zänkereien und Schlägereien.

Unser Schiffer – er hieß Schoreibe – war ein Kaufmann aus Kairo und verstand wenig von der Kunst, ein Schiff zu regieren

Oben: Ansicht der Stadt Iambo von der Seite Südwest

und zu dirigieren. So ruhte die ganze Arbeit auf den Schultern des Lotsen. Der Schiffer und der Lotse hatten ihren Platz ganz vorne auf dem Schiff, weil sie dort besser sehen konnten, ob sich Klippen unter dem Wasser befanden. Die beiden glaubten,

Unten: Ansicht der Stadt Dschidda von der Seite West zu Süd

geschickter als europäische Schiffer zu sein, die immer die offene See suchen und den Weg nahe dem Lande meiden.

Die Schiffsboote standen hier nicht wie bei den Europäern auf dem Verdeck, sondern waren alle hinten angebunden. Unser

Schiff, das 40 bis 45 Kanonen hätte führen können, schleppte nicht weniger als vier Boote. Das größte hatte ein Segel, die übrigen wurden ständig geschleppt. Alle vier waren voll mit Passagieren, Pferden, Schafen und gemeinen Weibsleuten, die während der Fahrt ein wenig verdienen wollten.

Die vier von Sues abfahrenden Schiffe lichteten gleichzeitig am 10. Oktober schon eine halbe Stunde nach Mitternacht die Anker. Noch vor Mittag erreichten wir Girondel, und weil die Schiffe am ersten Tag nicht weiterfahren, ankerten wir hier nicht weit vom Ufer auf 13 Faden tiefem Wasser und unter der Polhöhe 29°10'. Erst nach Sonnenuntergang setzten wir unseren Kurs fort. Wir segelten die ganze Nacht hindurch. Am 11. Oktober sahen wir zahlreiche Korallenbänke, die wir, ohne Schaden zu nehmen, passieren konnten. Am Nachmittag ankerten wir im Hafen von Tor. Von hier kann man den Berg Sinai gut sehen.

Rings um den Hafen von Tor liegen verschiedene kleine Dörfer. Kallá et-Tôr war ehemals ein Kastell, jetzt ist das Kastell ohne Besatzung und gänzlich verfallen. Belled en-Nassâra (das Dorf der Christen) ist von lauter Griechen bewohnt, es gibt hier auch ein griechisches Kloster. Schadlie ist das Dorf der Mohammedaner, in Dsjebêl wohnen fast alle Lotsen, welche die Schiffe von Sues nach Dschidda und wieder zurück bringen. Die Bewohner dieser Dörfer leben zum Großteil vom Fischfang.

Herr Forskål ging in Tor als Einziger an Land. In Belled en-Nassâra fand er einen Geistlichen, der ihn nicht nur in seinem Haus bewirtete, sondern ihm auch in der Nähe gelegene Dattelgärten zeigte. Herrn Forskåls lange Abwesenheit erregte bei den Arabern auf unserem Schiff Aufsehen. Einige Janitscharen aus Kairo meinten, man hätte ihn überfallen und ausgeplündert. Deshalb begaben sie sich an Land und zwangen Herrn Forskål, wenn auch höflich, sofort auf das Schiff zurückzukehren. Ich war von diesem lobenswerten Vorgehen der Türken überrascht. Von Janitscharen hätte ich es am allerwenigsten erwartet.

Am Morgen des 14. Oktober verließen wir den Hafen von Tor und segelten zuerst nach Süden und dann nach Südosten, immer an Korallenbänken vorbei. Nach Râs Mahhmûd mussten wir uns dann für ein paar Tage und Nächte der offenen See anvertrauen. Dies ist für die Araber der ärgste Schrecken. Wenn sie kein Land mehr sehen können, halten sie sich schon für verloren.

Am 16. Oktober sahen wir in der Ferne das von den alten griechischen und arabischen Schriftstellern oft erwähnte Smaragdgebirge, am 17. konnte ich eine kleine Sonnenfinsternis beobachten. Diese Finsternis war unserem Schiffer von Herrn Forskål vorausgesagt worden. Als sie dann eingetreten war, sprach sich dies rasch auf dem Schiff herum. Und nun wurden plötzlich alle krank. Denn Menschen, welche eine Finsternis vorherbestimmen können, werden von den Mohammedanern nicht nur als große Gelehrte, sondern auch als hervorragende Ärzte angesehen. Jeder verlangte jetzt von Herrn Forskål Hilfsmittel gegen sein Übel, und Herr Forskål gab unschädliche Pillen aus oder gute Ratschläge. Er machte sich dadurch auf dem Schiff sehr beliebt.

Unser nächster Ankerplatz war Mhar. Hier holte uns eines von den Schiffen ein, die zugleich mit uns abgesegelt waren. Die beiden anderen hatten uns nicht folgen können.

Am nächsten Tag kamen wir in große Gefahr. Die Weiber in der unteren Kajüte, die während der ganzen Fahrt zankten, hatten ein Stück Leinwand in Brand gesetzt, und es bestand die Gefahr, dass die Flammen das ganze Schiff ergriffen. Doch der Schiffer schickte einen Unteroffizier mit einem tüchtigen Prügel in den Harem. Das Feuer wurde gelöscht, und es gab anfangs eine fürchterliche Musik. Dann jedoch folgte eine sanfte Stille, und man hörte die Weiber 24 Stunden lang überhaupt nicht.

Im Hafen der Insel Hassâni – die Araber versicherten, wir hätten unsere Reise nun glücklich überstanden – wurden Kanonenschüsse abgegeben, am Abend wurden die Schiffe mit Lampen und Laternen behängt. Bis in die späte Nacht hinein herrschte ein höllischer Lärm, und die Lotsen konnten Trinkgelder einsammeln.

Am Abend des 21. drohte uns dann neuerdings Gefahr. Wir segelten um Dsjimûm oder Sabba Rûs (die 7 Vorgebirge), wo sich unter dem Wasser viele Klippen befinden. Außerdem war es schon dunkel und unser Lotse betrunken. Wer ihm Branntwein gegeben hatte, war nicht festzustellen. Doch wir kamen davon und warfen während der Nacht bei Kubbet Jambo, einer kleinen Insel, auf der sich das Grab eines Heiligen befindet, glücklich Anker.

Unser nächstes Ziel war Jambo. Diese Stadt ist von einer Mauer umgeben und hat vom Wasser her ein gutes Aussehen. Der Eingang in den Hafen ist sehr eng. Ist man aber erst einmal drinnen, liegt man so sicher, dass man nicht einmal Anker werfen muss. Wir befestigten nur ein Tau an einem auf einer steilen Korallenbank stehenden Stein, der auch zur Zeit der Flut aus dem Wasser ragte.

Die Reisenden, welche nach Medina gehen wollten, verließen hier das Schiff. Auch einige Weiber wurden fortgebracht. Ich nutzte die Gelegenheit und fand in der Scheidewand eine kleine Ritze, durch die ich in den Harem sehen konnte. Bis zu meiner Abreise aus Sues hatte ich noch kaum das entblößte Gesicht einer Mohammedanerin gesehen. Auf dieser Seereise sah ich mehr, des Morgens früh bisweilen drei oder vier nackte Weiber, die sich wuschen oder badeten.

Am 26. passierten wir das Vorgebirge Wardân und warfen bei Rabogh zwischen vielen kleinen Inseln unseren Anker. Reisende, die zur See von Sues kommen, sind verpflichtet, die Ihhrâm anzulegen, sobald sie das Vorgebirge Wardân erreicht haben. Die Ihhrâm ist ein um die Hüfte gebundenes Tuch, wie man es in Bädern braucht, und bloß mit diesem Kleidungsstück soll sich ein neuer Pilger so lange behelfen, bis er die Kaaba zu Mekka besucht hat. Viele Pilger auf unserem Schiff, die niemals in Mekka gewesen waren, behielten zwar ihre Kleider an, weil sie unpässlich waren oder vorgaben, unpässlich zu sein, hingegen legten viele fromme Mohammedaner die Ihhrâm an, ohne hierzu verpflichtet zu sein, weil sie die Wallfahrt nach Mekka schon unternommen hatten. Wir sahen daher des Abends auf unserem Schiff Leute, die ganz anders als des Morgens gekleidet waren.

Manchen wird es vielleicht sonderbar erscheinen, dass Mohammed seinen Anhängern befohlen hat, das erste Mal mit unbedecktem Kopf und nahezu nackt zur Kaaba zu kommen. Aber so gehen jetzt viele gemeine Araber in Hedschas, im Jemen und in Omân. Mohammed verlangte wahrscheinlich nichts weiter, als dass die Pilger in aller Demut, nämlich in der Kleidung eines gemeinen Arabers, nach Mekka kommen sollten. Ich glaube, er hätte dieses Gesetz nie erlassen, hätte er vermutet, dass dereinst Pilger aus kälteren Ländern nach Mekka wallfahrten würden. Den Türken ist die Ihhrâm nicht nur sehr unangenehm, sie kann sogar ihrer Gesundheit schaden, weil die Türken nun einmal ständig bekleidet gehen, ja sogar im Sommer Pelze tragen. Die Ihhrâm kleidet einen von der Sonne verbrannten Araber nicht schlecht, einen kahlköpfigen weißhäutigen Türken mit einem langen Bart macht sie lächerlich.

Am 28. waren wir mittags neben dem Berg Wakr, am 29. gingen wir im Hafen von Dschidda, der von der Stadt etwa eine halbe Meile entfernt ist, vor Anker. Wir blieben noch zwei Tage an Bord, weil wir abwarten wollten, bis alle mohammedanischen Passagiere an Land gegangen waren. Viele von ihnen begaben sich gleich in die Stadt, teils um ihre Freunde aufzusuchen oder Neuigkeiten zu hören, teils aber auch, um ihr Bargeld – man muss dafür hier Zoll bezahlen – heimlich an Land zu bringen.

Weil sich alle, die aus der Stadt zurückkamen, beschwerten, dass die Zöllner in diesem Jahr außerordentlich scharf durchsuchten, berieten wir, wie wir jeden Verdruss mit ihnen vermeiden könnten. Wir hatten zwar keine Kaufmannswaren mit, wohl aber eine große Summe venezianischer Dukaten, einer Münze, welche hier gangbarer ist als die türkischen Goldmünzen. Da wir eine Leibesvisitation befürchteten, trugen wir das Geld nicht mit uns von den Schiffen, sondern versteckten es in den Arzneikästen. So kamen wir unbehelligt durch, denn bei einem Arzt vermutet man kein Geld. Obwohl die Mohammedaner einen Arzt nicht gerne bezahlen, ist er ihnen doch jederzeit willkommen.

Beschreibung von Dschidda

Nirgendwo haben wir uns vor den Einwohnern einer Stadt so sehr gefürchtet wie in Dschidda. Man findet sich hier mit Europäern ab, die des Handels wegen aus Ostindien hierherkommen und europäisch gekleidet sind. Europäern jedoch, die von anderswo kamen und türkische Kleidung trugen, begegnete man von allem Anfang an mit Misstrauen, ja sogar Hass. Wir wagten es kaum, ein Kaffeehaus oder die Marktstraßen aufzusuchen, und hüteten uns, dem Tor, das nach Mekka liegt, auch nur in die Nähe zu kommen. Hätten wir das getan, wären wir wohl gesteinigt worden.

Wir hatten Empfehlungsschreiben an die vornehmsten Kaufleute in der Stadt mit und baten sie, uns ein Haus zu beschaffen. Aber alle ließen uns wissen, dass sie uns nicht dienlich sein könnten. Schließlich konnten wir aber doch an Land gehen, nachdem wir ein dürftiges Quartier bei einem griechischen Goldschmied gefunden hatten.

Wir besaßen auch ein an den Pascha gerichtetes Empfehlungsschreiben. Nachdem wir es abgegeben hatten, mussten wir lange warten, bis wir vorgelassen wurden. Zu unserer Überraschung wurden wir dann freundlich empfangen. Ich musste meinen Quadranten in dem Palast aufstellen und in der Gegenwart des Paschas den Stand der Sonne nehmen. Dann ließ er sich das Instrument genau erklären. Durch seine Vermittlung konnten wir jetzt ein Haus mieten, das sehr geräumig war und an der Seeseite lag. Am 1. November ließen wir den Rest unserer Sachen an Land bringen. Wieder kamen wir unbehelligt durch den Zoll. Die Zöllner hätten es sicher nicht gewagt, die Arzneikästen auch nur zu berühren.

Der Palast des Paschas war baufällig. Aber es gab auch hübsche Gebäude in der Stadt. Alle waren aus Korallensteinen verfertigt, die nicht nur leicht zu bearbeiten sind, sondern auch an der Luft weiß werden, wodurch sie den Gebäuden ein malerisches Aussehen verleihen. Das Trinkwasser, das man hier braucht, wird in großen Wasserbehältern gesammelt, die sich in den Bergen befinden, und von Kamelen in die Stadt gebracht.

Abbildung einer Frauensperson zu Dschidda, die Brot verkauft

Der Schiffer war wie ein gemeiner Araber gekleidet und, wenn man von einem Tuch um die Hüfte absah, nackt. Das krumme Messer, das er trug, machte ihn auch nicht vertrauenerweckender. Seine neun Matrosen waren alle schwarze Sklaven, zum Teil aus Afrika, mit dicken Lippen und einer platten Nase, zum andern Teil von der Malabarküste. Letztere trugen auf dem Kopf eine kleine Mütze und waren nur mit einem Stück

Dschidda ist ein bedeutender Handelsplatz. Hierher kommen einmal jährlich reich beladene Schiffe von Sues und aus Indien. Auch die Ausfuhr ist beträchtlich, vor allem an Balsam und Kaffee, der aus dem Jemen kommt. Manchmal riecht ganz Dschidda nach Kaffee. Kaffeetrinken ist die große Leidenschaft der Bewohner dieser Stadt, und man sagt hier, Dschidda würde nicht viel verlieren, wenn die ganze Welt außer dem Jemen zugrunde ginge.

Die Vornehmen zu Dschidda kleiden sich ebenso wie die Türken in Kairo und Konstantinopel, nur dass ihre Kleider aus einem dünneren Stoff sind, weil sie unter einem heißeren Himmelsstrich wohnen. Die Weiber tragen Beinkleider und ein weites Hemd ohne Gürtel. Über dem Kopf haben sie einen großen Schleier und vor dem Gesicht ein schmales Stück Leinwand. Wenn sie auf der Straße gehen, schützen sie sich meistens mit einem Wedel gegen die zudringlichen Fliegen. Gefärbte Glasperlen und Armringe schätzen nur die gemeinen Weiber.

Die Reise von Dschidda nach Loheia

Da man uns in Kopenhagen den Auftrag gegeben hatte, nicht länger als notwendig in Dschidda zu bleiben und baldmöglichst nach dem Königreich Jemen weiterzureisen, begannen wir für den Aufbruch zu rüsten. Aber zunächst machten uns die nördlichen Winde einen Strich durch die Rechnung, welche die mit Kaffee beladenen Schiffe hinderten, vom Jemen den Arabischen Meerbusen heraufzukommen.

Endlich, anfangs Dezember, kamen ein paar Kaffeeschiffe an. Eines war aus Omân, und man riet uns, dieses Schiff zu benützen. Wir hofften, ein großes, bequemes Schiff zu sehen, und waren nicht wenig bestürzt, als man uns ein Fahrzeug zeigte, das mehr einer Regentonne als einem Schiff ähnelte. Es war nur 7 Faden lang und 2½ Faden breit und besaß kein Verdeck. Außerdem war an dem ganzen Schiff kein einziger Nagel, die dünnen Planken waren zusammengenäht. Jetzt lag dieses trostlose Boot auf dem Lande, um kalfatert zu werden.

Abbildung eines Fischers zu Dschidda

Leinwand bekleidet, das sie zwischen die Beine geschlungen hatten, um ihre Scham zu bedecken.

Keiner von uns verspürte Lust, sich diesen Leuten und ihrem Schiff anzuvertrauen. Doch unsere Freunde in Dschidda rieten uns abermals, lieber mit diesem Schiffer als mit einem jemenitischen zu reisen. Die jemenitischen, sagte man uns, besäßen nur Segel aus Strohmatten und wären schlechte Seeleute.

Da wir wussten, dass Engländer aus Ostindien nach Mochha kommen würden, und meinten, ohne ihre Hilfe nicht ins Innere des Landes gelangen zu können, waren wir entschlossen, von Dschidda geradewegs dorthin zu reisen. Von Loheia und Hodeida, den beiden anderen Häfen des Imâms, hatten wir nur sehr vage Begriffe. Unsere Freunde rieten uns allerdings, schon in Loheia an Land zu gehen und den Weg nach Mochha auf dem Land zurückzulegen, deshalb, weil Fahrten im südlichen Teil des Meerbusens infolge widriger Winde immer sehr lange dauerten. Wir vereinbarten mit dem erwähnten Schiffer daher zunächst, dass er uns nach Hodeida bringen sollte. Der Pascha gab uns Briefe an die vornehmsten Kaufleute in Loheia und Hodeida mit, die wir gerne annahmen. Denn obwohl wir noch nicht entschlossen waren, das Schiff in Loheia zu verlassen, wussten wir, dass der Schiffer eigener Geschäfte wegen in jeder der beiden Städte einige Tage bleiben würde.

Wir gingen also am 13. Dezember an Bord. Obwohl wir das Schiff für uns allein gemietet hatten, war es stark mit Kaufmannswaren beladen. Der Schiffer entschuldigte sich damit, dass für sein leichtes Schiff unsere Sachen bei hohem Seegang zu wenig Ballast sein würden. Unsere Bettstellen wurden über die Packen gebunden, und so hatte jeder seinen Platz, auf dem er tagsüber sitzen und des Nachts unter freiem Himmel schlafen konnte. An ein Umhergehen war auf diesem Schiff nicht zu denken. Denn alles war angefüllt, abgesehen von einer kleinen Stelle ganz vorne, wo unser Essen gekocht wurde und die Araber ihr Brot backten.

Hatten wir auf unserer Reise von Sues nach Dschidda nur wenige Städte und Dörfer gesehen, sahen wir auf dieser Fahrt nur Ankerplätze, die aus ein paar elenden Hütten oder Zelten bestanden. Bemerkenswert war einzig und allein die Zeltstadt Abu Arisch. Die Bewohner dieser Stadt unterstehen einem eigenen unabhängigen Scheich und sind keine Mohammedaner. Wie ihre Religion beschaffen ist, konnte ich nicht in Erfahrung bringen. Diese Araber sind große Liebhaber von Kleidern der Reisenden. Allerdings töten sie keinen, wenn er ihnen ohne Gewalt gegenübertritt. Da wir unsere Kleidung nicht entbehren wollten, legten Herr Forskål und ich nur Beinkleider an, als wir an Land gingen. Ein paar Araber kamen uns sogleich entgegen. Sie trugen, was wir bisher noch nicht gesehen hatten, bis auf die Schultern herabhängende Haare und anstatt eines Turbans einen Strick um den Kopf. Ihre ganze übrige Kleidung bestand aus einem Tuch um die Hüften. Da wir an Land gekommen waren, um Lebensmittel zu kaufen, führten uns die Araber zu ihren Zelten. Wir sahen hier Frauen, die ihr Gesicht nicht bedeckt und schwarze Steine in den Haaren hatten. Zu meiner Überraschung stellte ich fest, dass diese Araber nicht ganz ungesittet waren. Sie bewirteten uns mit Milch, welche sie in Ziegenfellen aufbewahrten, mit Butter, die in Ziegenfellen gemacht wurde, und einem sehr schlechten Brot. Wir kauften, was wir brauchten, und die Araber mussten ihre Bezahlung an Bord holen, was sie sich gerne gefallen ließen.

An den weiteren Tagen war uns der Wind so günstig, dass wir rasch vorwärtskamen. Wieder gab es nur kleine Inseln, Korallenbänke und ein paar Dörfer zu sehen. Am 29. Dezember erreichten wir den Hafen Loheia und warfen vor der Stadt unseren Anker.

In Loheia

Unser Vorhaben, mit einem Schiff nach Mochha oder wenigstens bis Hodeida zu fahren, bestand auch jetzt. Aber da waren zwei Kaufleute, die gleich uns aus Dschidda gekommen waren und die Absicht hatten, ihre Reise auf dem Landweg fortzusetzen. Sie sagten uns, dass wir der Seereise nach Mochha wegen der vielen widrigen Winde bald überdrüssig sein würden und der Landweg weit kürzer und auch gefahrloser sei. Um zu erfahren, ob dies der Wahrheit entsprach, wandten wir uns an den Gouverneur.

Die Araber im Königreich Jemen nennen den Gouverneur einer Stadt Emir. Der in Loheia hieß Farhân. Er war ein pechschwarzer Afrikaner. In seiner Jugend nach dem Jemen verkauft, hatte er es dank seiner Klugheit vorerst zu kleinen Ämtern und schließlich zum Emir gebracht. Er war ein sehr höflicher und rechtschaffener Mann und ein großer Freund der Fremden.

Aus den mitgebrachten Briefen sah er, dass der eine von uns ein Arzt war, der andere Pflanzen suchte, der dritte die Sterne beobachtete und dass wir keine Kaufmannsgüter bei uns hatten, derentwillen wir es eilig haben konnten. So schlug er uns vor, einige Zeit in Loheia zu bleiben, und versprach, uns mit Kamelen nach Mochha bringen zu lassen. Ein Kaufmann, der dringend einen Arzt brauchte, bat uns geradezu, an Land zu kommen, und bot uns eines von seinen Häusern als Wohnung an.

So beschlossen wir, zu bleiben und unsere Sachen an Land bringen zu lassen. Kaum hatten wir das uns angebotene Haus bezogen, schickte uns der Emir als Ankunftsgeschenk ein ganzes gebratenes Schaf. Wir ließen uns das Fleisch munden und bedauerten es, dass wir keinen Wein mehr hatten. Ein Versuch, zu Branntwein zu kommen, scheiterte nicht nur jetzt, sondern auch an den folgenden Tagen.

Dafür wurden wir von zahlreichen vornehmen Arabern eingeladen, die alle unsere Instrumente sehen wollten. Herr Forskål zeigte ihnen allerhand Kleinigkeiten unter einem Vergrößerungsglas. Eines Tages verlangte er von einem Bedienten, er möge ihm eine Laus bringen. Zuerst weigerte sich der Bediente, aber er verschaffte die Laus dann, nachdem er ein kleines Trinkgeld erhalten hatte. Alle Anwesenden waren sprachlos, als sie die vergrößerte Laus sahen. Zuletzt wurde der Bediente herbeigerufen. Er beschwor, dass er niemals eine so große arabische Laus gesehen habe, womit dieses Tier eine europäische Laus sein müsse.

Es sprach sich bald herum, dass wir keine gewöhnlichen Kaufleute waren. Doch glaubte der Pöbel, wir müssten andere Kaufleute sein und verstünden es, Läuse besser als die Araber zu gebrauchen. Außerdem hatte der Bediente von dem Trinkgeld erzählt. So bot man uns alles Mögliche an, Läuse, Käfer, Insekten, tote und lebende Fliegen.

Die meiste Bewunderung erregte mein astronomisches Fernglas, welches alle Gegenstände verkehrt zeigte. Ich ließ die Araber eine Frau sehen, die aus der Ferne auf uns zukam, und sie waren nicht wenig erstaunt, als sie sahen, wie die Frau, die Füße nach oben, ging. Auch konnten sie nicht begreifen, dass ihre Kleider nicht herunterfielen. Immer wieder riefen sie voll Verwunderung: Allah akbar! Das bedeutet: Gott ist groß!

Obwohl alle sehr freundlich zu uns waren, fielen sie uns oft doch zur Last. Sie kamen mit allen möglichen Beschwerden zu uns, der eine behauptete, Fieber zu haben, hatte aber keines, der andere wollte, dass ihm Herr Cramer den Puls fühlte, ein Dritter klagte über Stuhlverstopfung. Ihm gab Herr Cramer ein Brechpulver, das gleichzeitig oben und unten wirkte. Hatte er gehofft, die Araber dadurch zu vertreiben, trat das Gegenteil ein. Das Brechpulver machte ihn berühmt, und nun wollten es alle haben.

Der Emir Bahhr, der die Aufsicht über die Boote hatte, verlangte einmal, unser Arzt möge zu ihm kommen. Als Herr Cramer nicht gleich aufbrach, erschien ein zweiter Bote und teilte Herrn Cramer mit, dass das Reitpferd des Emirs vor der Tür auf ihn warte. Herr Cramer wollte aufsteigen, doch man bedeutete ihm, dass das Pferd der Kranke sei, den er kurieren möge. Ein arabischer Arzt findet nichts dabei, auch Vieh zu behandeln, Herr Cramer jedoch hatte von dieser Kunst keine Ahnung. Zum Glück entdeckten wir noch einen Arzt in unserer Gesellschaft. Einer unserer Bedienten, der viele Jahre bei einem schwedischen Husarenregiment gedient und es gelernt hatte, mit Pferden umzugehen, übernahm die Kur und hatte Erfolg. Sofort sprach sich in ganz Loheia herum, dass es in unserem Haus einen zweiten Arzt gab. Der Bediente wurde in der Folge häufig geholt, um Menschen zu kurieren.

Herr Baurenfeind hatte ebenso wie ich eine Violine mit. Da wir uns in Loheia sehr wohl fühlten, holten wir die Instrumente nun hervor und spielten des Abends Duette. Unsere Nachbarn und viele, die unsere Musik hörten, als sie auf der Straße vorübergingen, glaubten nun, wir wären auch Musikanten. Ein alter reicher Kaufmann, der davon erfuhr, ließ uns bitten, wir möchten zu ihm kommen und ihm etwas vorspielen. Aber dazu hatten wir keine Lust. Daraufhin ließ sich der Kaufmann, der so alt war, dass er nicht mehr gehen konnte, auf einen Esel setzen und zu uns bringen. Er war sehr höflich. Er versicherte uns, dass er kein Feind der Christen sei und dies seiner Religion nach auch nicht sein könnte, weil Gott alle Menschen erschaffen hätte und alle Religionen duldete. Schließlich fiel das Gespräch auf Musik. Der alte Mann wollte nun unsere Instrumente sehen und hören. Wir spielten einige ernsthafte Stücke. Diese gefallen den Morgenländern noch am besten, obgleich sie überhaupt keinen Geschmack an unserer Musik finden. Der Alte war sehr vergnügt und wollte, als er wegging, jedem von uns einen halben Species-Taler schenken. Seine Verwunderung war groß, als wir das Geld nicht annahmen, und er sagte, bei ihnen würde niemand umsonst spielen. Er begriff ferner nicht, dass wir zu essen hatten, obwohl wir nicht mit Waren handelten.

Wir freundeten uns mit diesem Kaufmann so sehr an, dass er uns ein paar Mal einlud, mit ihm Kaffee zu trinken und eine Pfeife zu rauchen. Er erzählte uns, dass er niemals verheiratet gewesen sei, rühmte sich aber, 88 Sklavinnen um ihre Unschuld gebracht und hernach verkauft zu haben. Seit einigen Jahren hätte er nur noch zwei junge Sklavinnen, und sein sehnlichster Wunsch sei es, auch sie verführen zu können. Dann wolle er gerne sterben. Am Ende des Gesprächs wandte er sich an Herrn Cramer und bat ihn um Hilfe in dieser Hinsicht. Wenn du mich nur für ein einziges Mal zum Umgang mit diesen Sklavinnen geschickt machen kannst, gebe ich dir hundert Species-Taler, versprach er Herrn Cramer. Unser Arzt versuchte eine Kur mit ihm, allerdings vergeblich.

Die Stadt Loheia ist ungefähr 300 Jahre alt. Sie liegt in einer dürren, unfruchtbaren Gegend und ist der nördlichste Hafen im Gebiet des Imâms. Die Einwohner leben vom Handel mit Kaffee, der aus benachbarten gebirgigen Gegenden hierhergebracht, in einem Gebäude aufgeschüttet, von den Hülsen gereinigt und verkauft wird. Die Bohnen sind zwar nicht so gut wie die, welche nach Beit el-fakih gebracht und in Mochha oder Hodeida eingeschifft werden, aber sie sind dafür wohlfeiler, und der Transport nach Dschidda kostet weniger, da der Weg nicht so weit ist. Deshalb gibt es in Loheia viele Kaufleute, die für ihre Auftraggeber in Dschidda, in Ägypten und in der Türkei Kaffee kaufen. Manche Bewohner Kairos holen sich den Kaffee von hier selbst.

Wir hatten in Loheia eine Menge Naturalien gesammelt. Da es zu kostspielig und zu beschwerlich gewesen wäre, sie auf dem

Landweg, zu dem wir uns nun doch entschlossen hatten, mitzunehmen, schickten wir alles zur See nach Mochha. Der Emir war außer sich, als er hörte, dass wir abreisen wollten. Um ihn zu trösten, schenkten wir ihm zum Abschied ein Fernglas und eine Uhr. Er hatte noch nie eine Uhr besessen und wusste damit auch nicht umzugehen. Ein Kaufmann aus Kairo, der Besitzer einer Uhr gewesen war, versprach ihm, sie alle Tage aufzuziehen.

Unsere Freigebigkeit dem guten Emir gegenüber brachte uns später viel Verdruss. Es wurde überall bekannt, wie großzügig wir waren, und die Gouverneure in den anderen Städten erwarteten von uns Geschenke, noch bevor sie uns den geringsten Dienst geleistet hatten. Keiner von ihnen behandelte uns wie der Emir von Loheia, es waren vielmehr jene unsere besten Freunde, die sich nicht um uns kümmerten.

Die Reise von Loheia bis Beit El-Fakih

Im Königreich Jemen pflegt man auf Eseln zu reiten. Mietpferde sind schwer zu haben. Die Esel hier sind von besonderer Art, nämlich groß und mutig. Ein Mensch, der ihnen folgen wollte, müsste in einer halben Stunde 1750 Schritte zurücklegen.

Da man uns immer wieder versichert hatte, wir würden hier ebenso gefahrlos wie in Europa reisen, warteten wir nicht, bis eine Karawane kam, sondern schickten die Kamele, welche unser Gepäck trugen, und ein paar Bedienstete voraus. Wir selbst folgten einige Stunden später auf Eseln. Unser Weg führte uns durch eine dürre, wüste Gegend rings um den Meerbusen, der hier ziemlich weit ins Land reicht. Das erste Dorf, das wir erreichten, hieß Okem. Hier ruhten wir bei einer Kaffeehütte aus. Der Tag unseres Aufbruchs war der 20. Februar.

Das Wort Kaffeehütte (die Araber sagen: Mokeija) wird in der Folge sehr häufig vorkommen. Man stelle sich nicht vor, dass man in solch einem Kaffeehaus wie in einem europäischen bedient wird. Zunächst sind diese Hütten schmutzig und ohne Komfort, aber auch das aus Kaffeeschalen zubereitete Getränk schmeckt abscheulich. An den aus Töpfererde verfertigten groben Tassen kann man wenig Freude haben, da sie nie gewaschen werden. Angesehene Araber nehmen, wenn sie auf die Reise gehen, ihre eigenen Tassen mit, meist chinesische. Trinkwasser erhält man in den Hütten umsonst.

Unser weiterer Weg führte uns nach Dsjâlie und Meneyre, einem großen Dorf mit einer schönen Moschee und einer Mánsale. Eine Mánsale ist ein Haus, wo Reisende ein paar Tage umsonst wohnen können und unentgeltlich mit warmem Hirsebrot, Kamelmilch und Butter verpflegt werden. Man kann sich leicht vorstellen, dass es in solch einer Herberge niemals an Gästen mangelt. Als unser Wirt gehört hatte, dass europäische Gäste bei ihm eingekehrt waren, kam er selbst, um zu sehen, ob wir gut bedient wurden. Er ließ für uns Weizenbrot backen, und anstatt Kamelmilch erhielten wir Kuhmilch. Bei unserem Aufbruch wollten wir dem Wirt ein kleines Geschenk geben, doch er nahm es nicht an.

Das nächste Nachtlager schlugen wir in Dáhhi auf, einem Dorf mit einer Moschee und dem Grabmal eines Heiligen. Dort sahen wir eine Gerberei und eine Ziegelbrennerei, in welcher die Töpfe nicht in einem Ofen, sondern auf freiem Feld gebrannt wurden. Des Weiteren fielen uns viele große Gefäße auf, in welchen sich Indigo befand. Man braucht im Jemen viel Indigo, da alle Weiber auf dem Lande blaue Hemden und blaue Beinkleider tragen. Durch Dáhhi führt der Weg von Loheia nach Sana.

Unsere nächste bemerkenswerte Station war das Dorf Kataja. Wir blieben in der Mánsale, um ein wenig auszuruhen. Hier stießen wir auf einen jungen Araber, der an jeder Hand sechs Finger und an jedem Fuß sechs Zehen hatte.

Am 25. Februar erreichten wir Beit el-fakih. Sofort nach unserem Eintreffen gaben wir ein Empfehlungsschreiben bei Ambar Seif, einem der vornehmsten Kaufleute in der Stadt, ab. Ambar Seif empfing uns mit großer Höflichkeit, ließ unsere Sachen vom Zollhaus in das Haus bringen, das er sogleich für uns mietete, und lud uns zum Essen ein.

Die Stadt Beit el-fakih ist die Residenz eines Dola, das heißt Gouverneurs, und liegt unter der Polhöhe 14°31'. Häuser aus Steinen sind selten, lange Hütten mit runden, grasbedeckten

Dächern überwiegen. Wir wohnten in einem Gebäude aus Steinen, aus welchem der Eigentümer durch Ameisen vertrieben worden war. Diese Tiere – die Araber nennen sie Ard – waren in allen unseren Kammern und fraßen alles, was sie erreichen konnten, Früchte, Kleider, Holz, Papier und Abfälle. Wir verstopften die Löcher der Gänge, aus welchen sie kamen, hatten aber nicht lange Ruhe.

Beit el-fakih hat eine vortreffliche Lage. Sie ist eine kurze Tagereise von dem Beginn des Kaffeegebirges, 1 ½ Tagereisen von dem Hafen Hodeida, 4 Tagereisen von Mochha, 4 ½ Tagereisen von Loheia und etwa 6 Tagereisen von Sana entfernt. Hier befindet sich der größte Kaffeehandel im Jemen, ja vielleicht der ganzen Welt. Seinethalben kommen unzählige Kaufleute hierher, aus Ägypten, Syrien, Konstantinopel, Marokko, Persien, Indien und Europa. In dieser Stadt wohnen viele Heiden aus Indien. Sie dürfen ihren Gottesdienst öffentlich abhalten, aber es ist ihnen verboten, ihre Toten zu verbrennen und ihre Weiber mitzubringen. Deshalb kehren sie gerne wieder in ihr Vaterland zurück, wenn sie einiges Vermögen erworben haben.

Der Dola von Beit el-fakih kümmerte sich nicht um uns. So hatten wir alle Freiheit, die wir nur wünschen konnten. Wir schlossen hier Bekanntschaften mit armen Gelehrten (Fakíhs) und Kaufleuten, und ich erhielt viele geographische Nachrichten. Wären die Ameisen nicht gewesen, hätten wir uns hier sehr wohl gefühlt.

Reisen in der Umgebung von Beit El Fakih

Man hört hier die Namen verschiedener, schon von den alten arabischen Schriftstellern erwähnter Städte, die seit Langem verfallen sind. Einige dieser Städte wollte ich besuchen, wenngleich ich nicht hoffen durfte, mehr als ein paar schlechte Inschriften zu finden. Mein erstes Ziel war der ehemals berühmte Hafen Ghalef'ka.

Da ich wusste, dass man in dieser Gegend gefahrlos reisen konnte, traf ich keine großen Vorbereitungen. Ich mietete einen

Esel, der mich und einen kleinen Sack mit etwas Wäsche und Büchern tragen sollte. Meine Reisekleidung bestand aus einem Turban, einem ärmellosen Oberrock, einem weiten arabischen Hemd, Beinkleidern aus Leinwand und Pantoffeln. Obgleich es in dieser Gegend keine Räuber gibt, reist man immer bewaffnet. Also trug ich einen Säbel und Pistolen. Mein Eseltreiber, der zugleich mein Wegweiser und Bediensteter war und zu Fuß ging, war mit einem breiten Messer, einem Säbel und einem Schild bewaffnet. Ein Teppich diente mir als Sattel, im Quartier als Tisch und des Nachts als Bett. Messer, Gabel und Löffel brauchte ich nicht, ich hatte mich schon daran gewöhnt, wie ein Araber zu essen.

Es war der 7. März, als ich aufbrach. Auf dem Weg stieß ich auf kein einziges Dorf, sondern nur auf vier gegrabene Brunnen. An manchen Stellen lag so viel Sand, dass mein Führer bisweilen irrewurde. Denn der Wind verändert hier das Aussehen der sandigen Gegend von einem Tag zum anderen. Noch an demselben Tag erreichten wir Ghalef'ka. Ghalef'ka war ehemals ein berühmter Hafen. Aber dieser ist gänzlich unbrauchbar geworden wegen des hier zusammengewehten Sandes und wegen des Anwachsens der Korallenbänke. So besteht Ghalef'ka jetzt nur noch aus 30 schlechten Hütten, die verstreut zwischen Dattelbäumen liegen. Die Einwohner dieses armen Dorfes ernähren sich von Datteln, Schafen und vom Fischfang. Von der alten Stadt findet man nichts mehr als die Ruinen einer großen Moschee. Das Einzige, was Ghalef'ka noch zu bieten hat, ist gutes, kristallklares Trinkwasser.

Auf dem Totenacker von Ghalef'ka fand ich zwei Steine mit kufischen Inschriften (die kufische Schrift, die eckige Form der arabischen Schrift, wurde in Steininschriften – älteste erhaltene im Felsendom zu Jerusalem – bis zum Untergang der Abbasiden verwendet und wich nachher der Kursivschrift). Einige einfältige Leute aus dem Dorf sahen mir zu, als ich die Schrift auf dem ersten Stein kopierte. Natürlich begriffen sie nicht, weshalb ich das tat. Als ich am nächsten Tag den zweiten Stein suchte, fand ich ihn nicht mehr, man hatte ihn, vielleicht aus Furcht, ich könnte ihm einen Schaden zufügen, versteckt. Ich wandte

Abbildung einer Araberin in Tehâma

mich an den Hâkim, den Dorfschulzen, und versprach ihm eine Kleinigkeit, wenn er den Stein herbeischaffen ließ. Sofort kehrte der Stein auf seinen Platz zurück. Nun konnte ich auch seine Inschrift kopieren.

Am nächsten Tag reiste ich nach Hodeida. Der Hafen von Hodeida ist besser als der Loheias, doch kommen auch hierher keine großen Schiffe. Die Stadt lebt vom Zoll für den Kaffee, der

Ansicht zu Hadîe, einem Flecken auf dem Kaffeegebirge

von hier ausgeführt wird. Das Haus des Dola, das Zollhaus und die Häuser der vornehmen Kaufleute sind aus Stein, sonst gibt es nur elende Hütten zu sehen. Es gab keinen Grund für mich, hier länger zu bleiben. So kehrte ich nach Beit el-fakih zurück.

Meine nächste Reise führte mich nach Zebîd. Diese Stadt liegt in einem großen, fruchtbaren Tal, das, als ich hinkam, völlig trocken war. Doch in der Regenzeit kommt von den Bergen soviel Wasser herunter, dass sich ein großer Fluss bildet und die Felder, so wie in Ägypten vom Nil, getränkt und fruchtbar gemacht werden. Zebîd war ehemals die Residenz eines mohammedanischen Prinzen und eine große Handelsstadt. Jetzt ist sie nur noch ein Schatten ihrer einstigen Größe, wenn man von den vielen Moscheen absieht, die hier stehen. Man findet auch noch Spuren einer Wasserleitung, die von den Bergen in die Stadt führte. Jetzt schöpfen die Einwohner das Wasser aus Brunnen. In Zebîd gibt es eine mohammedanische Akademie, in welcher die Jugend in den Wissenschaften unterrichtet wird.

Meine nächste Reise führte mich nach Bulgôse, einem hoch oben auf einem Berg gelegenen Dorf, das sich vornehmlich vom Kaffeeanbau ernährt. Maulesel und Esel können hier nicht verwendet werden. Man muss vielmehr diesen Berg zu Fuß erklettern. Der Pfad ist schlecht, weil er selten ausgebessert wird. Dennoch gefiel es mir hier. Denn nach den sandigen Ebenen befand ich mich jetzt zwischen lauter Gärten und Kaffeeplantagen.

Der Kaffeebaum ist in Europa hinlänglich bekannt. Er stand in Bulgôse in voller Blüte und roch sehr angenehm. Die Gärten liegen alle stufenweise übereinander. Einige erhalten das Wasser vom Regen, andere aus Wasserbehältern, in welche Quellwasser geleitet wird. Die Bäume stehen so dicht beieinander, dass die Sonne nicht durchscheinen kann. Man erzählte mir, dass die künstlich bewässerten Bäume zweimal im Jahr Früchte tragen, die anderen nur einmal.

Da es hier nicht an Steinen mangelt, sind alle Häuser, sowohl die in den Dörfern als auch die in den Bergen verstreuten, aus Steinen erbaut. Das verleiht ihnen ein hübsches Aussehen.

Wir blieben (diesmal war ich nicht allein aufgebrochen) eine Nacht in Bulgôse. Mehrere Araber besuchten uns, am Abend kamen auch Mädchen. Sie waren nicht verschleiert und sprachen ohne Scheu mit uns. Alle trugen Hemden und Beinkleider aus blau gefärbter Leinwand. Es ist hier nicht so heiß wie in den übrigen Gebieten, so haben es die Bewohner viel besser als die in den Ebenen. Auch wir fanden viel Gefallen an diesem Klima.

Von Bulgôse kehrten wir über Hadre nach Beit el-fakih zurück.

Wir konnten hier reisen, ohne dass man uns irgend etwas in den Weg legte. Da die Bewohner daran gewöhnt waren, dass europäische Kaufleute wegen des Kaffeehandels hierherkamen, und da ihnen bekannt war, dass Europäer nicht wie die Morgenländer den ganzen Tag in ihren Häusern bleiben, beachteten sie unsere Reisen nicht. Und wenn sie uns fragten, antworteten wir, wir reisten zur Erhaltung unserer Gesundheit. Natürlich war es ihnen unbegreiflich, dass wir trotz der großen Hitze weite Ausflüge unternahmen. Sie mutmaßten, dass wir in den Bergen nach Gold suchten. Auch der Dola kümmerte sich nicht um uns.

Daher war es meine Absicht, noch mehrere Reisen zu unternehmen. Den westlichen Teil des Königreichs, der Tehâma heißt, kannte ich nun schon einigermaßen, nun wollte ich noch Sana, die Residenz des Imâms, und das bergige Innere des Landes kennenlernen.

In Tehâma reist man sowohl bei Tag als auch bei Nacht gefahrlos. In den Bergen hingegen reist man lieber nicht während der Nacht und allein. Deshalb fragte ich Herrn Forskål, ob er bereit wäre, mit mir zu kommen. Er war einverstanden. Wir mieteten zwei Esel, der Eigentümer, der uns zu Fuß folgen musste, sollte unser Wegweiser, Bedienter und Dolmetscher sein. Wir beide hatten schon ehrwürdige arabische Bärte, sahen also in der langen Kleidung recht morgenländisch aus. Um noch weniger für Europäer gehalten zu werden, nahmen wir arabische Namen an. Unser Eseltreiber meinte, wir wären morgenländische Christen.

Am 26. März brachen wir auf und erreichten am 27. Salâme, ein Dorf am Beginn der Berge. Hier sah ich im Jemen das erste fließende Wasser, einen Fluss, der Wadi Zebîd heißt. Er ist etwa 24 Fuß breit. Dann stiegen wir auf den Berg Sullâm und zu der Kaffeehütte Sullâm hinauf, ohne während des ganzen Marsches auf einen Menschen zu stoßen. Auch die Kaffeehütte war leer. Am nächsten Tag erreichten wir die erste größere Ansiedlung, nämlich Machsa.

In Machsa wird einmal wöchentlich Markt gehalten. Die Häuser haben hier keine Wände, sondern nur ein Dach. Mit viel Mühe konnten wir solch eine Hütte mieten, in deren Mitte man kaum aufrecht stehen kann. Unten war das sogenannte Haus genau so breit, dass zwei Personen nebeneinanderliegen konnten. Zwei Stühle hätten da schon nicht mehr Platz gehabt. Aber Stühle sind in den bergigen Gegenden des Landes unbekannt. Man sitzt, wie in Ägypten und in der Türkei, auf der Erde.

Am 28. März ritten wir nach Msîl. Hier waren die Berge schon fruchtbarer und die Häuser wieder aus Stein. Auch das Essen war hier besser, auf dem Weg bis hierher hatten wir nur schlechtes Brot und Kamelmilch erhalten können. Die erste bemerkenswerte Stadt, die wir erreichten, war Uddam. Sie ist klein und offen und besteht aus etwa 300 Häusern, die alle sehr dauerhaft aus Stein und Kalk gebaut sind. In der Umgebung liegt ein Garten neben dem anderen, eine Kaffeeplantage löst die andere ab. Der Kaffee von Uddam gilt als der beste des Jemen, also auch der ganzen Welt. Der Palast des Scheichs, der hier residiert, liegt auf einem hohen Berg nahe der Stadt.

Am 30. März erstiegen wir den Berg El masáad. Der Weg war sehr beschwerlich und steil. Als wir todmüde auf dem Gipfel ankamen, erblickten wir zu unserer Überraschung zwei kleine Schutzhütten, zwei Wasserbehälter, in welchen sich klares kaltes Wasser befand, und einen ausgehöhlten Kürbis, der als Trinkgefäß dienen sollte. Auch hier trafen wir keine Menschenseele an. In der Ferne sahen wir mehrere Dörfer und Kornfelder.

Am 31. März kamen wir nach Dsjobla, der Residenz eines Dola. Die Stadt zählt über 600 Häuser, die Straßen sind – was in Arabien selten ist – gepflastert. Die Häuser sind sehr hoch, manche haben sogar fünf Stockwerke. Die Juden wohnen hier, so wie in anderen Gegenden des Königreichs, außerhalb der Stadt.

Am folgenden Tag mieteten wir einen Führer und erstiegen den hohen Berg Chóddra, auf dem sich, wie man uns erzählte, die Überbleibsel eines großen Kastells befinden. Wir brauchten volle zwei Stunden, bis wir oben waren. Zu unserer Enttäuschung sahen wir nur ein paar Steine und eine Mauer mit Schießscharten.

Abbildung einer Araberin auf dem Kaffeegebirge

Wieder unten angelangt, stießen wir auf einen großen Balsambaum, der in voller Blüte stand. Herr Forskål glaubte, den echten Mekka-Balsambaum gefunden zu haben, und war über diese Entdeckung sehr erfreut. Natürlich nahm er mehrere Proben mit. Die Araber nennen den Baum Abuschâm, das heißt wohlriechender Baum.

Einen Tag später war unserer Reise ein Ende gesetzt, da ich plötzlich hohes Fieber hatte. Wir mussten zwei Tage in einer

Kaffeehütte bleiben, und als wir aufbrachen, konnte ich noch immer kaum auf den Beinen stehen. In Beit el-fakih gab es eine schlechte Neuigkeit: Herr von Haven war erkrankt. Ich glaubte nicht, dass er allzu krank war, ich nahm vielmehr an, dass ihm dieses Leben ohne Wein und Branntwein nicht mehr gefiel.

Am 17. April sah ich in Beit el-fakih, wie gottergeben die Araber sind. Nachdem ein Haus in Brand geraten war, stand wenig später die halbe Stadt in Flammen. Die von der Hitze ausgedörrten Häuser mit ihren Grasdächern vermochten dem Feuer keinen Widerstand entgegenzusetzen, jeder Löschversuch war sinnlos. Wir wohnten in einem Stadtteil, den das Feuer nicht erreichen konnte, stiegen auf das Dach unseres Hauses und hörten in den Straßen weder Geschrei noch Jammern. Im Gegenteil, die Araber nahmen es gelassen hin, dass mit ihren Häusern ihr gesamtes Hab und Gut verbrannte. Das war Gottes Wille, und Gott wollte immer das Richtige.

Als Herr von Haven und ich nur einigermaßen wiederhergestellt waren, machten wir uns für die Reise nach Mochha fertig. Die Hitze war nun so groß, dass es ratsam war, während der Nacht zu reiten. Aber da Herr Forskål in der Nacht nicht botanisieren und ich in der Dunkelheit die Lage der Dörfer nicht bestimmen konnte, beschlossen wir beide, der Hitze ungeachtet mit einem Eseltreiber des Tages vorauszureisen und die übrige Gesellschaft mit unseren Bedienten und der Bagage des Nachts nachkommen zu lassen.

Für mich lohnte die Mühe nicht. Ich sah auf dem Weg nach Mochha nur ein paar elende Dörfer, schmutzige Kaffeehütten und Gräber von angeblichen Heiligen. Die Hitze war fast unerträglich, doch hielten wir beide durch.

Alle Reisenden, welche zu Lande nach Mochha kommen, müssen die Stadt durch das Bâb Schädeli betreten, ein Tor, bei dem alle Europäer absteigen und zu Fuß gehen müssen. Unsere Säcke, die wir auf den Eseln hatten, wurden streng durchsucht, doch fragte man weder nach unseren Pässen noch nach unseren Namen. Die Zöllner nannten uns eine Herberge, in welcher die Türken einzukehren pflegen. Dort, sagten sie, würden wir unsere Landsleute treffen. Wir mieteten uns aber in einem Haus ein, das uns ein englischer Makler beschaffte.

Am Morgen kamen unsere Reisegefährten mit den Bedienten und der Bagage in Mochha an. Diese wurde sofort zum Zollhaus gebracht, wo der Dola selbst anwesend war. Wir verlangten, dass die Sachen, welche wir zu Lande mitgebracht hatten, zuerst abgefertigt würden, und zwar deshalb, weil wir unser Küchengerät und unsere Betten haben wollten. Dies lehnte der Dola ab und ließ zuerst die Kisten durchsuchen, welche zur See nach Mochha gekommen waren. Es befand sich in einer ein kleines Fass mit Fischen aus dem Arabischen Meerbusen, und Herr Forskål, der sie gesammelt hatte, bat, es nicht zu öffnen. Auch dies lehnte der Dola ab. Das Fass wurde geöffnet, und ein Zöllner goss den Inhalt auf den Boden. Die Fische waren in Branntwein konserviert worden, und man kann sich vorstellen, wie es jetzt in dem Zollhaus stank. Auch der Inhalt von zwei Kisten, in welchen sich Muscheln und Seetiere befanden, landete auf dem Boden. Hierauf wurde eine Kiste geöffnet, die verschiedene Schlangen, in Spiritus konserviert, enthielt. Nun behaupteten die Zöllner, wir wären nach Mochha gekommen, um alle Mohammedaner zu vergiften. Der Dola sagte: Bei Gott, diese Leute sollten nicht länger in unserer Stadt bleiben. Dann wurde das Zollhaus geschlossen.

In unserem Haus erwartete uns die nächste unangenehme Überraschung. Irgendwer war eingedrungen und hatte alle unsere Bücher durch die Fenster geworfen. Wir sammelten sie rasch ein und wagten uns zunächst nicht mehr auf die Straße, da wir sahen, dass sich vor dem Eingang immer mehr Pöbel ansammelte. Nur zu gern hätten wir Mochha auf der Stelle verlassen, doch es war für uns unmöglich, alle unsere Sachen zurückzulassen.

Unsere Rettung war ein schottischer Kaufmann namens Frank Scott. Scott, der von unserer Ankunft und unserem Schicksal gehört hatte, kam selbst zu uns und riet uns, dem Dola ein Geschenk von 50 Dukaten zu machen. Dann, sagte er, würden wir sofort zu unseren Sachen kommen. Wir beschlossen, die 50

Dukaten zu opfern, ich sollte sie am 26. April dem Dola überbringen. Unterwegs hörte ich, dass der Dola beim Exerzieren von einem Soldaten versehentlich ins Bein geschossen worden war. Sofort kehrte ich zurück, in der Hoffnung, der Dola würde nun unseren Arzt kommen lassen und wir könnten die 50 Dukaten sparen. Aber der Dola ließ Herrn Cramer nicht kommen. Wir hörten, dass man ihm vorgeschlagen hatte, sich Herrn Cramer anzuvertrauen, seine Antwort war jedoch: Wenn ich mich dem Fremden anvertraue, wird er mich seinen Zorn durch heiße Arzneien empfinden lassen. Die Araber teilen die Arzneien in heiße und kalte ein und halten die heißen für schädlich.

Erst am 27. April erhielten wir unsere Betten, sie waren so gründlich durchsucht worden, dass man sie sogar aufgeschnitten hatte. Am 29. bekamen wir wieder nur ein paar Kleinigkeiten. Nun wurde uns klar, dass uns Herr Scott richtig beraten hatte. Herr Forskål brachte die 50 Dukaten in das Haus des Dola und – siehe da! – sie wurden gnädig angenommen.

Am folgenden Tag händigte man uns schließlich alle unsere Sachen aus.

Ein vornehmer Araber riet nun dem Dola, dessen Bein sich von Tag zu Tag verschlechterte, doch nach unserem Arzt zu schicken. Dies geschah auch, und Herrn Cramer gelang es, die Wunde in wenigen Tagen zu heilen. Nachher wurde der Dola unser bester Freund, wir besuchten ihn oft und erklärten ihm, dass wir imstande seien, aus Schlangen, Muscheln und anderen Seetieren wertvolle Arzneien zu gewinnen.

Bald nach unserer Ankunft erkrankte ich an einer Dysenterie, doch ich war in 14 Tagen wieder gesund. Die Unpässlichkeit des Herrn von Haven jedoch verschlimmerte sich hier von Tag zu Tag. Er wurde immer schwächer, erholte sich zunächst für kurze Zeit, nachdem ihm eine Ader geöffnet worden war, und verfiel dann vollends. Er starb, nachdem es ihm noch möglich gewesen war, sein Testament zu machen.

Die Landeseinwohner begraben ihre Toten nicht in Särgen. Wir ließen aber doch für die Leiche unseres Freundes einen Sarg verfertigen. Die Engländer schickten uns sechs katholische indische Matrosen, die unseren Toten am 26. Mai gegen Abend außerhalb der Stadt zum Totenacker der Franken zu Grabe trugen. Alle Engländer, die sich in Mochha aufhielten, erwiesen dem Toten die letzte Ehre.

Nun wollten wir landeinwärts reisen und die Hauptstadt Sana sehen. Doch der Dola erlaubte uns das nicht, ja er schlug sogar unsere Bitte ab, nach Taäs reisen zu dürfen. Er sagte, wir würden wie unser Freund sofort von einem heftigen Fieber ergriffen werden und sterben, kaum dass wir aus der großen Hitze in die Kälte der bergigen Gegenden gekommen wären. Schließlich, nachdem wir ihn heftig bedrängt hatten, erlaubte er uns die Reise nach Taäs doch. Er würde dem Imâm schreiben, versicherte er, und wir sollten in Taäs die Antwort abwarten, die er uns nachsenden würde. Ich glaube, er wollte uns in Mochha zurückhalten, um immer einen europäischen Arzt zur Stelle zu haben.

Herr Cramer erhielt als Abschiedsgeschenk einen Maulesel mit Sattel und Zaum. Des Weiteren erhielten wir ein Empfehlungsschreiben an den Dola von Taäs. Und schließlich gab uns der Dola einen seiner Diener mit. Diese Höflichkeit war uns nicht sehr angenehm. Denn es war uns klar, dass uns dieser Diener beaufsichtigen würde.

Unsere Sachen ließen wir zum Großteil bei dem englischen Makler zurück. Auch den größeren Teil unseres Bargeldes übergaben wir ihm. Am 9. Juni vor Sonnenuntergang verließen wir Mochha.

Die Reise von Mochha nach Taäs

Die erste größere Stadt, die wir über schlechte, steinige Wege erreichten, war Dorebât. Dorebât liegt oben auf einem Berg, der Marktplatz befindet sich seltsamerweise am Fuß dieses Berges. Hier gibt es auch ein Gefängnis, das als das schrecklichste im ganzen Lande gilt und an das »dunkle Gefängnis« (the black hole) in Bengalen erinnert, in dem in einer Nacht 43 Engländer vor Hitze umkamen. In dieses Gefängnis, das in einen Felsen gehauen ist, kann weder Luft noch ein Sonnenstrahl gelangen, außer wenn die kleine Tür geöffnet wird, durch die man den Missetäter hineinstößt. Vor diesem Loch befindet sich das allgemeine Gefängnis, in dem jene gefangen gehalten werden, die kleine Verbrechen begangen haben. Wir sahen, wie diese Verbrecher, mit einer langen Kette zusammengeschlossen, in einem Kreis saßen, ausgemergelte Gestalten, von Hunger und Krankheit gezeichnet.

Von Dorebât führte der Weg ständig bergauf, vorbei an Kaffeehütten, Kaffeeplantagen, Bergfestungen und kleinen Dörfern. Gleich nach unserer Ankunft in Taäs schickten wir den Diener, den uns der Dola zu Mochha mitgegeben hatte, mit dem Brief seines Herrn zu dem hiesigen Dola. Dieser ließ uns sofort rufen und empfing uns sehr höflich. Nachdem wir uns gesetzt hatten, ließ er uns nach Landesgewohnheit Pfeifen und Tabak reichen. Er erzählte uns, man hätte in Taäs erfahren, dass wir Kisten voll Schlangen mit uns führten (Neuigkeiten reisen in Arabien also rasch), und wies uns ein Haus an, dessen Besitzer er vor Kurzem ins Gefängnis gesteckt hatte. Kaum dass wir unsere Behausung betreten hatten, erschien ein Bote des Dola und brachte uns zwei Schafe, etwas Mehl und Gerste. Wir gaben ihm als Geschenk für den Dola einen kleinen Ballen indischer Leinwand mit.

Am Tag nach unserer Ankunft ließen wir die anderen Empfehlungsschreiben abgeben. Überall wurden wir freundlich aufgenommen. Auch kamen viele Besucher zu uns. Der Bediente des Dola zu Mochha lief mit uns, wenn wir in der Stadt einen Besuch abstatteten, und kam auch in unser Zimmer, wenn uns jemand besuchte. Vielleicht hatte er den Auftrag, zu beobachten, was wir unternahmen, es konnte aber auch sein, dass er durch seine Anwesenheit zeigen wollte, dass wir unter dem Schutz seines Herrn reisten. Auf jeden Fall wurden wir dadurch sehr eingeschränkt. Deshalb ließen wir den Diener wissen, dass wir auch ohne ihn auskommen könnten.

Das Klima in Taäs war für uns ein Labsal. Die Morgen und Nächte waren angenehm kühl, die Hitze war selbst mittags erträglich. An den Nachmittagen regnete es meist.

Die Stadt Taäs (auch Tais) liegt am Fuße des fruchtbaren Berges Sabber, unter der Polhöhe 13°34'. Sie ist von einer Mauer umgeben, die etwa 24 Fuß dick ist und von vielen kleinen Türmen gekrönt wird. An der Südostseite ragt ein steiler Felsen in die Höhe, auf dem sich die Festung Kähhre befindet, die gleichfalls durch eine Mauer geschützt wird.

Die Stadt besitzt nur zwei Tore, Bâb Schech Musa und Bâb el-kbir. Beide liegen, nicht weit voneinander entfernt, an der Straße, die von Mochha nach Sana führt. Bei diesen Toren stehen Kanonen, ebenso in der Festung Kähhre. Das Wasser wird vom Berg Sabber in die Stadt geleitet. Die ganze Besatzung bestand aus 600 Mann, davon befanden sich 60 in dem Kastell, die Übrigen bei den Stadttoren, auf den Türmen der Stadtmauer und in der Stadt selbst. Taäs und sein Kastell sind für einen arabischen Feind wohl uneinnehmbar.

Der Schutzheilige der Stadt Taäs ist Ismael Mülk. Dieser bei den Sunniten im Jemen berühmte Heilige soll ein König gewesen sein. Er ist in der nach ihm benannten Moschee begraben, der, seit er ein Wunder gewirkt hat, nicht jedermann nahe kommen darf. Man erzählte mir die Geschichte folgendermaßen: Es kamen zwei Bettler zu dem Gouverneur von Taäs und baten ihn um ein Almosen. Doch der Dola gab nur dem einen ein Geschenk. Daraufhin nahm der andere Zuflucht zum Grab des Königs Ismael und rief ihn um Hilfe an. Ismael, der sein ganzes Leben lang sehr freigebig gewesen war, wollte diesen gottesfürchtigen Mann nicht abweisen. Deshalb öffnete er sein Grab und gab dem Bettler einen Brief, in dem er den Dola aufforderte, dem Überbringer 100 Species-Taler zu bezahlen. Alles wurde genau untersucht, und man stellte fest, dass Ismael Mülk diesen Brief mit eigener Hand geschrieben und sein Petschaft daraufgedrückt hatte. Der Dola konnte also die Aufforderung eines so großen Königs und Heiligen nicht unbeachtet lassen. Er ließ das Geld auszahlen, allein bald darauf den Zugang zu dem Grab zumauern, weil er Angst hatte, er könnte weitere Briefe solcher Art erhalten.

Innerhalb und außerhalb der Stadt stehen weitere prächtige Moscheen. Sie sind ihrer Bauart nach den türkischen so ähnlich, dass man wohl annehmen muss, dass Afdal, der Gründer der Stadt, ein Pascha gewesen ist. An den Wänden der Moscheen befinden sich viele Inschriften, doch war ich außerstande, sie zu entziffern, da die arabischen Buchstaben ineinander geschlagen waren. Auch die Paläste der Vornehmen in Taäs sind sehr schön. An manche schließt sich ein Gebetshaus an.

In der Nähe von Taäs findet man noch die Ruinen zweier alter Städte. Von der einen, die Ödenne hieß, sind nur einige verfallene Moscheen übrig geblieben, von der anderen namens Thöbad die Stadtmauer und eine große Moschee aus rötlichem Stein.

Der Dola, den wir in Taäs kennenlernten, war zugleich ein Offizier der Armee des Imâms. Er war noch vor Kurzem Zollverwalter in Mochha gewesen und konnte sich keiner vornehmen Abstammung rühmen. Sein Amtsbereich war sehr groß, auch der Berg Sabber gehörte dazu. Nun wohnten auf diesem Berg mehrere Scheichs aus uraltem Adel, deren Vorfahren viele Hundert Jahre lang die Herren von kleinen Distrikten gewesen waren. Diese Scheichs waren auf ihre Geburt sehr stolz und hatten für den Dola nichts als Verachtung übrig. Die Folge davon war, dass der Dola mit ihnen nichts als Verdrießlichkeiten hatte und nur selten imstande war, die Abgabe einzutreiben, die sie an den Imâm bezahlen mussten. Als nun einer von denen, welche die Zahlung verweigerten, mit einer jungen Sklavin in die Stadt kam, ließ der Dola nicht nur ihn, sondern auch die Sklavin ins Gefängnis werfen. Die übrigen Scheichs versuchten vergeblich, die Freilassung der beiden zu erwirken, bis endlich der Kadi den Dola durch Vorstellungen soweit brachte, dass er wenigstens den Scheich auf freien Fuß setzte. Der Freigelassene begab sich unverzüglich nach Sana und überbrachte dem Dola von dort den Befehl des Staatsministers des Imâms, dass auch die Sklavin freizulassen sei. Doch der Dola, ein Hitzkopf, kümmerte sich um den Befehl nicht und schickte den Scheich abermals ins Gefängnis, nicht ohne den Wärtern aufzutragen, den Gefangenen zu quälen und hungern zu lassen. Erst als sich der Kadi abermals ins Mittel legte, schickte er den Scheich und die Sklavin auf den Berg Sabber zurück.

Aber er verzieh den Scheichs auf dem Berg das, was er für eine Niederlage ansah, nicht. Bei der erstbesten Gelegenheit schickte er sechs Soldaten zu ihnen hinauf, mit dem Befehl, sich unverschämt zu benehmen und vor allem die Frauen zu belästigen. Dies taten die Soldaten nur zu gern. Doch die Scheichs machten böse Miene zu diesem hässlichen Spiel und erschlugen die sechs. Nachher durfte kein Soldat oder Bürger von Taäs den Berg betreten. Während unseres Aufenthalts erfuhren wir, dass wieder Leute aus der Stadt auf dem Berg erschlagen worden waren, und man versicherte uns, die Scheichs würden erst wieder besänftigt sein, wenn der Imâm einen anderen Dola nach Taäs geschickt habe.

Die Araber behaupten, dass auf dem Berg Sabber sämtliche Kräuter der Welt zu finden sind. So war es begreiflich, dass Herr Forskål dort botanisieren wollte. Doch dies war ihm wegen der erwähnten Streitigkeiten nicht möglich. Der Dola riet ihm, den Berg Saurek zu besteigen, und versicherte ihm, auch dort wären unzählige Kräuter zu finden. Diesen Berg sah Herr Forskål jedoch nur aus der Ferne. Er kam am 20. Juni zu einem Dorf, das von allen Bewohnern verlassen worden war, weil sie der Dola so hart mitgenommen hatte, dass sie gezwungen waren, ihr Brot in einem anderen Gebiet zu suchen. Da er hörte, dass er auch in den anderen Dörfern in dieser Gegend keine Einwohner finden würde, kehrte er am 21. Juni wieder nach Taäs zurück, teils aus Angst, Mangel an Lebensmitteln zu leiden, teils aus Angst um sein Leben.

Man findet unter den Mohammedanern bisweilen, wenn auch selten, einen Gelehrten, der Sonnen- und Mondfinsternisse berechnen und einen Kalender anlegen kann. Die Obrigkeit könnte also in jeder Provinz und in jeder Stadt bekannt machen, wann ein großes Fest stattfindet, dies natürlich ein paar Wochen oder zumindest ein paar Tage vorher. Doch daran denkt man nicht, und man weiß erst tags zuvor, dass ein Fest zu feiern ist. Es war die allgemeine Meinung in Taäs, dass das Fest Arafa (Medbach oder Kurbân), an welchem die Pilger auf dem nahe Mekka gelegenen Berg Arafa und die übrigen Mohammedaner, wo immer sie sich aufhalten mögen, eine unzählige Menge Kamele, Ochsen und Schafe schlachten, auf den 21. Juni fallen würde. Der Dola und andere Vornehme in der Stadt erhielten am 20. Juni eine große Menge Schafe und andere Geschenke, während alle, die nicht hoffen durften, Schafe umsonst zu bekommen, einkauften, was sie für ihr Haus und zur Verteilung an die Armen brauchten. Denn da dieses Fest drei Tage dauert und die Bauern während dieser Zeit nicht in die Stadt kommen, muss sich ein jeder am Tag vor dem Fest mit allen notwendigen Lebensmitteln versehen. Wir kauften für unsere mohammedanischen Diener ein Schaf, Mehl, Zucker und Honig, mit Káad (das sind weiße, dünne, ungesäuerte Brotfladen) versorgten sie sich selbst. Mit einem Wort, die ganze Stadt war auf das Fest vorbereitet. Aber kurz vor Sonnenuntergang kam die Nachricht, dass das Fest erst einen Tag später stattfinden könne, da man den Neumond in Sana einen Tag später als in Taäs gesehen habe. Indes feierte man in den Dörfern, wo man nichts von dem aus Sana gekommenen Befehl wusste, schon am 21. Juni, während die Bewohner von Taäs mit wässerigem Mund warten mussten.

Am 22. des Morgens ertönten zehn Kanonenschüsse. Dann begab sich der Dola mit allen, welche Lust hatten, der Prozession zu folgen, zu dem außerhalb der Stadt gelegenen Platz Msálle, um dort das Gebet abzuhalten. Eine Stunde später waren wieder zehn Kanonenschüsse zu hören, und die Prozession kehrte in die Stadt zurück. Hierauf mussten die Soldaten wie an jedem Freitag, nachdem der Dola aus der Moschee zurückgekommen ist, exerzieren. Anschließend zeigten die Vornehmen, die zu Pferde waren, ihre Geschicklichkeit im Lanzenwerfen. Der hiesige Dola wollte auch zeigen, dass er ein guter Lanzenwerfer sei, doch er fiel von seinem Pferd herunter. Und nun begann das eigentliche Fest. Alle eilten nach Hause, um drei Tage lang zu essen, auf einem Sofa zu liegen und Pfeife zu rauchen.

Wir lebten in Taäs bis jetzt ziemlich ruhig. Nachdem ich einige astronomische Berechnungen angestellt und einen Grundriss der Stadt entworfen hatte, blieb für mich nichts mehr zu tun, als das Kastell Kähhre zu besichtigen. Dies war vor allem deshalb mein Wunsch, weil ich eine alte Inschrift kopieren wollte, die sich dort über der Pforte Es-sanâdik befand. Um keinen Fehler zu begehen, bat ich den Dola um die Erlaubnis zu dieser Exkursion und erhielt sie. Um Mitternacht kam dann eine ganz andere Nachricht. Ein Bote des Dola erschien und teilte uns mit, sein Herr hätte von dem Dola zu Mochha einen Brief erhalten, des Inhalts, dass wir am 25. nach Mochha zurückkehren müssten. Dies kam uns ganz unerwartet. Wir konnten nur annehmen, dass dieser Brief erdichtet war, da uns ja der Dola zu Mochha versprochen hatte, uns die Entscheidung des Imâms, ob wir nach Sana kommen dürften oder nicht, hierher nachzuschicken. Indes, am frühen Morgen standen schon Kamele vor unserer Tür, und der Dola ließ uns durch einen Bedienten nochmals wissen, dass wir sofort nach Mochha aufbrechen müssten. Gottlob hatten wir es nicht mit stolzen Türken zu tun, die uns bei derselben Gelegenheit aus dem Haus geworfen hätten, sondern mit Arabern, die es hinnehmen, wenn man Einwendungen macht. So erklärten wir, dass wir nicht auf der Stelle abreisen könnten, da wir ja noch unsere Sachen packen müssten. Mit diesem Bescheid zog der Bediente des Dola ab, auch die Kameltreiber trollten sich.

Wir vermuteten, dass der hiesige Dola ein großes Geschenk von uns erpressen wollte. Wahrscheinlich hatte er an dem Tag vor dem Fest, an dem er von den Arabern viele Geschenke erhielt, auch von uns ein Geschenk erwartet. Wir hatten uns um diesen arabischen Brauch nicht gekümmert, obwohl uns der Dola ein Schaf gesandt hatte. Das war wohl ein Fehler gewesen. Wir verlangten nun, mit dem Dola selbst zu sprechen, doch wir wurden nicht vorgelassen. Die Bedienten versicherten uns, er sei krank. Am 26. Juni erschienen vor unserem Haus abermals Kameltreiber und forderten uns auf aufzuladen. Wir jedoch erklärten, wir würden nicht abreisen, bevor wir mit dem Dola gesprochen hätten. Wenig später schickten wir einen Bedienten zu dem Dola. Nun erhielten wir den Bescheid, einer von uns sollte in den Palast kommen.

Herr Forskål übernahm es, mit dem Dola zu sprechen. Er bat ihn, dass wir bleiben dürften, bis Nachricht vom Imâm angelangt sei. Der Dola nahm jedoch keine Vorschläge mehr an. Der Brief sei gekommen, sagte er, und wir hätten uns unverzüglich reisefertig zu machen.

Als wir am Abend schon alles eingepackt und keine Hoffnung mehr hatten, länger in Taäs bleiben und von hier nach Sana reisen zu können, änderte sich das Schauspiel noch einmal. Ein Expressbote überbrachte uns einen verschlossenen Brief des Dola zu Mochha, in dem sich andere Briefe befanden, einer an den Imâm, einer an Fakíh Achmed, den Wesir des Imâms, und ein dritter, der an den Dola von Taäs gerichtet war. Der Dola schrieb uns, sein Herr, der Imâm, habe befohlen, dass wir nach Sana kommen und alle die seltsamen Sachen, die wir in Mochha gezeigt hätten, mitbringen sollten. Der Brief an den Dola zu Taäs enthielt den Befehl, uns bei unserer Reise nach Sana behilflich zu sein. Dies war also ein deutlicher Beweis dafür, dass sich der hiesige Dola den bewussten Brief aus den Fingern gesogen hatte. Herr Forskål ging mit der neuen Nachricht sofort zu ihm. Doch er konnte nicht vorgelassen werden, da sich der Dola schon in den Harem begeben hatte. Der Gouverneur einer Stadt hat des Abends gern die Gesellschaft von Frauen, da er ja den ganzen Tag über von Männern umgeben ist. Herr Forskål übergab also den Brief einem Bedienten.

Wir glaubten, dass unserer Reise nach Sana nun nichts mehr im Weg stand, und wären abgereist, ohne mit dem Dola noch einmal zu sprechen, wenn wir Kamele und Esel hätten erhalten können. Doch es ist in Taäs so, dass man Kamele nur über ein Amt bekommen kann, dessen Vorsteher der Dola ist. Nun mussten wir uns doch wieder an ihn wenden. Er ließ uns wissen, dass er zurzeit keine Tiere zur Verfügung habe (was eine zweite Lüge war, doch wir hatten sie fast erwartet). Am Ende dann waren wir die Schwächeren. Erst als wir dem Dola ein beträchtliches Geschenk gemacht hatten, standen Kamele und Esel für uns bereit. Nun wurde uns sogar ein Diener zur Verfügung gestellt, der das Land kannte und für uns sprechen konnte, wenn wir irgendwo angehalten wurden. Es war dies ein zur mohammedanischen Religion bekehrter Jude, der nach einer Abwesenheit von 28 Jahren großes Verlangen hatte, seine Verwandten in Sana zu besuchen. Wir waren mit ihm sehr zufrieden, und er begleitete uns nicht nur nach Sana, sondern auch auf unserem Rückweg nach Mochha.

Unsere Abreise wurde für den 28. Juni festgesetzt. In der Nacht vom 27. zum 28. erkrankte Herr Forskål plötzlich. Unser Arzt kümmerte sich um ihn, wusste aber gegen das Fieber, das den Patienten schüttelte, keinen Rat. Ein Aderlass brachte dann doch so viel Hilfe, dass Herr Forskål am Morgen mit uns aufbrechen konnte.

Die Reise von Taäs nach Sana

Wir kamen am Tag unserer Abreise nur bis zu einer Herberge knapp vor der Stadt. Am folgenden Tag passierten wir mehrere Dörfer und wurden des Nachmittags von einem heftigen Gewitter überrascht, das einen sanften Bach, neben dem wir ritten, im Nu in einen reißenden Strom verwandelte. Jetzt erst verstanden wir, weshalb über diesen Bach eine stark gebaute steinerne Brücke führte.

Man nennt die großen Herbergen, in welchen man des Nachts einkehren und auch die Kamele versorgen kann, hier Mattrach. Des Weiteren gibt es Herbergen, die Simsera heißen. Der Unterschied zwischen den beiden ist der, dass in einem Mattrach die gemeinen Reisenden einkehren, die nichts weiter als ein Dach über dem Kopf haben wollen, während in einer Simsera jene absteigen, die Komfort verlangen. Man findet in solch einer Simsera aber wahrhaftig nicht die Bequemlichkeit, die ein europäischer Gasthof zu bieten hat. Man muss auch hier alles mitbringen, außer Kaffee, Reis, Brot und Butter kann man nichts kaufen. Es gibt nur eine Tür, die am Abend fest verschlossen wird, und am Morgen kann jeder Reisende, bevor sie geöffnet wird, nachsuchen, ob ihm etwas fehlt.

Am 1. Juli erreichten wir das Dorf Ode. Hier sahen wir eine Moschee mit einer Kuppel und Kornfelder, die, wie die Weingärten in Europa, stufenweise übereinanderlagen. Vorbei an hohen Bergen – der höchste in dieser Gegend ist der Báadân – gelangten wir zu der auf einem Hügel gelegenen kleinen Stadt Mechâder. Herr Forskål war jetzt so schwach, dass wir eine Art Sänfte anfertigen lassen mussten, in welcher er getragen wurde.

Am 3. Juli wurde der Weg so steil, dass die Kamele nur langsam vorwärtskamen. Schließlich stießen wir in dem Dorf Mensil auf eine besonders schöne Simsera, die ganz aus Steinen war. Unter dem Dach befand sich eine kleine Kammer, in der wir Herrn Forskål unterbrachten. Wir hofften, dass er sich hier ein wenig erholen würde.

Am 4. Juli blieben wir in Mensil. Ich nahm hier die Mittagshöhe der Sonne und bestimmte dadurch die Polhöhe dieses Dorfes mit 14°10'. Ich bekam am Nachmittag ein wenig Fieber, und da sich Herrn Forskåls Zustand zu bessern schien, beschlossen wir hierzubleiben, bis wir beide wieder einigermaßen gesund waren. Doch unsere Kameltreiber behaupteten, sie könnten hier kein Futter für ihre Tiere finden, und versicherten uns, dass wir nach wenigen Stunden eine große Stadt, nämlich Jerîm, erreichen würden. Und sie versprachen, unseren Kranken zu tragen, solange der Weg anstieg.

Durch alle diese schönen Versicherungen ließen wir uns überreden, am 5. Juli aufzubrechen. Herr Baurenfeind und ich gingen am frühen Morgen mit einem Eseltreiber voraus, um die Kühle zu genießen. Dies musste ich teuer bezahlen. Ich war für dieses Klima zu leicht gekleidet und zog mir eine heftige Erkältung zu. Am Vormittag musste ich mehrmals erbrechen, außerdem plagte mich entsetzlicher Durst. Endlich stießen wir auf einen Bauern, der mir seine Wasserkruke reichte. Ich hätte ihn am liebsten umarmt.

Am Nachmittag erreichten wir die Stadt Jerîm. Herr Forskål kam erst am Abend an, er war sehr schwach und elend. Wir waren schon so sehr daran gewöhnt, nach arabischer Manier zu leben und zu reisen, dass wir dieses Leben gar nicht unbequem fanden, solange wir gesund waren. Jetzt allerdings lernten wir, wie furchtbar es ist, in jenen Ländern krank zu werden, in welchen man vor allem auf europäische Getränke verzichten muss. Ein tüchtiger Schluck Branntwein hätte zumindest mich auf der Stelle gesund gemacht.

Wir waren in Jerîm in einer öffentlichen Herberge eingekehrt. Da wir aber hier allzu sehr von Arabern belästigt wurden, die alle begierig waren, Europäer zu sehen und sprechen zu

Ansicht eines Hauses zu Bîr el-Assab bei Sana

Ansicht des Kastells und eines Teils der Stadt Jerîm

hören, mieteten wir ein Haus, in dem wir bleiben wollten, bis wir wiederhergestellt waren.

Jerîm ist nur eine kleine Stadt oder vielmehr ein großes Dorf. Der Dola wohnt in einem Kastell, das auf einem Felsen steht, der mitten zwischen den Häusern emporragt. Die Häuser sind aus Ziegelsteinen, die mit Lehmerde und Kuhmist zusammengekittet werden. Die Polhöhe von Jerîm ist 14°17'.

Wir fanden hier ein ganz anderes Klima und eine ganz andere Landschaft vor als auf der anderen Seite der Berge. Alles war hier grün und bebaut, das Korn auf den Feldern reifte schon, doch es fehlte der Regen. Man versicherte uns, dass in Jerîm seit drei Monaten kein Regen gefallen sei. Dabei hörten wir fast an jedem Abend in der Ferne Donnergrollen. Dadurch vermehrten sich die Heuschrecken dermaßen, dass sie eine arge Plage wurden. Die Einwohner von Jerîm beschlossen deshalb, am 8. Juli des Nachmittags eine Prozession zu einem außerhalb der Stadt gelegenen und zum öffentlichen Gebet bestimmten Platz zu veranstalten, um dort von Gott Regen zu erbitten. Die meisten Teilnehmer waren Geistliche, alle waren sehr schlecht gekleidet, wie es sich bei solch einem Bußgang schickt. An der Spitze des Zuges gingen zwei ehrwürdige Scheichs, von welchen der eine auf dem Kopf eine offene Kiste trug, in der sich Bücher befanden. Die Leute, die folgten, sangen und wiederholten kurze Gebete. All dies geschah mit der größten Demut. Diese Andacht schien dem Allmächtigen angenehm gewesen zu sein, denn kaum war die Prozession in die Stadt zurückgekehrt, stieg ein Gewitter auf, und noch an diesem Abend fiel starker Regen, vermischt mit Hagelkörnern, vom Himmel. Auch an den folgenden Tagen regnete es. Mag sein, dass Gott die Gebete der andächtigen Mohammedaner erhörte, es ist aber auch möglich, dass die Regenzeit gekommen war.

Die Heuschrecken waren in dieser Jahreszeit auf allen Märkten im Jemen sehr wohlfeil. In den durren Ebenen konnte man sie mit den Händen greifen. Wir sahen einen Araber, der einen ganzen Sack davon gesammelt hatte, um sie zu dörren und für den Winter aufzubewahren. Wenn es nur ein paar Stunden nicht regnete, kamen sie in so großen Heeren aus dem Osten, dass die Bauern genötigt waren, mit großen an Stöcke gebundenen Tüchern auf ihren Kornfeldern herumzulaufen, um sie zu verjagen und zu verhindern, dass sie alles fraßen. In Jerîm würde das wenig geholfen haben, hier waren sie gleichsam zu Hause.

Wir sahen in Jerîm einen Bräutigam, der einen Tag vor der Hochzeit zum Bad geführt wurde. Voran gingen Knaben, die zum Klang von Trommeln einen Tanz vollführten, der eher ein Hüpfen war. Es folgte eine große Menge junger und alter Leute, von welchen einige immer wieder Gewehre abfeuerten. Der Bräutigam ging am Schluss der Prozession. Abends kam der Zug mit Fackeln zurück.

An einem anderen Tag sahen wir zwei Fechter, die ihre Kunst für ein paar Münzen auf der Straße zeigten. – Sie waren wenig bekleidet und hatten über dem Kopf eine große Larve (die erste, welche ich in den Morgenländern gesehen habe) mit einem langen Bart und hinten herabhängenden Haaren. In der rechten Hand hatten sie einen langen Dolch, in der linken einen großen Schild. Wir glaubten, dass sie eine besondere Geschicklichkeit im Fechten zeigen würden. Ihre ganze Kunst bestand darin, dass sie nach dem Klang von Trommeln hin- und herhüpften und Possen machten.

Nachdem ich mehrere Tage das Haus nicht verlassen hatte, besuchte ich den Markt, um mich ein wenig zu zerstreuen. Es hatten sich hier viele Leute aus den benachbarten Dörfern versammelt, teils um Lebensmittel zu kaufen, teils um sie zu verkaufen. Andere wieder kauften und verkauften alles, was man für einen Haushalt braucht. Ich sah Schneider, Schuster, Schmiede und andere Handwerksleute, die auf der Straße saßen und unter freiem Himmel arbeiteten. Hier sah ich auch einige Schröpfer, welche den Arabern die Haut mit einem schlechten Messer zerschnitten und dann abgesägte Bockshörner über die Wunden setzten.

Der Zustand des Herrn Forskål schien sich in den ersten Tagen nach unserer Ankunft in Jerîm zu bessern, verschlechterte sich aber bald wieder so sehr, dass wir alle Hoffnung verloren, er würde genesen. Am 10. Juli fiel er in einen tiefen Schlaf, aus dem er nicht mehr erwachte. Er starb am 11. Juli des Morgens.

Wir bedauerten es gar sehr, ihn verloren zu haben. Denn er hatte durch den vielen Umgang mit dem gewöhnlichen Volk von unserer Gesellschaft die arabische Sprache und ihre verschiedenen Dialekte am besten gelernt und so sehr viel zum Gelingen unserer Reise beigetragen. Außerdem war er ein hervorragender Botanisierer gewesen. Ich übertreibe nicht, wenn ich behaupte, dass Herr Forskål zu einer Reise nach Arabien geradezu geboren war. Nie war er missvergnügt, wenn es uns an Bequemlichkeit fehlte, und er gewöhnte sich daran, wie die Araber zu leben. Wer das nicht kann, wird in Arabien wenig Entdeckungen machen.

Der Tod unseres Reisegefährten musste nun der Obrigkeit angezeigt und ein Platz für das Grab gekauft werden. Der Kadi schickte einen Mann zu uns, der bereit war, uns solch einen Platz zu verkaufen. Wir kauften den Platz, doch der Handel ging wieder zurück. Der Platz lag nämlich in einer Rinne, in welcher man das Wasser zu den umliegenden Feldern leitete, und die Nachbarn hatten dem Eigentümer gedroht, sie würden ihn totschlagen, wenn das Wasser des toten Franken wegen künftig ausbleiben würde. Weil der Mann lieber den kleinen Gewinn als sein Leben verlieren wollte, mussten wir also einen anderen Platz suchen, der uns bald zugewiesen wurde.

Nun wollte der Dola mit uns sprechen. Er sagte zu mir, dass er der Erbe sei, wenn in seinem Gebiet ein Jude gestorben war. Ich antwortete ihm, dass der Verstorbene kein Jude, sondern ein Europäer gewesen sei. Daraufhin meinte der Sohn des Dola, wir könnten uns wenigstens durch ein ansehnliches Geschenk erkenntlich zeigen. Ich antwortete, dass wir niemals ohne Quittung bezahlten, und forderte den Dola auf, uns schriftlich bekannt zu geben, wie viel er dafür verlangte, dass unser Reisegefährte in seinem Amtsbereich gestorben war. Nun wurde keine Forderung mehr an uns gestellt. Der Dola wusste, dass wir nach Sana reisen wollten, und befürchtete sicherlich, dass wir uns über ihn beim Staatsminister des Imâms beklagen würden.

Die größte Schwierigkeit bei der Beerdigung unseres Freundes war aber die, dass wir keine Träger bekommen konnten, obwohl wir versicherten, gut zu bezahlen. Endlich fanden sich sechs Männer hierzu bereit. Sie kamen um drei Uhr früh und taten alles, ihre Arbeit heimlich und rasch zu verrichten. Daraus allein schon konnten wir schließen, dass es für Mohammedaner eine Schande ist, einen Angehörigen einer fremden Religion zu bestatten.

Wir waren es unserem Reisegefährten schuldig, einen Sarg zu beschaffen. Wir hätten aber besser getan, wenn wir den Leichnam in Leinwand gehüllt und so in die Erde gelegt hätten. Denn es sprach sich herum, dass wir einen Sarg hatten anfertigen lassen, und der Pöbel glaubte nun, dass die Europäer mit ihren Toten Schätze vergrüben. Man erzählte uns nachher in Sana, dass man unseren Verstorbenen bald nach unserer Abreise des Nachts ausgegraben, den Sarg erbrochen und die Leinwand, in welche wir den Toten gehüllt hatten, gestohlen habe. Als der Dola davon unterrichtet worden sei, habe er die Juden gezwungen, den Leichnam wieder zu begraben, und ihnen, da sie Bezahlung verlangten, den Sarg gegeben.

Nach der Beerdigung unseres Freundes reisten wir weiter. Unser nächstes Ziel war Damâr. Dort war bekannt geworden, dass wir auf unserem Weg nach Sana durch die Stadt kommen würden. Da in dieser Gegend noch kein Europäer gewesen war, waren die Bewohner begierig, uns zu sehen. Sie kamen uns in hellen Scharen schon außerhalb der Stadt entgegen, und der Zulauf wurde immer größer. Da wir befürchteten, in einer Herberge ständig begafft und belästigt zu werden, mieteten wir, um die Nacht ruhig zu verbringen, ein Haus. Doch auch das blieb nicht verborgen. Die Leute sammelten sich rings um das Haus an und warfen Steine in die Fensteröffnungen (Glasscheiben kennt man in dieser Gegend nicht). Nun schickten wir unsere Bedienten auf die Straße, um den Pöbel zu vertreiben. Doch das half nur für kurze Zeit. Daraufhin schickten wir einen Boten zu dem Dola und baten um eine Wache. Die Antwort des Dola war, dass er nur 30 Soldaten habe und sich selber vor dem Pöbel fürchte. Man ließ uns auch wissen, dass wir uns in keiner Gefahr befänden, es seien auf der Straße viele Studenten, die uns sehen wollten und Steine ins Haus würfen, um uns an die Fenster zu locken. So ließen wir den Leuten ihren Willen, und nach Sonnenuntergang wurden sie ihres Spiels endlich überdrüssig.

Damâr liegt in einer ebenen, fruchtbaren Gegend, welche im Königreich wegen ihrer Pferdezucht berühmt ist. Sie darf sich einer Akademie rühmen, in welcher, als wir ankamen, 500 junge

Leute studierten, das heißt, den Koran lesen und verstehen lernten. Nahe bei der Stadt steht ein großes Kastell. Die Stadt selbst ist offen und sehr groß, ich schätze, dass sie 5000 Häuser hat. Nirgendwo vorher wurde unser Arzt so sehr in Anspruch genommen wie hier. Da er das Haus nicht verließ, kamen die Kranken zu uns, einmal brachte man sogar einen in seinem Bett. Ein anderer reiste, nur unseres Arztes wegen, mit uns nach Sana.

Nahe von Damâr befinden sich zwei Berge. In dem einen wird nach Schwefel gegraben, in dem anderen ein feiner dunkelroter Karneol gefunden. Den Wert dieses Steins wissen die Bewohner sehr wohl zu schätzen.

Am 14. Juli ritten wir den ganzen Tag nahezu gerade nach Norden. Bald wurde der Weg steinig, bebaute Felder gab es nur selten.

Dafür sahen wir viele Gärten, in welchen vortreffliche Weintrauben und andere Früchte wuchsen. Am Abend wurden wir von einem heftigen Gewitter überfallen.

Am 15. Juli war es soweit, dass wir damit rechnen konnten, in Sana unseren Einzug zu halten. Wir pflegten bisher arabisch und recht und schlecht gekleidet zu sein. Weil wir aber nun doch anständig in der Residenz des Imâms erscheinen wollten, legten wir unsere türkische Kleidung an, die zwar besser, aber auch nicht mehr prächtig war. Gegen Mittag erreichten wir eine Kaffeehütte, in deren Nähe der Imâm ein Landhaus und einen Garten mit Weintrauben, Nüssen, Aprikosen und Birnen hat. Hier blieben wir bis zum Abend.

Wir hatten am Morgen dieses Tages einen Diener mit einem Brief an den Fakíh Achmed vorausgeschickt, um den Staatsminister des Imâms von unserer Ankunft zu benachrichtigen. Der Minister war aber davon schon unterrichtet und hatte uns einen seiner vornehmsten Schreiber entgegengesandt, um uns willkommen zu heißen. Dieser Schreiber erzählte uns, dass man uns schon seit geraumer Zeit erwartet und dass der Imâm in Bîr el-Assab ein bequemes Gartenhaus für uns gemietet habe. Das war eine gute Nachricht. Wir hörten ferner, dass auch der Fakíh in Bîr el-Assab ein Gartenhaus besaß. Als wir zu den Gärten

Absender

Name, Vorname

Straße, Nr.

Plz, Ort

Telefonnummer *

Faxnummer *

E-Mail *

Unterschrift

* freiwillige Angabe

Für Ihre schnelle Anfrage:
info@verlagshausroemerweg.de

Bitte
ausreichend
frankieren

Rückantwort

Verlagshaus Römerweg GmbH
Römerweg 10
D-65187 Wiesbaden

gekommen waren, forderte uns der Schreiber zum Absteigen auf. Wir glaubten, dass wir jetzt zu Fakíh Achmed geführt würden und dass sein Haus in der Nähe wäre. Doch der Schreiber und alle unsere mohammedanischen Diener blieben auf ihren Eseln, während wir noch einen weiten Weg zu Fuß zurücklegen mussten, bis wir zu dem Haus kamen, das für uns als Wohnung bestimmt war. Das war ein arger Streich, den wir von den sonst so höflichen Arabern nicht erwartet hatten.

Bald merkten wir, dass wir außerdem schlechter daran waren als in irgendeinem jemenitischen Dorf, wo wir wenigstens Wasser und Brot erhalten hatten. Denn wir fanden in unserem Gartenhaus nichts als die leeren Zimmer.

Wir hatten uns nicht mit Lebensmitteln versorgt, in der Annahme, dass wir in der Hauptstadt des Königreichs keinen Mangel leiden würden. Die Frage drängte sich uns auf, ob man uns weiter so unfreundlich behandeln wollte.

Am Abend erhielten wir dann noch einige Erfrischungen, von welchen uns die Weintrauben am besten schmeckten. Das Haus gefiel uns, ebenso der Garten, obwohl er völlig verwildert war. Die vornehmen, reichen Araber pflegen ihre Gärten nicht, sie wollen dort weder Früchte noch Blumen, sondern einzig und allein Schatten.

Am folgenden Tag, nämlich am 17. Juli, schickte uns der Imâm am Vormittag ein Geschenk, das aus fünf Schafen, einer Menge guter Wachslichter, Reis und allerhand Gewürzen bestand. Der Bote, der uns das Geschenk überbrachte, teilte uns mit, dass uns der Imâm weder am 18. noch am 19. Juli empfangen könne, da er von wichtigen Staatsgeschäften in Anspruch genommen sei. Das war uns nicht unangenehm, weil wir dadurch Gelegenheit hatten, uns hier ein wenig umzusehen.

Man hatte uns nicht gesagt, dass man hier gegen die Etikette verstieß, wenn man Besucher empfing, bevor man beim Imâm gewesen war. Also fanden wir nichts dabei, wenn uns verschiedene Leute aufsuchten, vornehmlich Juden, die von uns und unseren wissenschaftlichen Forschungen gehört hatten. Unter ihnen waren Gelehrte und ein bedeutender Astrologe. Als wir uns eifrig über die hebräischen Namen der Sterne unterhielten, die in der Heiligen Schrift erwähnt werden, kam der Schreiber des Fakíh Achmed herein. Die Juden standen sogleich auf. Doch damit war der Sekretär nicht zufrieden. Er war sehr böse, dass wir es gewagt hatten, Besucher zu empfangen, bevor wir die Audienz beim Imâm gehabt hatten, und jagte alle unsere Besucher aus dem Haus.

Am Morgen des 19. Juli wurden wir wider Erwarten zum Imâm befohlen. Der Sekretär des Fakíh Achmed führte uns in den Palast. Da wir nichts weiter erwartet hatten, als dass der Imâm im Beisein einiger seiner vornehmsten Beamten mit uns sprechen würde, waren wir nicht wenig erstaunt, als wir sahen, welch große Anstalten man hier traf. Der Hofplatz war so voller Pferde, Bedienter und anderer Araber, dass wir Mühe gehabt hätten durchzukommen, wäre nicht der Nakib Gheir alláh, ein ehemaliger Sklave und jetzt der Oberstallmeister des Imâms, mit einem großen Knüppel in der Hand gekommen, um für uns Platz zu schaffen.

Der Audienzsaal war viereckig und sehr groß, oben mit einem Gewölbe. In der Mitte befanden sich mehrere Springbrunnen, welche das Wasser etwa 14 Fuß hochtrieben. Dahinter war eine etwa 1 ½ Fuß hohe und 5 Fuß breite Erhöhung, hinter ihr eine zweite, kleinere, auf welcher der Thron stand. Der ganze Boden war mit kostbaren persischen Teppichen bedeckt. Der Thron selbst war nichts weiter als eine mit Seide überzogene Erhöhung, auf der ein großes Polster lag.

Der Imâm saß auf dem Thron, nach morgenländischer Art mit gekreuzten Beinen. Er trug ein hellgrünes Oberkleid mit weiten langen Ärmeln und auf dem Kopf einen großen weißen Turban. Zu seiner Rechten standen seine Söhne, zur Linken seine Brüder. Vor ihm stand Fakíh Achmed, sein Minister. Man führte uns nun zu der ersten Erhöhung und forderte uns auf, hier stehen zu bleiben. An den beiden Seiten des Saals verharrte lautlos eine dicht gedrängte Menge vornehmer Araber.

Etwas später wurden wir direkt vor den Imâm geführt und aufgefordert, ihm die rechte Hand innen und außen sowie das rechte Knie zu küssen. Das taten wir alle der Reihe nach, denn

Vorstellung der Audienz bei dem Imâm zu Sana

wir wussten, dass es eine große Gnade ist, wenn man einem mohammedanischen Prinzen die Innenseite der Hand küssen darf. Jedes Mal wenn einer von uns das tat, rief ein Herold: Gott erhalte den Imâm!

Die Hofsprache in Sana ist von der Sprache in den bergigen Gegenden verschieden. Da wir aber nur Letztere beherrschten (dies noch dazu schlecht), machte der Fakíh Achmed, der beide Dialekte sprach, den Dolmetsch. Die Unterredung war nur kurz. Wir hielten es für unklug, zu erzählen, dass wir hierhergekommen waren, um das Land kennenzulernen, deshalb behaupteten wir, wir seien über den Arabischen Meerbusen gekommen, weil dies der kürzeste Weg von Europa zu den dänischen Kolonien in Indien sei. Wir unterließen es nicht, zu rühmen, dass wir überall von der Gerechtigkeit und Sicherheit im Lande des Imâms gehört hätten und dieser Umstand für uns auch ein Grund gewesen sei, dieses schöne Reich näher kennenlernen zu wollen. Der Imâm antwortete, dass wir in seinem Reich willkommen seien und bleiben könnten, solange wir wollten. Nach einigen anderen Fragen und Antworten küssten wir dem Imâm noch einmal die Hand und verließen dann den Saal.

Noch an demselben Tag schickte uns der Imâm 11 Beutel, von welchen jeder 99 Komassi (das ist die Landeswährung) enthielt. Dieses Geschenk war uns sehr willkommen. Denn man kann im Jemen nicht auf Kredit leben und muss auf dem Markt alles bar bezahlen.

Am Nachmittag lud uns Fakíh Achmed in sein Gartenhaus ein. Wir mussten ihm alles zeigen, was er Kuriositäten nannte. Diese Kuriositäten waren Vergrößerungs-, Wetter- und Ferngläser, Bücher, Kupferstiche, Land- und Seekarten und anderes. Der Minister stellte viele Fragen an uns, die bewiesen, dass er sich um die Wissenschaften kümmerte und beachtliche geographische Kenntnisse besaß. Er kannte sogar die Lage einiger europäischer Staaten. Mehr kann man von einem Araber, der nie eine Landkarte gesehen hat, nicht erwarten.

Da man uns so höflich empfangen und beschenkt hatte, fühlten wir uns verpflichtet, dem Imâm und seinem Minister ebenfalls Geschenke zu überreichen, und trennten uns von einigen Uhren. Wir hörten bald nachher, dass man von uns, die wir keine Kaufleute waren, Geschenke gar nicht erwartet hatte. Doch wurden sie gnädig angenommen. Die Türken sehen Geschenke der Europäer als einen Tribut an und glauben, sehr großzügig zu sein, wenn sie einem, der ihnen eine wertvolle

Gabe überreicht hat, einen schlechten, billigen Kaftan zustellen lassen. Hier im Königreich Jemen waren die Manieren besser.

Im Garten des Fakíh Achmed standen viele Fruchtbäume, die gleichfalls verwildert waren. Das Haus war klein und an der Südseite ganz offen, weil die Sonne in dieser Polhöhe in den heißen Monaten an der Nordseite des Scheitelpunkts steht. In der Mitte des Hauses befand sich ein Springbrunnen. Er war nicht sehr schön, machte aber die Luft kühl. Springbrunnen sah ich auch in den Häusern der anderen Vornehmen zu Sana.

Die Stadt Sana liegt unter der Polhöhe 15°21' am Fuß eines Berges namens Nikkum oder Lokkum, auf welchem man noch die Ruinen eines sehr alten Kastells sieht, das von Sem, dem ältesten Sohn Noahs, gebaut worden sein soll. An der anderen Seite, nämlich der westlichen, befindet sich ein kleiner Fluss. Die Vorstadt, die Bustân el Metwókkel heißt, ist ein einziger großer Garten. Sana ist von einem Wall aus Erde umgeben, auf dem viele kleine Türme stehen.

Um mir einen Eindruck von der Größe der Stadt zu verschaffen, ging ich um sie herum. Ich brauchte eine Stunde und acht Minuten.

Sana hat vier große und drei kleine Stadttore und scheint sehr volkreich zu sein. Auch in der Stadt befinden sich viele Gärten, sodass der Platz innerhalb der Stadtmauer nicht ganz mit Häusern angefüllt ist. Ich zählte 10 Moscheen, von welchen einige von türkischen Paschas erbaut wurden. Zu rühmen sind ferner die schönen Paläste. In einem sah ich in den Fensteröffnungen Glasscheiben. Die übrigen haben Fenstertüren, die bei gutem Wetter offenstehen, bei schlechtem geschlossen werden. In den Häusern des Imâms und seines Ministers sah ich bunt gefärbte Glasscheiben, die aus Venedig gekommen waren.

Es gibt in der Stadt viele Plätze, wo man alles kaufen kann: Holz, Holzkohlen, Eisen, Weintrauben, Korn, Butter und Salz. Auf dem Brotmarkt sitzen lauter Weiber. Nahe dem Tor Bâb essabbá liegt ein Markt, wo man alte Kleider gegen neue tauschen kann. Der größte Markt befindet sich in der Vorstadt. Hier sieht man viele Buden, in welchen getrocknete und frische Früchte verkauft werden, des Weiteren Buden, in welchen Zimmerleute, Schmiede, Schuster, Sattler, Schneider, Mützennäher, Steinhauer, Goldschmiede, Barbiere, Köche und Buchbinder ihre Dienste anbieten. Beim Tor Bâb el-Jemen sitzen die Schreiber, die für wenig Geld Bittschriften an den Imâm aufsetzen, Kinder unterrichten und Bücher abschreiben.

Bau- und Brennholz sind im Jemen sehr kostbar, da die Berge meist kahl sind. Dafür gibt es genug Steinkohlen und Torf. Der Überfluss an Gartenfrüchten ist groß. Ich sah auf einem Markt 20 verschiedene Sorten von Weintrauben. Die hiesigen Juden pressen aus den Trauben Wein, können damit aber keinen Handel treiben, weil die Jemeniten große, ja fanatische Feinde von starken Getränken sind. Wird ein Jude dabei ertappt, dass er Wein in das Haus eines Arabers bringt, ist die Strafe streng. Getrocknete Weintrauben aus dem Jemen werden nach ganz Arabien, nach Ägypten und in die Türkei verkauft.

Bei dem Kastell stehen sieben Kanonen. Ich war nicht wenig erstaunt, als ich darunter eine alte deutsche metallene Haubitze mit der Inschrift *Jörg Selos goss mich 1513* fand. Bei jedem der Tore stehen zwei weitere Kanonen. Dies ist das ganze grobe Geschütz, über welches die Hauptstadt des Königreichs verfügt.

Das Wasser wird vom Berg Nikkum in die Stadt geleitet, und man hat hier zu allen Jahreszeiten gutes, sauberes Wasser. Dies ist sehr wichtig, weil Wasser für die Mohammedaner das vornehmste Getränk ist und weil die Anhänger dieser Religion verpflichtet sind, sich fleißig zu waschen.

Die Juden wohnen nicht in Sana, sondern in einem nahe gelegenen großen Dorf namens Káa el-Jhûd. Man schätzt ihre Zahl auf zweitausend. Obwohl sie gute Handwerker sind, behandelt man sie hier verächtlicher als in der Türkei. Früher kam es vor, dass ihre Synagogen niedergebrannt und alle Häuser geschleift wurden, die höher als 14 Ellen waren. Jetzt lässt man sie in Ruhe. Wir hätten gern von den Juden Branntwein und Wein geholt, wagten es aber nicht, ihr Dorf zu betreten.

Wir waren dabei, als der Imâm am Freitag die Hauptmoschee besuchte. An der Spitze der Prozession marschierten 200

Soldaten. Ihnen folgten der Imâm und die Prinzen aus seiner zahlreichen Familie. Über allen wurde die Mdálla, ein großer Sonnenschirm, getragen. Dann kamen die Vornehmen, mindestens 600. Sie saßen auf prachtvollen Pferden. Die große Masse des gewöhnlichen Volkes beschloss den Zug. Zu bemerken ist noch, dass links und rechts vom Imâm zwei von silbernen Kapseln gekrönte Fahnen getragen wurden. In diesen Kapseln befinden sich Amulette, die, wie man glaubt, den Imâm unüberwindlich machen. Kurz, dieser Aufzug war sehr prächtig. Er war aber auch sehr unordentlich. Alles ritt und lief durcheinander. Bei der Moschee feuerten die Soldaten einige Schüsse ab. Nach der Andacht mussten sie ihre Geschicklichkeit im Reiten zeigen. Diese war aber sehr gering. Gewiss, das war ein Schauspiel, aber man kann in Europa in einem guten Zirkus ein besseres sehen.

Man hatte uns in Sana besser behandelt, als wir es erwartet hatten. Dennoch dachten wir an die Rückkehr. So suchten wir um eine Abschiedsaudienz nach. Wir wurden am 23. Juli abermals in den Palast gerufen. Diesmal vollzog sich alles ohne Pomp, nur der Fakíh Achmed und sieben Sklaven waren anwesend. Der Imâm saß diesmal auf der ersten Erhöhung, nicht vor seinem Thron, sondern auf der linken Seite des Saales, und als Sitzgelegenheit diente ihm ein europäischer Lehnstuhl aus geflochtenem Rohr. Dem Imâm schien alles zu gefallen, was wir ihm zeigten, und er stellte viele Fragen, welche die Künste, die Wissenschaften und den Handel der Europäer betrafen. Am Ende der Audienz zeigte er uns einen kleinen Kasten voller Arzneien, den ihm ein Engländer geschenkt hatte.

Herr Cramer wusste den Namen jeder Arznei und wozu sie gut war, was den Imâm sehr erfreute. Er ließ sich das alles aufschreiben. Die Araber fürchten Krankheiten weit mehr als wir Europäer. Nach einem Handkuss verabschiedeten wir uns von dem Imâm, am Nachmittag nahmen wir von Fakíh Achmed und anderen vornehmen Arabern Abschied.

Am 25. Juli schickte der Imâm an jeden von uns ein arabisches Ober- und Unterkleid und überdies einen an den Dola zu Mochha gerichteten Brief, welcher den Befehl enthielt, uns als

Abschiedsgeschenk 200 Species-Taler auszuzahlen. Ich nehme vorweg, dass wir das Geld in Raten erhielten und dass der Dola sehr ungern zahlte.

Am 26. Juli brachen wir auf. Die Reise nach dem Jemen hatte uns sehr gut gefallen. Reisenden, welche die Absicht haben, dieses Land zu besuchen, sei gesagt, dass die Expedition dorthin zwar beschwerlich, doch nicht gefährlicher ist als die Besteigung eines hohen Berges in Europa.

Die Reise von Sana nach Mochha

Um neue Eindrücke gewinnen zu können, entschlossen wir uns, auf der Rückreise zum Teil einen Weg zu wählen, den wir noch nicht kannten. Wir waren am 26. Juli aufgebrochen und gingen nach Südwesten. Der Weg war schlecht und führte an kahlen Bergen vorüber. Gegen Mittag sahen wir mehrere Dörfer. Am 27. war der Weg dann so schlimm, dass wir nur mühsam weiterkamen. Er führte über felsige Berge und war vielleicht in den letzten hundert Jahren nicht ausgebessert worden. Am Abend nächtigten wir in Heime.

Am 28. ging es wieder bergab, und die Hügel wurden ein wenig grün. Am Nachmittag begegneten wir einer Karawane, die Brennholz nach Sana brachte. Etwas später überfiel uns ein riesiger Heuschreckenschwarm. Zu unserem Glück stieg ein Gewitter auf, das die Heuschrecken verjagte. Es regnete dann die ganze Nacht hindurch. Am nächsten Tag erreichten wir die auf einem steilen Berg gelegene kleine Stadt Möfhák. Der dort amtierende Dola nahm uns freundlich auf, wir erhielten ein Mittagessen, Futter für unsere Kamele und als Gastgeschenk ein Schaf. Hier mieteten wir Kamele für die Weiterreise.

Wir brachen noch an demselben Tag auf, der Weg war abermals steinig und schlecht, wieder überraschte uns ein starkes Gewitter. Noch vor Sonnenuntergang stießen wir auf eine umherwandernde Familie. Es war die erste, die wir im Jemen sahen. Die Leute besaßen kein Zelt, sondern lagen unter einem Baum. Sie hatten Esel, Hunde, Schafe und Hühner bei sich. Ich vergaß, mich nach dem Namen solch eines Gesindels zu erkundigen, das unseren Zigeunern ähnlich ist. Diese Menschen bleiben nicht lange an einem Ort, sondern ziehen von Dorf zu Dorf, um zu betteln und zu stehlen. Die armen Bauern geben ihnen gerne etwas, nur um sie loszuwerden. Ein junges Mädchen, das keinen Gesichtsschleier trug, kam auf uns zu und verlangte ein Almosen.

Am nächsten Tag erlebten wir eine ganz böse Überraschung. Der Weg wurde so schmal, dass die Kamele hintereinandergehen mussten, und plötzlich standen wir vor einem großen Loch, das wohl die Gewitterregen verursacht hatten. Links und rechts vom Weg ragten steile Felsen empor, es schien so, dass hier an ein Weiterkommen nicht zu denken war. Unsere Araber meinten, wir müssten nach Sana zurück und von dort die über Taäs führende Straße benützen. Dazu hatten wir aber keine Lust. Daher entschlossen wir uns, die Grube zu füllen. Wir schleppten Steine herbei, die Araber sahen uns vorerst zu, halfen uns dann aber, nachdem wir ihnen Geld gegeben hatten. Es dauerte 2 ½ Stunden, bis unsere Kamele und Esel passieren konnten. Die Nacht verbrachten wir in Samfûr. Dort verlor ich meinen Kompass.

Tags darauf gelangten wir in das grüne Tal Seir und zu der Stadt Hadsjír. Dort fanden wir eine gute Simsera und drei steinerne Wassertröge, in welchen das Regenwasser gesammelt wurde. Der eine enthielt Trinkwasser für Menschen, der zweite Trinkwasser für das Vieh, in dem dritten konnte man baden. In dieser Gegend ist alles grün, wir sahen viele Balsambäume, die wild wuchsen. Die Bewohner dieser Gegenden wissen nicht, welchen Nutzen diese Bäume geben.

Am 1. August kamen wir in Beit el-fakih an. Wir waren überrascht, als wir sahen, dass die meisten Häuser und Hütten schon wieder aufgebaut waren. Man hatte hierzu hauptsächlich Steine verwendet, um vor weiteren Feuersbrünsten sicher zu sein. So hatte der große Brand auch etwas Gutes gebracht.

Wir ließen den Dola unsere Ankunft wissen und zugleich bitten, uns Kamele für die Weiterreise zur Verfügung zu stellen. Unsere arabischen Bedienten wollten auch Lebensmittel verlangen, um sich auf Kosten des Imâms und der hiesigen Einwohner den Bauch zu füllen. Da man uns in dieser Stadt gut behandelt hatte, erlaubten wir ihnen nur, ein Schaf zu begehren.

Die Hitze war nun sehr groß. Deshalb reisten wir jetzt in der Nacht und ruhten bei Tag. In der Nacht zum 2. August stießen wir auf zwei Araber und sechs Esel, die mit Geld gefüllte Säcke trugen. Das Geld war für Kaufleute in Beit el-fakih bestimmt. Dies kann als Beweis dafür dienen, dass man in dieser Gegend keine Angst vor Räubern haben muss.

Am Morgen des 5. August erreichten wir um 9 Uhr Mochha.

In Mochha

Wir hatten uns sehr beeilt, von Sana hierher zurückzukommen, aus Angst, das Schiff, mit welchem wir zu reisen gedachten, könnte vor unserer Ankunft absegeln. Doch das Schiff war noch nicht seetüchtig. Also waren wir viel zu früh in diese heiße Gegend gekommen. Am 8. August wurde ich sehr krank, ein paar Tage später mussten Herr Baurenfeind, Herr Dr. Cramer und unser europäischer Bedienter ins Bett. Zu unserem Glück trafen wir hier noch unseren Freund Scott an. Er beschaffte uns verschiedene europäische Erfrischungen, die uns mehr nützten als Arzneien.

Wie alt die Stadt Mochha ist, konnte ich nicht feststellen. Es ist aber gewiss, dass sie eine von den jüngsten Städten in Tehâma und wohl über 400 Jahre alt ist. Ungefähr um diese Zeit soll ein berühmter Einsiedler gelebt haben, welcher als Gründer der Stadt gilt. Es ist dies der Scheich Schädeli. Dieser Scheich erwarb sich durch seine fromme Lebensart einen so großen Namen, dass man schon, als er noch lebte, aus entfernten Gegenden zu ihm kam, um seine Lehren zu hören. Man hat mir von ihm Folgendes erzählt: Eines Tages warf ein Schiff, das aus Indien gekommen war und nach Dschidda fahren wollte, in dieser Gegend Anker. Als die Schiffsleute in dieser Einöde eine kleine Hütte sahen, trieb sie die Neugierde an Land. Der Scheich empfing seine Gäste auf das Freundlichste und bewirtete sie mit Kaffee, einem Getränk, das er sehr liebte. Die Inder, welchen der Kaffee zu dieser Zeit noch völlig unbekannt war, hielten das warme Getränk für eine Arznei. Sie glaubten, dass der Kaufmann auf ihrem Schiff, der krank war, dadurch vielleicht geheilt werden könnte. Der Scheich versicherte ihnen, dass der Kranke durch die Hilfe seines Gebets und durch den Genuss dieses Getränks gesund werden könne, und sagte weiter, dass der Kaufmann einen großen Gewinn haben würde, sollte er sich dazu entschließen, seine Waren an Land zu bringen. Er prophezeite weiter, dass auf dieser Stelle dereinst eine berühmte Handelsstadt stehen würde und dass die Inder hier in Zukunft einen Großteil ihrer Waren verkaufen würden. Diese Reden gefielen dem Kaufmann so sehr, dass er sich an Land bringen ließ, um mit diesem außerordentlichen Mann zu sprechen. Nun besuchte den Scheich an diesem Tag eine große Menge von Arabern, um seine Predigten zu hören. Der Kaufmann trank Kaffee, den der Scheich für ihn zubereitet hatte, und fühlte sich sofort besser. Unter den Arabern, die den Scheich besuchten, waren viele Kaufleute. Und diese kauften die ganze Ladung. Der Kaufmann kehrte also vergnügt nach Indien zurück, und die große Heiligkeit des Scheichs wurde überall noch mehr bekannt.

Um die kleine Hütte des Schädeli wurden weitere gebaut. Die Anzahl der Schiffe, die hier anlegten, vermehrte sich mit der Zahl der Kaufleute, die zu Lande hierherkamen. So soll zuerst ein Dorf und dann die bedeutende Handelsstadt Mochha (die Engländer nennen sie Mokka) entstanden sein.

Über dem Grab des Scheichs Schädeli, das jetzt außerhalb der Stadt liegt, steht eine große Moschee, die seinen Namen trägt. Der Brunnen, dessen Wasser die Ärmeren in Mochha trinken, weil sie das Geld für besseres Wasser nicht haben, heißt Schädeli. Ein Stadttor wird nach ihm benannt. Kurz, der Name Schädeli wird nicht vergessen werden, solange Mochha steht.

Schädeli ist nicht nur der Patron der Stadt Mochha, er ist auch der Schutzherr aller mohammedanischen Kaffeewirte, und man sagt, dass ihn diese täglich am Morgen in ihrem Gebet erwähnen. Sie rufen ihn nicht an, aber sie danken Gott, dass er das Menschengeschlecht durch den Scheich Schädeli den Gebrauch des Kaffees gelehrt habe.

Mochha war die letzte Stadt im Jemen, über welche die Türken die Oberherrschaft behaupten konnten. Sie soll von den Arabern nicht erobert, sondern gekauft worden sein. Nachher gehörte sie ständig zum Reich des Imâms. Ein Dola, der hier große Reichtümer erworben hatte, ließ einen Graben um die Stadt ziehen und versuchte, sich unabhängig zu machen. Doch er wurde ins Gefängnis geworfen, der Graben wurde zugeschüttet. Seit dieser Zeit bleibt ein Dola selten länger als drei Jahre in seinem Amt. Er muss jährlich Rechnung legen, und wenn man mit ihm nicht zufrieden ist, muss er nach Sana zurückkehren.

Im Jahre 1738 wurde Mochha von den Franzosen beschossen. Der Grund hierfür war, dass der Dola von französischen Kaufleuten für den Imâm Waren gekauft, aber nicht bezahlt hatte. Als die Franzosen ihr Geld nach zwei Jahren noch immer nicht hatten, schickten sie ein Kriegsschiff, welches das Haus des Dola in Brand schoss. Dabei wurde auch ein Araber getötet.

Morgenländische Christen lassen sich selten ständig in Mochha nieder. Dafür findet man hier Juden und Inder, die teils Handel treiben, teils gute Handwerker sind. Die englische Ostindische Handelskompanie besitzt in Mochha zwei Häuser, obgleich sie nur alle zwei Jahre ein Schiff hierherschickt, um Kaffeebohnen zu holen. Vielleicht verdient sie dabei nicht viel, sicher ist allerdings, dass die englischen Kaufleute in Ostindien dabei um so mehr Profit haben. Die hier ankommenden Schiffe müssen außer dem Zoll auch noch ein Ankergeld bezahlen, wobei die Araber nicht auf die Größe des Schiffes, sondern auf die Anzahl der Masten sehen. Je mehr Masten, desto mehr Ankergeld.

Kaufleute, die nach Mochha kommen, seien vor den mohammedanischen Maklern gewarnt. Diese Schurken versuchen, den Europäer, den sie betrogen haben, dahin zu bringen, dass er in Zorn gerät und laut schimpft. Haben sie das erreicht, behaupten sie, der Europäer hätte die mohammedanische Religion beschimpft, und drohen, ihn vor die Obrigkeit zu führen. Um dies zu verhindern, zahlt mancher Christ große Summen.

Die Reise von Mochha nach Bombay

Wir waren entschlossen, mit dem Schiff des Herrn Scott zu reisen, obwohl dieser bis zum 23. August in Mochha bleiben musste, um Geld einzutreiben. Schon am 21. August gingen wir an Bord. Ich war wieder einigermaßen hergestellt, Herr Baurenfeind, Herr Cramer und unser europäischer Bedienter hingegen waren sehr krank.

Unser Schiffer, J. Martin, würde am 23. schon mittags unter Segel gegangen sein, doch kam plötzlich ein so starker Sturm auf, dass wir den Anker nicht lichten konnten. Wir verspürten auch sofort einen merklichen Temperaturunterschied. Mein Fahrenheit-Thermometer fiel unter 83 Grad, während es am Lande nachts (also bei der geringsten Hitze) nur auf 88 Grad gefallen war. Nachdem sich der Sturm etwas gelegt hatte, gingen wir nach 4 Uhr unter Segel. Aber der Wind wehte uns so stark entgegen, dass wir am folgenden Morgen erst die Hälfte des Weges nach Bâb el-mándeb zurückgelegt hatten. Am Vormittag des 24. war uns der Wind noch immer nicht günstiger.

Bâb el-mándeb scheint da, wo es am schmalsten ist, ungefähr 5 deutsche Meilen breit zu sein. In der Meerenge liegt eine Insel namens Perîm, die einen guten Hafen, aber kein gutes Wasser hat. Weiter südlich sahen wir vor der afrikanischen Küste noch mehrere andere kleine Inseln. Die Schiffe fahren meistens durch den Kanal zwischen Perîm und der arabischen Küste. Weil dort aber die Strömung sehr stark ist und weil uns der Wind noch immer entgegen war, fuhren wir durch den breiteren Kanal zwischen der Insel und der afrikanischen Küste. Hier hatten wir mehr Platz zum Lavieren.

Nachdem wir Bâb el-mándeb am 25. August passiert hatten, erreichten wir am 26. das Weltmeer. Bald sahen wir kein Land mehr. Der Wind war uns jetzt sehr günstig, wir steuerten fast gerade nach Osten.

Der Gesundheitszustand des Herrn Cramer schien sich von Tag zu Tag zu bessern, seit er auf dem Schiff war. Herr Baurenfeind hingegen wurde immer kränker und war am 27. des Abends schon so schwach, dass er nicht mehr antworten konnte, wenn wir ihn ansprachen. Er fiel bald in einen tiefen Schlaf, aus dem er nicht mehr erwachte. Er starb am 29. August um 11 Uhr vormittags. Es ist überflüssig, etwas zum Lob dieses Künstlers zu sagen. Die Zeichnungen, die dieses Buch enthält, bezeugen seinen Fleiß und seine Geschicklichkeit zur Genüge. Ich bedaure es sehr, dass er nicht nach Dänemark zurückkehren konnte, um dort seine Zeichnungen selbst in Kupfer zu stechen. Denn er war auch ein hervorragender Kupferstecher.

Unser Bedienter (er hieß Berggren), der in einem schwedischen Husarenregiment gedient hatte, besaß eine starke Gesundheit. Dennoch konnte auch er die Mühen der Reise nicht ertragen. Er starb am 30. August. Beide Leichen wurden in die See geworfen.

Von dem Vorgebirge Guardefui an wurden wir gleichsam in ein anderes Klima versetzt. Es wurde hier so kalt, dass ein jeder wärmere Kleidung anlegen musste. Doch der Wind begünstigte unsere Fahrt jetzt immer mehr. So erreichten wir schon am 11. September den Hafen von Bombay.

Zweiter Teil

Die Insel Bombay

Die Insel Bombay liegt an der westlichen Küste Indiens und gehört schon seit 100 Jahren der englischen Ostindischen Handelskompanie, welche hier eine Regierung eingesetzt hat, der alle Faktoreien unterstehen, die sie an dieser Küste von Ceylon bis Basra besitzt. Der Hafen ist groß und windgeschützt, also sehr wertvoll. Die Insel selbst dagegen ist klein. An manchen Stellen ist sie kaum eine halbe deutsche Meile breit und überhaupt nur zwei Meilen lang, wenn man nicht eine kleine Insel dazurechnet, welche von den Engländern Old Women's Island (Altweiber-Insel) genannt wird. Der Boden zwischen diesen beiden Inseln ist ein Fels, der so hoch ist, dass man zur Zeit der Ebbe trockenen Fußes von einer zur anderen gehen kann.

Auf der Insel Bombay sind viele Kokosbäume und Reisfelder zu sehen. An der Küste wird Salz gesammelt. Alle übrigen Lebensmittel müssen die Bewohner vom Festland und von Salset beziehen, einer großen, sehr fruchtbaren Insel, die nur durch einen schmalen Kanal von Bombay getrennt ist, ehemals portugiesisch war und jetzt den Maratthen gehört, einer Krieger- und Bauernkaste, die an die 6 Millionen Menschen zählt.

Die Stadt Bombay liegt im Süden der Insel unter der Polhöhe 18°55'43". Sie ist ungefähr eine Viertelmeile lang und sehr schmal. An der Landseite ist sie von einem starken Wall und einem tiefen Graben umgeben, vor den drei Stadttoren erheben sich Kastelle. Diese Kastelle wurden während des letzten Krieges mit den Franzosen errichtet und werden weiter ausgebaut, obwohl längst Friede ist. So wird Bombay eine der wichtigsten Festungen in Indien werden.

Die Einwohner von Bombay genießen unter der englischen Regierung völlige Glaubensfreiheit. Dadurch hat sich ihre Zahl, vor allem in den letzten Jahren, stark vermehrt. Ein Engländer, der noch keine 20 Jahre auf der Insel lebte, versicherte mir, dass in dieser Zeitspanne die Einwohnerzahl von 70 000 auf 140 000[8] gestiegen sei. Darunter gibt es, wie sich leicht vermuten lässt, nur wenige Europäer. Die übrigen sind indische Katholiken, Inder, Araber, Portugiesen, Griechen und Armenier.

Das Klima Bombays ist durch die kühlenden Seewinde sehr gemäßigt. Seitdem man Teiche in der Stadt und in der Umgebung ausgetrocknet hat, ist die Luft auch nicht mehr so ungesund wie früher. Dennoch sterben noch viele Engländer ganz unerwartet, nach meiner Meinung durch ihre eigene Schuld. Denn sie essen viel zu viel Fleisch und trinken die schweren portugiesischen Weine. Außerdem ist es schädlich, in dieser Gegend europäische Kleidung zu tragen.

Die Europäer wohnen im Südteil der Stadt. Hier befindet sich auch die Wohnung des Statthalters, ein großes schönes Gebäude. Die flachen Dächer sind hier nicht in Mode, die Häuser haben vielmehr schräge Dächer, die mit Steinen beschwert sind. Die Wohnsitze der Engländer haben alle Glasscheiben. Bemerkenswert ist das Dock, in dem zwei Schiffe gleichzeitig ausgebessert werden können.

Die Ostindische Handelsgesellschaft hielt zur Zeit meiner Ankunft 17 Kompanien Infanterie und 3 Kompanien Artillerie. Da die Araber vor allem im Persischen Meerbusen Seeräuberei treiben, hat die Gesellschaft auch 10 Kriegsschiffe zur Verfügung.

Die Engländer bringen unzählige Waren nach Bombay, Stoffe, Eisen, Stahl, Zinn, Kupfer, Kanonen und Gewehre. Das meiste wird nach Persien verkauft. Manche Schiffer bringen auch auf ihre eigene Rechnung Waren nach Bombay.

Man findet in Indien, wo Künste und Wissenschaften vielleicht schon früher als in Ägypten geblüht haben, auch jetzt noch Werke des Altertums, über die man staunen muss. Eines davon ist der heidnische Tempel auf der kleinen Insel Elephanta, die nicht weit von Bombay entfernt ist. Dieser Tempel liegt in einem Berg und ist in einen harten Felsen gehauen. Jetzt ist er

8 Bombay (seit 1996 offiziell Mumbai) hat jetzt 12,5 Mill. Einwohner (2011).

Figuren im Felsentempel von Elephanta

eine Wohnung für Tiere, vor allem für Hornvieh, das hierherflüchtet, wenn es allzu heiß ist. Die Wände des Tempels sind ganz mit zahlreichen erhabenen Figuren angefüllt, mit Göttern und Helden der indischen Geschichte. Ich habe den Großteil dieser Figuren kopiert, am meisten hat mich die des Königs Kaun beeindruckt. Sie ist sehr groß und hat acht Arme. Die

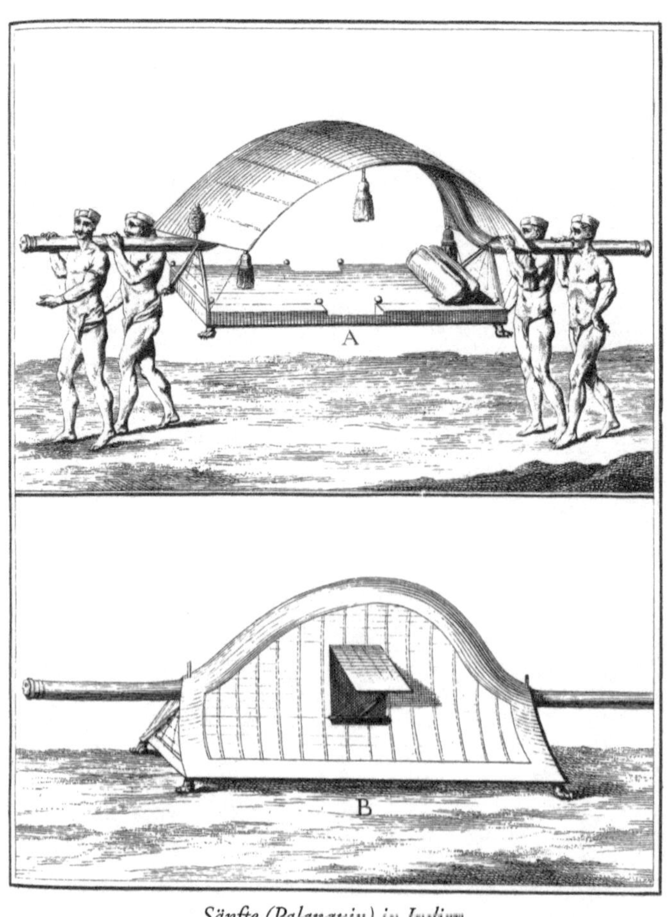

Sänfte (Palanquin) in Indien

beiden Beine sind durch die Zeit verloren gegangen. Dieser König Kaun tötete nach indischer Überlieferung viele Kinder seiner Anverwandten. Die Schüssel soll anzeigen, dass er darin das Blut der ermordeten Kinder aufgefangen hat, die Glocke bedeutet, dass er durch sie seine Ankunft bekannt macht. Endlich soll er seine Schandtaten so sehr bereut haben, dass er sich vor den Menschen verbergen wollte. Dies wird durch das Tuch symbolisiert, das er in den beiden hintersten Händen hält.

Die jetzigen Bewohner dieser kleinen Insel wissen von dem Alter[9] und der Geschichte dieses prächtigen Tempels nichts. Nach ihrer Meinung sind einmal des Abends Leute hierhergekommen, haben das ganze Werk in einer Nacht aus dem Felsen gehauen und sind am Morgen wieder abgereist. Ebenso denken die jetzigen Ägypter von den Prachtbauten, die ihre Vorfahren hinterlassen haben.

Nicht weit vom Meeresufer entfernt steht auf freiem Feld ein aus schwarzem Stein verfertigter Elefant. Nach ihm dürften wohl die Europäer dieser Insel den Namen Elephanta gegeben haben. Die Inder nennen sie Gharapuri.

Am 10. Februar starb Herr Cramer. Somit war von unserer Gesellschaft außer mir niemand mehr übrig. Da mir klar war, dass, wenn auch ich starb, meine Aufzeichnungen niemals nach Europa gelangen würden, entschloss ich mich, mit einem Schiff der Engländer von Bombay geradewegs nach London zu fahren. Doch dann, als ich hörte, dass in Kürze ein englisches Schiff nach Surat[10] segeln würde, um dort Waren für China einzunehmen, konnte ich meinem Wunsch, diese berühmte Handelsstadt zu sehen, nicht widerstehen.

Die Reise von Bombay nach Surat

Wir verließen am 24. März 1764 den Hafen von Bombay und warfen schon am 26. des Morgens im Hafen von Surat unter der Polhöhe 21° Anker. Da die Stadt vom Hafen etwa drei deutsche Meilen entfernt ist, mieteten der Schiffskapitän und ich eine Häkkri, das ist ein schlechter zweiräderiger Karren, der von Ochsen gezogen wird. Wir fuhren die ganze Zeit in einer dicken Staubwolke, die von den zwei Ochsen und dem Karren selbst verursacht wurde. Niemals zuvor musste ich so viel Staub schlucken wie auf dieser kurzen Fahrt.

9 Niebuhr besuchte den berühmten Schiwa-Tempel mit seinen Mythen erzählenden Reliefs. Der Tempel stammt aus dem 8. Jh.

10 Surat, früher ein Welthandelsplatz, hat, da sein Hafen versandet ist, heute keine Bedeutung mehr.

Surat liegt in einer ebenen, fruchtbaren Gegend an einem großen Fluss namens Tappi und hat das Aussehen eines Halbmondes. An der Flussseite ist die Stadt von einer Mauer, an der Landseite von zwei Mauern umgeben. Sie war schon um 1600 sehr bedeutend und ist jetzt der größte Hafen im ganzen Reich des Moguls, der aber über die Stadt keine Macht mehr besitzt, da die Engländer hier nach Belieben schalten und walten. Die Stadtobersten werden von ihnen eingesetzt und haben sich ihnen zu fügen.

Nach den Engländern haben die Holländer hier die größte Macht. Ihre Schiffe fahren zum Persischen und Arabischen Meerbusen, nach der Malabarküste, ja bis nach China. Die Portugiesen haben nur noch wenig Einfluss. Der Vorsteher ihrer Faktorei ist ein in Hamburg geborener Jude.

Der Statthalter von Surat ist immer ein Mohammedaner. Hierzu ist zu sagen, dass die hiesigen Mohammedaner bei Weitem nicht so eifrig sind wie ihre Glaubensgenossen in Ägypten und in der Türkei. So sah ich, wie der Nabab (so heißt der Statthalter hier) auf einem Sofa einen großen Hund neben sich liegen hatte und dieses Tier liebkoste. Die anderen Mohammedaner halten sich schon für unrein, wenn ein Hund auch nur ihre Kleider berührt. Die indischen Mohammedaner leihen für Zinsen Geld und scheuen sich auch nicht, öffentlich Wein und andere starke Getränke zu trinken. Alle Vornehmen bedienen sich der persischen Sprache, Persisch ist die Hofsprache in allen von Mohammedanern regierten Provinzen.

Die indischen Kaufleute bekleiden sich, auch wenn sie einige Tonnen Gold besitzen, sehr schlecht, nämlich mit weißem Kattun. Sie tragen Beinkleider und darüber ein langes Kleid, das oben eng ist und unten wie die europäischen Weiberröcke viele Falten hat. Die Ärmel sind sehr lang, aber eng. Um die Hüfte haben sie einen Gürtel. Ihre Pantoffeln sind groß und stehen vorne in die Höhe. In den Ohren tragen sie große goldene Ringe, manchmal auch eine echte Perle. Die armen Inder gehen, wenn man von einem schmalen Stück Leinwand absieht, mit dem sie ihre Scham bedecken, ganz nackt. Wenn es regnet, schützen sie sich mit einem Mantel aus Kokosnussblättern.

Die Weiber der Inder haben ein rot gestreiftes Leinentuch um die Hüfte gebunden, wobei sie das eine Ende so zwischen den Beinen emporziehen, dass es kurzen weiten Beinkleidern ähnlich sieht. Sie haben im Gegensatz zu den Mohammedanerinnen keine hängenden Brüste. Sie tragen diese nämlich in Futteralen, welche die Brüste straff halten, und viele Europäerinnen, die nach Indien kommen, bedienen sich auch dieser Futterale. Die Weiber der Inder sind nicht weniger arbeitsam als die Männer, ich habe in Bombay viele gesehen, die Holz trugen, also ihr Brot schwer verdienten, und doch viel Silber, Gold und Edelsteine am Leibe hatten.

Die Inder haben in Surat kein Hospital für Menschen, wohl aber eines für Tiere. Hier werden alte kranke Pferde, Kühe und andere Tiere bis zu ihrem Tod verpflegt. Ich sah in diesem Hospital eine sehr große gelähmte Landschildkröte, die noch dazu blind war, und man sagte mir, das Tier sei schon über 125 Jahre alt.

Unter den Indern gibt es Leute, die freiwillig grausame Martern auf sich nehmen, in der Meinung, Gott dadurch gefällig zu sein. Manche sollen sich, den Kopf nach unten, lebendig begraben lassen. Einer tat das Gelübde, 20 Jahre lang in einem Käfig zu sitzen und dabei die gefalteten Hände in die Höhe zu halten. Der Mann saß tatsächlich 18 Jahre lang in dieser Haltung vor einem Garten außerhalb der Stadt, war aber knapp vor meiner Ankunft gestorben. Er hat in den letzten Jahren kein Wort mehr gesprochen und ständig auf eine Stelle vor sich hingestarrt. Niemand schnitt ihm die Nägel und Haare, so kann man sich vorstellen, welch scheußlicher Anblick er war. Dass sich viele den Kopf absägen lassen, erzählte man mir gleichfalls. Kurz, die Kasteiungen der christlichen Mönche sind nur eine Kleinigkeit im Vergleich mit dem, was sich manche Inder auferlegen.

Es gibt in Surat viele Fakire. Diese sitzen bei Gräbern oder unter Bäumen und haben neben sich große Töpfe stehen, die ihnen alte Weiber, in der Meinung, Gott dadurch gefällig zu sein, mit Wasser gefüllt haben. Mit diesem Wasser sind sie sehr freigebig. Sie segnen alle Vorübergehenden, sowohl Mohammedaner als auch Europäer, und wünschen ihnen alles Erdenkliche. Davon abgesehen sind sie unverschämte Bettler. Manchmal lassen sie sich vor einem Haus nieder und gehen von dort nicht weg, bevor man ihnen ihre Wünsche erfüllt hat (meistens verlangen sie Geld). Die Polizei kümmert sich nicht um sie.

Es gibt in Surat viele Gärten, schöne Bäder, einen Wasserfall und mehrere Teiche mit Springbrunnen. Die Europäer haben in Surat ihre eigenen Totenäcker und Grabsteine, die sehenswert sind. Das kostbarste Grabmal steht auf dem Totenacker der Holländer, hier wurde Hendrich Adrian Baron Rehden zu Drachenstein begraben, der 1697 auf der Fahrt von Batavia nach Surat starb.

Mein Aufenthalt in der Stadt war nur kurz. Ich hütete mich, öffentliche Gebäude zu zeichnen. Die Engländer, die mich höflich behandelten, hätten mir dies sicher übel vermerkt.

Nach Bombay zurückgekehrt, wurde ich schon wieder krank. So war ich genötigt, während der Regenzeit in Bombay zu bleiben. Ich schickte nun alle meine Manuskripte und die Naturalien, die Herr Forskål gesammelt hatte, über London nach Kopenhagen. Da ich nicht wissen konnte, was mir auf der Rückreise begegnen würde, hielt ich dies für das Beste. Es war ja auch möglich, dass mich wie die anderen der Tod ereilte.

Die Reise nach Maskat und Abuschehr

Ich war wieder gesund. So bestieg ich am 8. Dezember 1764 ein kleines Kriegsschiff der Ostindischen Handelskompanie, dessen Ziel Maskat war. Bald nachdem wir uns von der indischen Küste entfernt hatten, sahen wir viele kleine Wasserschlangen. Des Abends leuchtete das Seewasser so stark, wie ich es vorher niemals gesehen hatte. Ich vermute, dass dieses Leuchten von Medusen[11] (engl. blubbers) herrührte. Ich sah eine große Menge von diesen Tieren auch an den folgenden Tagen. Vermutlich gibt es auch noch andere Seetiere, die des Nachts leuchten.

11 Quallen.

Am 21. und 22. sahen wir erstaunlich große Heere von Meerschweinen[12], die mit uns gleichsam um die Wette schwammen. Am 22. erblickten wir auch Nâs Kalhát, ein Vorgebirge auf der Küste von Omân, einer Provinz Arabiens. Am 23. kamen wir bis in die Nähe von Maskat. Wir erreichten den Hafen von Maskat aber erst am 3. Januar, da uns Stürme immer wieder in die offene See getrieben hatten.

Am 4. Januar kamen mehrere indische Fahrzeuge in den Hafen. Ich fand auf einem von ihnen zu meiner Verwunderung zwei arme Franzosen, die nach dem Verlust von Pondicherry[13] durch ganz Indien gelaufen und nun Soldaten bei einem indischen Schiffer waren, dessen Fahrzeug nicht einmal ein Deck hatte.

Maskat gehört einem unabhängigen arabischen Prinzen, der sich Imâm von Omân nennt. Die Einwohner dieses Landes, durchweg Mohammedaner, rauchen keinen Tabak, trinken nicht einmal Kaffee und leben sehr mäßig. Der Vornehme kleidet sich hier nicht prächtiger als die Geringeren, außer dass er vielleicht einen feineren Turban auf dem Kopf oder einen kostbareren Säbel hat. Alle hier sind sehr höflich gegen Fremde, welchen sie erlauben, nach ihren eigenen Gesetzen zu leben. Allerdings darf sich der Fremde nur an Weiber wenden, von welchen bekannt ist, dass sie sich auch den Mohammedanern für Geld überlassen. Von diesen liederlichen Weibern wohnt eine große Menge außerhalb der Stadt. Übrigens ist die Polizei hier so vortrefflich, dass man nie von einem Diebstahl hört, obwohl es nicht selten ist, dass Kaufmannswaren viele Wochen lang auf der Straße liegen. Niemand darf in Maskat des Nachts ohne Leuchte auf die Straße gehen. Und damit kein Zoll hinterzogen wird, darf nach Sonnenuntergang kein Boot an Land kommen.

Der Imâm hat in dieser Stadt einen Kommandanten und einen Zolldirektor. Ich nehme an, dass hier etwa 1200 Menschen wohnen. Juden sieht man wenige, Europäer überhaupt nicht.

12 Es waren Schweinswale.

13 Pondicherry, eine französische Besitzung an der Koromandelküste von Britisch-Indien, ging 1762 an die Engländer verloren.

Maskat ist gut befestigt. Auf den steilen Klippen zu beiden Seiten des Hafens, in dem auch die größten Schiffe vor Stürmen sicher sind, befinden sich Kastelle und vortreffliche Kanonen. Die Stadt ist von einer Mauer umgeben, auf der ebenfalls Kanonen stehen. Die Häuser sind alle schlecht. Sogar die Moscheen haben keine Minarette. Die besten Gebäude sind zwei von den Portugiesen erbaute Kirchen. In der einen wohnt der Kommandant, die andere ist jetzt ein Warenlager. Außerhalb der Stadt gibt es viele Gärten mit Dattelbäumen.

Am Fuß eines Hügels befindet sich ein Brunnen, der Maskat mit frischem Wasser versorgt. Dieses wird sehr mühsam von einem Ochsen in einem großen ledernen Sack in die Höhe gezogen, in einen Wasserbehälter geschüttet und durch Rohre in die Stadt geleitet. Auch diese Wasserleitung stammt von den Portugiesen.

Es gibt Reisende, die behauptet haben, es regne in Maskat niemals. Während meines Aufenthalts regnete es täglich. Überhaupt war das Wasser trüb. In den Sommermonaten jedoch, wenn die Sonne hier nahe zum Scheitelpunkt kommt und die Sonnenstrahlen überdies von den kahlen Felsen zurückprallen, ist Maskat eine der heißesten Städte der Welt.

Der Überfluss an Früchten ist in Maskat groß, das Fleisch ist gut, die See liefert Fische in Hülle und Fülle. Unter den Produkten, die von Omân ausgeführt werden, stehen die Datteln an erster Stelle.[14] Hiervon gehen ganze Schiffsladungen nach dem Arabischen Meerbusen und nach Indien.

Noch kein Europäer ist von Maskat landeinwärts gereist. Auch ich hielt es meiner Gesundheit wegen nicht für ratsam, diese Reise zu unternehmen, obwohl man hier, wie man mir in Maskat versicherte, ebenso gefahrlos wie im Königreich Jemen reist. Ich nutzte die Gelegenheit und bestieg ein englisches Schiff, das zum Persischen Meerbusen fuhr. Die Reise in das Innere von Omân überlasse ich jenen, welchen Zeit und Umstände dies erlauben. Es war der 19., als ich Maskat verließ.

---

14 Heute ist Omân ein bedeutender Ölproduzent. Die Rohölförderung beläuft sich auf ca. 750.000 Barrels pro Tag (2012).

Schon am 20. sichteten wir die persische Küste, vom 27. bis zum 31. regnete es heftig. Außerdem veränderte sich der Wind ununterbrochen. Bald hatten wir Windstille, bald Sturm. Von der Gefahr, in welcher wir uns befanden, will ich gar nicht erst sprechen.

Endlich, am 4. Februar, erreichten wir den Hafen von Abuschehr. Weil der Eingang in diesen Hafen sehr schmal ist und unser Schiff sehr groß war, warfen wir etwa 2 Meilen westlich der Stadt Anker.

Bald nach uns ankerte ein zweites englisches Schiff im Hafen. Es war von Basra gekommen, der Kapitän hieß Sutherland. Seine zwei Steuermänner und ein Bootsmann waren Europäer, die Mannschaft bestand aus Indern, einem Spanier und 12 Arabern, die aufzunehmen er gezwungen gewesen war, nachdem er unterwegs viele Leute verloren hatte. Nach der Abfahrt in Richtung Bombay musste Sutherland wegen eines starken Sturmes bei der Insel Käs ankern. Er schickte einen der beiden Steuermänner und ein paar Leute an Land, um Wasser zu holen, und diese Gelegenheit nutzten die Araber, die übrigen Europäer zu ermorden. Der Steuermann, der an Bord geblieben war, wurde auf dem Verdeck erschlagen. Den Kapitän durchbohrten sie mit einer Lanze, und als er nicht gleich tot war, zerfleischten sie ihn mit ihren Säbeln. Der Bootsmann wollte sich verkriechen, doch sie fanden ihn und schlugen ihm den Kopf ab. Der zweite Steuermann wurde bei seiner Rückkehr im Boot erschossen.

Die Araber waren also Herren des Schiffes. Denn die indischen Matrosen und einige armenische Kaufleute hatten sich unten im Schiff verkrochen. Bald merkten die Aufrührer jedoch, dass sie nicht imstande waren, ein so großes Schiff zu dirigieren. So verstauten sie alles Bargeld und die wertvollsten Waren in einem Boot und suchten das Weite.

Die Männer, welche Wasser geholt hatten, fuhren zur Insel Käs zurück und benachrichtigten den dortigen Scheich von dem, was geschehen war. Dieser schickte sofort ein stark bemanntes Fahrzeug aus, das die Flüchtigen nicht lange verfolgen musste. Sie ergaben sich, ohne Widerstand zu leisten. Der Scheich nahm nun nicht nur alles, was sich in dem Boot befand, sondern auch die ganze Schiffsladung in Verwahrung. Den Rebellen ließ er die Köpfe absägen.

Bald darauf forderte ihn sein Herr, der Scheich von Tsjarek, auf, alles abzuliefern. Es blieb ihm nichts übrig, als dem Befehl nachzukommen, und er schickte alles, was er nicht verschwinden lassen konnte, nach Tsjarek. Auch dieser Scheich behielt die Beute nicht allein, er musste sie mit dem Herrn von Ormus, Nasser Khan, teilen. Kurz, alle Barschaften und alle Güter, die sich auf dem englischen Schiff befunden hatten, wurden unter den kleinen unabhängigen Herren an dieser Küste aufgeteilt. Die Eigentümer erhielten nichts.

Abuschehr (die Engländer nennen die Stadt Buscher, auch Buschir) ist gleichsam der Hafen von Schiras. Die Polhöhe der Stadt beträgt nach meinen Berechnungen 28°59'. Im Sommer ist es hier sehr heiß, im Winter regnet es häufig. Während meines kurzen Aufenthaltes in der Stadt gab es viel Regen, einmal auch ein starkes Gewitter mit Hagel. Die Berge, die ich in einer Entfernung von 7 bis 8 Meilen sah, waren mit Schnee bedeckt.

Von Abuschehr werden viele Waren ausgeführt. Diese sind vornehmlich: Seidenstoffe, Ziegenhaar, Rhabarber, Arzneiwaren, Rosenwasser und Wein. Der bedeutendste Kaufmann in der Stadt ist ein Engländer namens Jervis.

Die Reise von Abuschehr nach Schiras

Zur Zeit meiner Anwesenheit rüstete Herr Jervis eine Karawane aus, die eine große Menge Waren nach Schiras bringen sollte. Ich schloss mich dieser Karawane an. Bei dieser Gelegenheit versammelten sich noch verschiedene andere Reisende, teils kleine Kaufleute, teils arme armenische Familien, die Persien wegen der Kriegswirren verlassen hatten und nun in ihr Vaterland zurückkehren wollten. So entstand eine große Karawane (der persische Name ist Kafle). Wir brachen am 15. auf.

Ich hatte gewiss allen Grund, nach Europa zurückzukehren, doch wollte ich mir eine solche Gelegenheit, nach Schiras zu

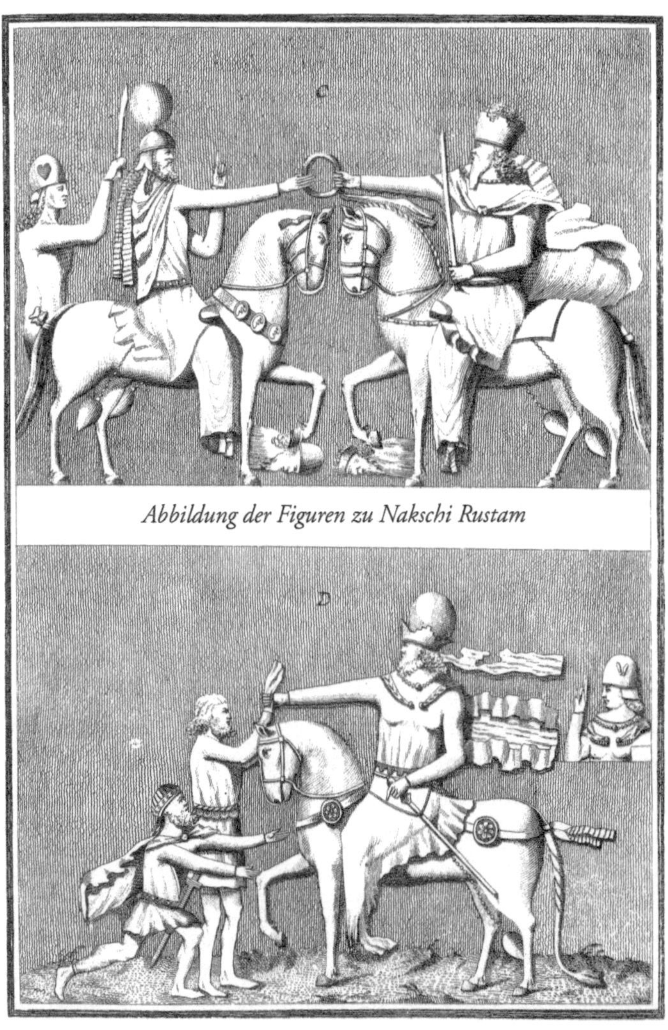

Abbildung der Figuren zu Nakschi Rustam

kommen und die Ruinen von Persepolis zu sehen, nicht entgehen lassen. Persepolis ist ja nur zwei Tagereisen von Schiras entfernt.

Am ersten Tag kamen wir bis Tänkesir. Hin und wieder sahen wir Dattelgärten. Das Land, von Natur aus sicher fruchtbar, war wenig bebaut. Da in Persien zu dieser Zeit ununterbrochen Krieg geführt wurde (jeder kämpfte gegen jeden), nahmen sich die Bauern nicht viel Mühe. Ihre Felder wurden ja doch zerstört, oder es wurde die Ernte weggeführt.

In unserer ganzen Kafle gab es kein einziges Kamel. Die meisten Waren wurden von Eseln befördert. Einige Kaufleute hatten auch Pferde beladen. Wer viel Geld hatte, ritt zu Pferd, wer weniger Geld hatte, ritt auf einem Esel. Die anderen gingen zu Fuß. Unter meinen Reisegefährten befand sich ein armenischer Kaufmann, der sich ein paar Jahre in Italien aufgehalten hatte und sich europäisch kleidete, um für einen Europäer gehalten zu werden. Die Gesellschaft dieses Mannes war mir sehr nützlich und angenehm, da er für mich dolmetschen konnte, wenn ich mit Persern sprach.

In der folgenden Nacht zog eine große Herde von Wildschweinen an unserem Lager vorüber. Aber keiner von den Christen in unserer Karawane gab sich die Mühe, ein Wildschwein zu schießen. Er hätte es ja doch nicht ins Lager bringen können, ohne sich der Verachtung der Mohammedaner auszusetzen. Die Perser sind übrigens Fremden gegenüber viel höflicher als die Türken und Araber, man nennt sie also zu Recht die Franzosen des Orients. Unangenehm ist nur, dass sie mit keinem indischen Heiden, keinem Feueranbeter, keinem Christen oder Juden, ja nicht einmal mit einem Mohammedaner von einer anderen Sekte essen oder trinken, weil sie alle für unrein halten.

Am 17. setzten wir unsere Reise fort. Wir sahen wieder viele Dattelbäume, später dann kleine, schäbige Hütten, deren Dächer aus Matten bestanden. Am Abend stießen wir auf eine Schafherde. Der Schäfer, ein Kurde, blies eine türkische Flöte. Diese war aus Rohr und hatte fünf Löcher, alle auf derselben Seite.

Ich hatte abends meinen Diener fortgeschickt, um Futter für mein Pferd zu kaufen. Also kochte ich selbst. Als ich ein Huhn schlachten wollte, hatte ich das Gesicht zufällig nach Westen gewendet. Sofort stürzten ein paar Armenier herbei und machten mich in drohendem Ton darauf aufmerksam, dass ich als Christ beim Schlachten eines Tiers nicht nach Mekka, sondern nach Osten blicken müsse. Diese Drohung war für mich Grund genug, solch ein Geschäft in Zukunft lieber meinem Diener zu überlassen, der ein Mohammedaner war.

Leibesübungen der Perser

Am 19. Februar starb ganz plötzlich ein Eseltreiber. Sein Bruder, der gleichfalls ein Eseltreiber war, war wegen dieses Todesfalles so betrübt, dass er die ganze Nacht hindurch pausenlos heulte und schrie. Dabei schlug er sich bald auf den Kopf, bald auf die Brust, bald auf die Beine. Niemand nahm Anteil an seiner Trauer.

Am 21. kamen wir zu einer Wassermühle. Solch eine Maschine hatte ich weder in Ägypten noch in Arabien gesehen. Das Wasser wurde auf einer 7 Fuß hohen Mauer von einem Berg, der ziemlich weit entfernt war, zu der Mühle geleitet und war hier noch so warm, dass Dampf in die Höhe stieg.

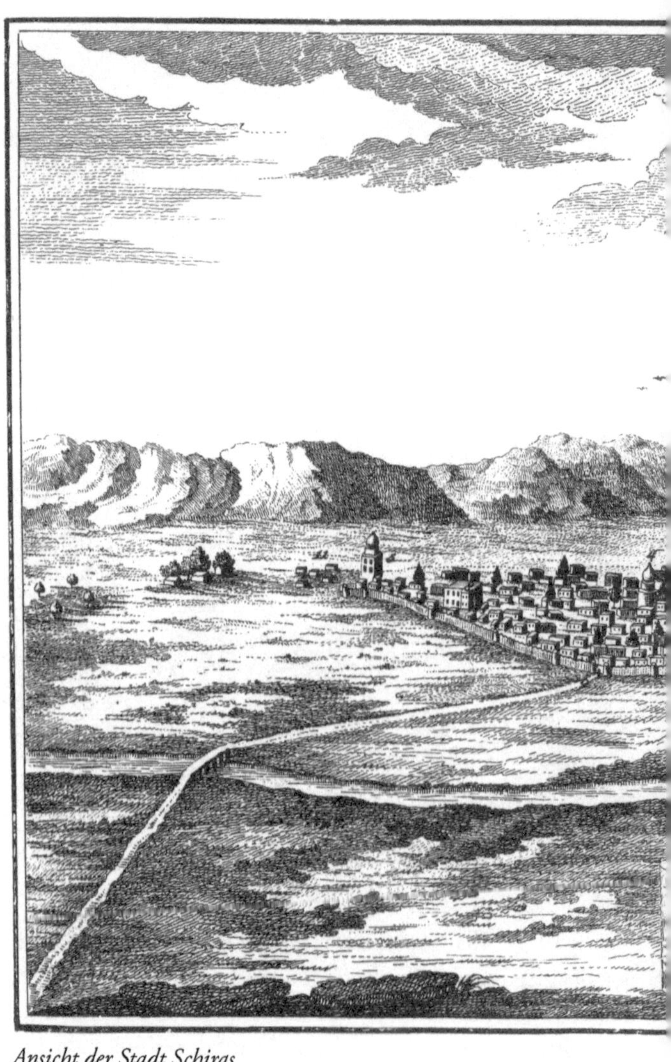

Ansicht der Stadt Schiras

Von hier an wurde der Weg sehr schlimm. Er wand sich zwischen Felsen hindurch und wurde bald so schmal, dass ein beladener Esel kaum durchkommen konnte. Auf diesem Weg sahen wir viele Gerippe von Pferden und Eseln, die hier gestürzt waren. Auch ein beladener Esel von unserer Karawane stürzte

und brach sich den Hals. Der Besitzer zog ihm sogleich das Fell ab und verkaufte es in kleinen Stücken an seine Kameraden, die noch an diesem Tag Schuhe daraus machten. Als wir diesen Weg endlich hinter uns hatten, mussten wir noch einen kleinen Fluss passieren.

Am Nachmittag sahen wir einen großen Zug Heuschrecken. Es war aber nicht die Zugheuschrecke, die man so oft in Arabien sieht und die dort gegessen wird. Es waren dies dicke Tiere mit einem grünlichen Kopf und schwarzen Flecken auf dem Leib.

Je mehr wir uns Schiras näherten, desto kälter wurde es. Immer wieder erblickten wir Berge, die ganz mit Schnee bedeckt waren. Bisweilen stießen wir auf heiße Quellen und Ruinen von Wasserleitungen. Am 25. kamen wir zu einem Lager der Turkmenen (Turktataren). Ich besuchte dieses Lager. Diese Menschen leben ebenso wie die arabischen Nomaden. Ihr Besitz besteht aus Kamelen, Pferden, Kühen und Schafen. Aus den Schaffellen machen sie Mützen und auch ganze Pelze. Die Weiber scheuten sich nicht, mir ihr Gesicht zu zeigen. Sie sollen sehr arbeitsam sein und jene kleinen Teppiche verfertigen, von welchen jährlich so viele aus Persien ausgeführt werden.[15] Die Turkmenen haben auch Diener. Sie geben ihnen anstatt des Lohns jährlich 12 Schafe.

Die Mohammedaner in unserer Kafle fasteten seit dem Beginn des Ramadan. Sie aßen tatsächlich von Sonnenaufgang bis Sonnenuntergang nichts, was natürlich sehr beschwerlich war. Dafür fraßen sie in der Nacht unmäßig, wenn sie dazu Gelegenheit hatten. Am 25. begann auch das große Fasten der morgenländischen Christen, die während der Fastenzeit weder Fleisch noch Fische, Milch und Butter essen dürfen. Das gilt sogar für die Kinder. Man nahm es mir übel, als ich einem dreijährigen Knaben eine Schale Milch geben wollte.

Am 27. Februar führte der Weg über einen hohen Berg, am 28. an Hügeln vorüber, die mit wilden Mandelbäumen und Eichen bedeckt waren. Es regnete jetzt pausenlos. Deshalb mietete ich, nachdem wir das Dorf Romchun erreicht hatten, ein Haus und ließ meinen Diener Feuer machen. Als ich das Haus nur ein einziges Mal verließ und zurückkam, saß rings um das Feuer ein ganzer Harem. Es blieb mir nichts anderes übrig,

15 Die Turkmenen, inzwischen sesshaft geworden, verfertigen heute noch kostbare Teppiche. Sie sind Mohammedaner geblieben (auch in der UdSSR), also polygam. Früher tauschten sie Schafe gegen Frauen, jetzt müssen diese käuflich von ihnen erworben werden (Kaufehe).

als gute Miene zu diesem unverschämten Spiel zu machen, hätte ich die Weiber vertrieben, würde man mir wohl übel mitgespielt haben. Mir blieb in dem Haus nur eine vom Feuer entfernte Ecke, wo ich erbärmlich fror.

Am Morgen erhob sich ein starker Sturm, es regnete, hagelte und schneite. Da das Haus keine Fensterläden besaß und das Dach schadhaft war, wurde es in seinem Innern immer ungemütlicher. Wir erfuhren, dass ein kleiner Fluss, den wir passieren mussten, durch die Regenfälle so stark angeschwollen sei, dass unserer Reise zunächst ein Ende gesetzt war.

Erst am 2. März konnten wir weiter. Es war bitterkalt, und ich frohlockte, als wir am 4. März endlich Schiras erreichten. Wir hatten für die Reise von Abuschehr nach Schiras nicht weniger als 18 Tage gebraucht.

In Schiras und Persepolis

Ich wohnte in Schiras bei einem jungen englischen Kaufmann namens Hercules, der hier die Geschäfte des Herrn Jervis besorgte. Herr Hercules hatte es in der Stadt nicht leicht, da ihn die Mohammedaner, wie jeden Christen, für unrein hielten und den Umgang mit ihm mieden. Nur einige wenige vornehme Kaufleute besaßen dieses Vorurteil nicht. Auch ich hatte es in Schiras schwer. Der Pöbel folgte mir überallhin und beobachtete mich, von Misstrauen erfüllt.

Die Stadt Schiras liegt in einer großen, überaus fruchtbaren Ebene und ist von einer Mauer aus ungebrannten Ziegelsteinen und einem tiefen Graben umgeben. Mitten in der Stadt gibt es Kornfelder, Wein- und Obstgärten. Der Gouverneur der Stadt ist Sadik Khan. Man nennt den Gouverneur hier Beglerbeg (das bedeutet: Herr der Herren).

Ich bat Herrn Hercules, mir eine Audienz bei Sadik Khan zu ermöglichen. Vorerst machte er mir nicht viel Hoffnung, am 5. März hörte ich dann aber, dass der hohe Herr bereit sei, mich zu empfangen. Herr Hercules und ich nahmen den Weg zu der Residenz zu Pferde, ein Dolmetscher und vier Diener gingen zu

Ansicht der Ruinen von Persepolis

Fuß vor uns. Als wir durch die Marktstraße ritten, wurden wir mit Schmährufen bedacht. Auch drohend erhobene Stöcke sahen wir.

Der Palast des Beglerbegs liegt auf einem großen Platz und ist von Kornfeldern umgeben, in deren Mitte ein Springbrunnen steht. Wir wurden in einen Saal geführt, der nach einer Seite ganz offen war. Der Boden war mit Teppichen bedeckt. Der

Beglerbeg saß am Ende dieses Saals auf einem einfachen Stuhl und gab dem Zeremonienmeister, der uns empfangen hatte, einen Wink, uns zu ihm zu führen. Hier gab es weder einen Handkuss noch einen Kuss auf das Knie. Wir wechselten mit dem Beglerbeg ein paar bedeutungslose Worte, dann erhielt der Zeremonienmeister den Befehl, uns den Palast zu zeigen.

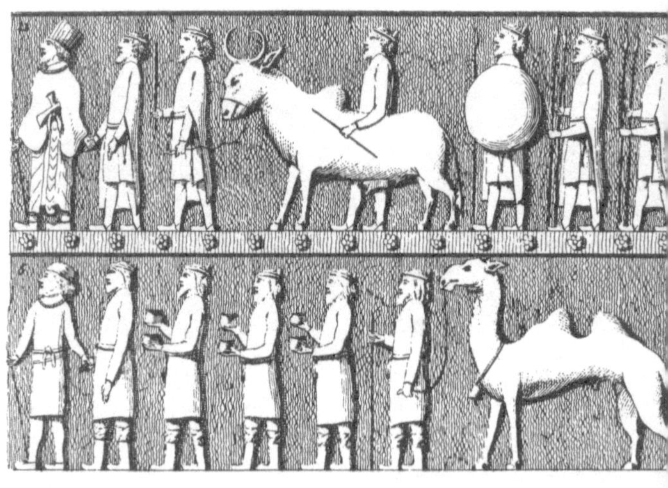

Abbildung der übrigen Figuren an der Wand

Im Audienzsaal waren die Wände aus Marmor, auf dem Boden lag ein kostbarer Teppich neben dem anderen, an den Wänden hingen venezianische Spiegel und – ich staunte nicht wenig – Gemälde.

Abgebildet waren Frauen in persischer Tracht, eine bis zum Nabel nackt, eine andere, die im Bade saß, völlig unbedeckt. Ich fragte

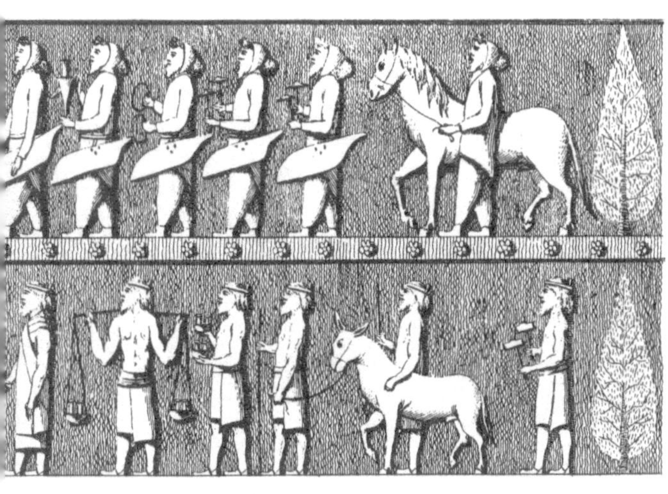

den Zeremonienmeister, woher diese Gemälde stammten. Er meinte, sie seien vor unzähligen Jahren auch aus Venedig gekommen.

Anschließend wurden wir in den Harem geführt, der noch nicht ganz fertig und daher auch nicht bewohnt war. Die Räume hier waren alle sehr klein, aber schön ausgestattet. Überall hingen Spiegel, der Boden war aus Spiegelglas. Die Glasscheiben

in den Fenstern waren bunt gefärbt. Dieses Glas wird in Schiras verfertigt. Man erzählte mir, die Perser hätten diese Kunst von einem Venezianer gelernt, der in Murano ein großer Meister gewesen und durch einen Zufall hierher verschlagen worden war.

Das Glas, das in Schiras angefertigt wird, ist weiß und gut. Auch die Weinflaschen sind von guter Qualität. Da das Glas sehr dünn ist, müssen die Flaschen durch ein Rohrgeflecht geschützt werden. Da und dort sieht man auch bemalte Trinkgefäße aus Glas. Diese sind aber sehr teuer.

Tags darauf sah ich bei einem der Stadttore Kanonen. Sie lagen auf plumpen, schlechten, dreiräderigen Lafetten. Wie ich erfuhr, waren sie unter der Aufsicht eines Georgiers gegossen worden, der bei den Russen gedient und später den mohammedanischen Glau-

Priesterdarstellung zu Persepolis

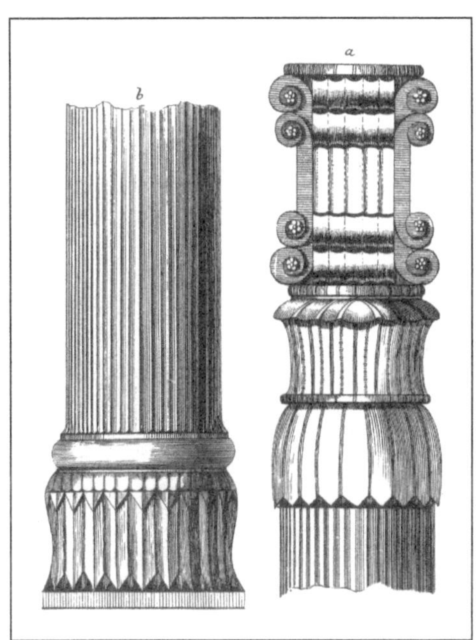

Säulen zu Persepolis

ben angenommen hatte. Diese Kanonen werden, wenn eine Armee aufbricht, in kleine Stücke zersägt und dann vor der Stadt, die belagert wird, von Neuem gegossen. Die Kugeln sind aus Kupfer.

Am 12. März reiste ich, von einem Diener begleitet, nach Persepolis. Um den Ruinen, die ich mehrmals besuchen wollte, nahe zu sein, nahm ich in dem kleinen Dorf Merdast Quartier, von wo aus man Persepolis in einer Stunde erreichen kann. Ich wohnte beim Kalantâr (Dorfvorsteher), der mir eine Kammer in einem kleinen Haus vermietete, in welchem Reisende zu logieren pflegen.

Persepolis, die spätere Hauptstadt Persiens, wurde von Dareios I. (522–486 v. Chr.) erbaut und von Alexander dem Großen im Jahre 330 v. Chr. geplündert und niedergebrannt. Nach der Zerstörung wurden die Baumaterialien nach neuen Städten

Palastruinen zu Persepolis

gebracht, viel wurde auch vom Sand begraben. Dennoch ist das, was übrig geblieben ist, bewunderungswürdig. Man ersieht daraus, dass die Perser lange vor den Griechen die Bau- und Bildhauerkunst auf einen hohen Grad gebracht hatten. Was ich am meisten bewunderte, war: die Apadama (Audienzsaal), der Thronsaal, in dem 100 Säulen standen, die Felsengräber von 7 Königen, darunter Dareios und Xerxes, eine Terrasse mit einer breiten steinernen Treppe und die Torwege, Säulen, Pfeiler, steinerne Fensterrahmen, Skulpturen, Keilinschriften.

Ich verbrachte eine ganze Woche bei den Ruinen und arbeitete eine genaue Beschreibung aus. Auf zahllosen Blättern hielt ich die Lage der einzelnen Gebäude fest, schilderte die vielen Statuen und Reliefs und versuchte zu deuten, was sie wohl darstellten. So entstanden 39 Tafeln mit Ansichten und Grundrissen. Auch die Keilschriften kopierte ich. Hier waren Hunderte von Zeilen zu kopieren, die für mich unlesbar waren, in der grellen Sonne eine schwere und ermüdende Arbeit.[16]

16 Hier leistete Carsten Niebuhr eine Arbeit, die epochemachend war. Denn die Entzifferung der altpersischen Schrift durch den deutschen Philologen Georg Friedrich Grotefend (1775–1853) und den dänischen Sprachforscher Rasmus Kristian Rask (1787–1832) war

Nach diesen für mich beschwerlichen Tagen – meine Augen schmerzten arg – kehrte ich nach Schiras zurück. Mein nächstes Ziel war Abuschehr. Dort musste ich bis zum 30. Mai auf ein Schiff warten, das mich nach Charedsch[17] bringen sollte.

In Charedsch

Die Stadt Charedsch, welche die Holländer erst vor wenigen Jahren angelegt haben (sie verloren sie noch vor meiner Ankunft an die Engländer) liegt unter der Polhöhe 29°15'. Noch sieht man die großen Lager, in welchen die Holländer die Fracht der aus Batavia kommenden Schiffe aufbewahrt hatten. Diese Gebäude und die Häuser der holländischen Kaufleute, alle aus Stein erbaut, sind schon vom Verfall gezeichnet. Es wohnen nun hier vor allem Perser und Araber, die sich vom Fischfang ernähren. Auch afrikanische Kaffern sieht man hier, die nach Charedsch verkauft wurden. Ihr Gottesdienst besteht aus Tanzen, meistens nach Trommeln und anderen schlechten Instrumenten. Beim Tanzen binden sie sich Kerne der Mangofrucht um die Beine, und jener, der am besten mit den Füßen stampfen und den größten Lärm machen kann, gilt als der Andächtigste. Diesen Tanz vollführen sie auch beim Tod eines Freundes, bei der Geburt eines Kindes und bei Hochzeiten.

Von dem Aberglauben der hiesigen Bevölkerung muss ich noch Folgendes berichten: Vor einigen Jahren erschoss ein Soldat seinen Unteroffizier. Der Soldat wurde, nachdem ihm eine Hand abgehauen worden war, aufgeknüpft. Zur Verwunderung der Holländer stürzten, kaum dass der Missetäter seine Hand verloren hatte,

---

nur durch Niebuhrs Kopien möglich. Niebuhr war der Erste, der es verstand, die einzelnen Buchstaben auseinanderzuhalten, und ihm gelang es als Erstem, ein Keilschriftalphabet von 42 verschiedenen Buchstaben zu erarbeiten. Ohne Zweifel trug die anstrengende Arbeit in Persepolis mit dazu bei, dass er im hohen Alter erblindete.

17 Charedsch, auch Charak, ist heute der mit Abstand wichtigste Verladeplatz für das iranische Rohöl. Seit 1958 zu einem Hafen für Supertanker ausgebaut, hat die Insel mit 10 Schiffsliegeplätzen die größte Erdölverladebrücke der Welt.

eine Menge Weiber herbei und rauften im Sand um das vergossene Blut. Sie glaubten, dass sie schwanger werden würden, wenn sie ihre Lippen auch nur mit einem einzigen Blutstropfen benetzten.

Die Insel hat im Umkreis 4 bis 5 deutsche Meilen. Dass sie ehemals ganz mit Wasser bedeckt war, geht daraus hervor, dass die Berge und Hügel, die sich mitten im Landesinnern erheben, aus Korallen und Muscheln bestehen. Es wachsen auf ihr schöne Weintrauben, Feigen, Datteln und andere Früchte. Man findet hier auch Perlen. Ich erwarb eine Muschel und hatte das Glück, dass sich in ihr eine große Perle befand.

Auf Charedsch ist es im Sommer sehr heiß, doch ist der Nordwestwind, der von der Wüste kommt, trocken und erfrischend. Der Südostwind, der gottlob selten weht, ist so feucht, dass die Bettlaken des Morgens bisweilen so nass sind, dass man sie auswinden kann.

Dieser starke Tau ist die Ursache vieler Augenkrankheiten. Auch ich blieb davon nicht verschont.

Ich verließ Charedsch am letzten Julitag gegen Abend. Der Wind war so günstig, dass wir schon in der Nacht vom 1. zum 2. August bei der Mündung des Schatt el-arab ankamen. So heißt von Korna an der große Strom, der durch den Zusammenfluss von Euphrat und Tigris entsteht. Hier sahen wir überall Dattelgärten. Weitere günstige Winde brachten uns rasch nach Basra.

In Basra

Die Stadt Basra liegt unter der Polhöhe 30°30' an der Westseite des Schatt el-arab. Sie ist groß, nicht stark bebaut, sondern voller Dattelgärten, besitzt also viel Ähnlichkeit mit der ehemaligen Stadt Babylon. Felsen und Steine findet man hier überhaupt nicht, sie sind ebenso kostbar wie das Brennholz. Die Stadt ist von unzähligen kleinen Kanälen durchzogen, die alle mit dem großen Fluss verbunden sind. Weder vorher noch nachher sah ich eine schmutzigere Stadt der Mohammedaner. Auf den Straßen, die nicht gepflegt sind, liegt der Unrat oft so hoch, dass man kaum weiterkommen kann.

Dicht unter der Mauer von Basra fängt schon die große Wüste an. Der Boden könnte auch hier fruchtbar sein, wenn man Kanäle graben würde. Doch das tut niemand. Man lebt hier gut vom Handel mit Kaffee, der über Haleb nach Venedig und Livorno gebracht wird. Vor allem jedoch wird Basra durch die Ausfuhr von Datteln reich.[18] Man findet in keinem Ort der Welt so viele Dattelsorten wie hier. Die Araber teilen sie, wie ihre Arzneimittel, in kalte und heiße ein. Erstere halten sie für gesund, Letztere für ungesund. Doch das besagt nicht mehr, als dass die kalten Datteln besser als die heißen schmecken und daher teurer sind. Man macht aus den Datteln hier auch einen Sirup, den die Araber mit Brot essen. Selbst die Dattelkerne werden nicht weggeworfen, sie sind Nahrung für das Vieh. Aus einem einzigen Kern wächst ein neuer Baum.

Nun ein Histörchen, das man von einem Araber zu Basra erzählt: Dieser Araber, ein Soldat, sah, dass ein Schiffer einen Blick auf seine Uhr warf. Er wollte das Ding sehen, und als er merkte, dass es sich bewegte, steckte er es rasch in einen Eimer voll Wasser, um das vermeintliche Tier zu ersäufen. Als die Uhr dennoch weiterging, schleuderte er sie auf den Boden. Dadurch sprang zwar das Gehäuse ab, doch das Uhrwerk lief weiter. Das erschreckte den Araber so sehr, dass er die Uhr über Bord warf.

In Basra stieß ich zum ersten Mal auf die Einrichtung der Taubenpost.[19] Kaufleute lehren diese Tiere, Nachrichten dahin und dorthin zu überbringen. Nachrichten senden sie auf diese Weise vor allem aber dann ab, wenn sie von einer Reise glücklich zurückgekehrt sind. Am verlässlichsten, sagte man mir, sind Tauben, die zu Hause Junge haben.

---

18 Basra hat jetzt etwa 2 Mio. Einwohner und ist der bedeutendste Seehafen des Irak. Rings um die Stadt breitet sich das größte Dattelanbaugebiet der Welt aus.

19 Brieftauben kannten die Griechen schon im 5. Jh. Die Römer benutzten sie zu Cäsars Zeit. Im Morgenland hatte der Sultan Nur ed-din Mahmud in allen ihm unterstehenden Gebieten Stationen, in welchen sich Brieftauben befanden. Kreuzfahrer brachten sie vom Orient nach Deutschland. Wilhelm von Oranien und Napoleon bedienten sich ihrer im Krieg.

Die Reise von Basra nach Bagdad

Man kann sowohl auf dem Tigris als auch auf dem Euphrat von Basra nach Bagdad fahren. Die erstgenannte Reise dauert länger, da der Tigris viele Krümmungen hat. So reist man auf dem Euphrat und auch da nur bis Helle.[20] Von dort legt man den Rest des Weges nach Bagdad auf dem Land zurück.

Ich mietete eine Kajüte auf einem kleinen Schiff, das Waren nach Helle brachte. Für meinen Diener nahm ich eine kleine, vorne offene Kammer. Als ich an Bord kam, traf ich einen schwerkranken Offizier der Janitscharen an, der auch nach Helle wollte. Das war nun freilich ein sehr unangenehmer Reisegesellschafter, ich wusste ja auch nicht, von welcher Krankheit er befallen war. Aber da ich im Voraus bezahlt hatte, wollte ich das Schiff nicht verlassen. Mein Bedienter, ein Mohammedaner aus Basra, ließ sich dann dazu überreden, ihm seine Kammer zu überlassen. So konnte ich abwarten, was die Vorsehung beschlossen hatte. Nur zu leicht konnte es sein, dass der Offizier Aleppobeulen hatte, also eine ansteckende Hautkrankheit.

Schließlich verließ ich aus Angst, angesteckt zu werden, das Schiff schon in Lamlun. Bis dorthin hatten wir 21 Tage, also sehr lange, gebraucht, dies vor allem deshalb, weil das Schiff infolge des niedrigen Wasserstands oft auf Grund geraten war. Dann hatten die armen Matrosen ins Wasser steigen und stundenlang arbeiten müssen, um das Gefährt wieder in die Strömung zu bringen.

Die Bewohner der Dörfer an den Ufern des Euphrat sind geschickte Schwimmer und ebenso geschickte Diebe. Die Schiffer sind auch hier, wie in Ägypten, so nachlässig, dass sie des Nachts nicht Wache halten. So können die Räuber bisweilen unbemerkt an Bord kommen. Dann raffen sie – die Reisenden schlafen – alles zusammen, was sie erreichen können, und springen ins Wasser. Mir wurde auf der Fahrt von Basra nach Lamlun ein Waschbecken gestohlen.

---

20 Das heutige Hillah.

Die Häuser und Hütten in dieser Gegend sind alle sehr schlecht. Viele Bewohner sterben hier an der Pest. Die angrenzende Wüste ist voll von Löwen und Schakalen. Dort leben auch Nomaden, die dem Pascha tributpflichtig sind. Doch sie zahlen nur selten und flüchten ins Innere der Wüste, wenn der Pascha Soldaten nach ihnen ausschickt. Werden sie ergriffen, wird allen der Kopf abgeschlagen. Das ist in dieser Provinz eine Strafe, die gang und gäbe ist.

Lamlun, ein großes Dorf, das ich am 19. Dezember erreichte, ist die Residenz eines Scheichs, der nicht besser als seine Untertanen wohnt, nämlich in einer armseligen Hütte aus Rohr. Da ich in Lamlun kein Quartier finden konnte, reiste ich noch an demselben Tag nach Mäschwâra weiter. Begleitet wurde ich von einem armen mohammedanischen Geistlichen, dem ich dafür, dass er mir Gesellschaft leistete, ein wenig Geld gegeben hatte. In Mäschwâra sah es nicht besser als in Lamlun aus. Auch dort residierte ein Scheich. Dieser stellte mir eine kleine Hütte aus Rohr zur Verfügung, in der zwei Personen gerade noch liegen konnten. Da jedoch seine Behausung weit schlechter war, durfte ich mich nicht beklagen. Dieser Scheich hatte mir für den nächsten Tag Pferde versprochen. Doch die Pferde kamen nicht. Dadurch war ich gezwungen, noch eine Nacht zu bleiben.

Der Scheich gefiel mir nicht. Er kam in meine Hütte, wann immer es ihm möglich war, und warf begehrliche Blicke auf mein Gepäck. Um nicht bestohlen zu werden, entschlossen wir uns, des Nachts wechselweise Wache zu halten und auch ein Licht brennen zu lassen. Doch mein Diener, der nicht daran gewöhnt war, nachts zu wachen, schlief ein. Aber ich wurde wach, als irgendwer versuchte, eines meiner Gepäckstücke durch ein Loch in der Hüttenwand zu ziehen. Ich schlug Lärm und – sofort war der Scheich da. Er lief aufs Feld hinaus, um den Dieb zu suchen, kam aber ohne Dieb zurück. Am nächsten Tag waren die Pferde da. Der Scheich hatte ja nicht mehr hoffen können, mich im Schlaf zu überraschen. Ich gab ihm zum Abschied ein kleines Geschenk.

Am 21. reiste ich bis Rumahîe. Auf dem Weg sah ich keine einzige Moschee, wohl aber Gräber vermeintlicher Heiliger.

Der Boden ist hier überall sehr fruchtbar. Einmal sah ich in der Ferne Beduinen, die in die Wüste hineinzogen. Diese leben hier davon, Kamele, Pferde, Kühe und Büffel zu züchten. Den Ackerbau überlassen sie den sesshaften Bauern.

Rumahîe ist eine weitläufig gebaute Stadt mit etwa 400 Häusern. Sie ist von einer Mauer umgeben, die da und dort so große Löcher hat, dass man bequem durchkriechen kann. Ich sah eine große Moschee und ein hübsches öffentliches Bad. Die Einwohner leben hier vom Ackerbau und von ihren Dattelgärten. Sie sollen sehr reich sein.

Ich wohnte in Rumahîe bei einem Mulla.[21] Dieser besuchte mich oft zusammen mit seiner Schwiegermutter und seiner Frau, um etwas von den Sitten der Europäer zu hören. Es gefiel ihm gar nicht, dass ein Christ nur eine Frau haben darf. Er besaß vier und lebte auf ihre Kosten. Denn jede dieser Frauen hatte ein Haus und einen Dattelgarten in die Ehe mitgebracht. »Ich selber habe kein Haus und brauche auch keines«, sagte er, »denn ich kann bei meinen Frauen essen und bequem wohnen.«

Am 22. Dezember reiste ich nach Mesched Ali.[22] Auf dem Weg dorthin sah ich mehrmals, wie Tote ausgegraben wurden. Auf meine Frage, was dies zu bedeuten habe, antwortete man mir, die Toten würden nach Mesched Ali gebracht. Den Einfall, auf diese Weise zu Geld zu kommen, hatte ein Scheich, der den Leuten weismachte, die Toten würden in Mesched Ali besser ruhen. Wer reichlich zahlte, erhielt ein Grab in der Nähe der Moschee, wer mittelmäßig zahlte, bekam ein Grab nahe der Stadtmauer, wer wenig Geld hatte, konnte für seinen Verwandten ein Grab bekommen, das sich außerhalb der Stadtmauer befand. Ich erfuhr, dass in den letzten Jahren 2000 Tote ausgegraben worden waren. Fürwahr, für den Scheich ein einträgliches Geschäft!

Die größte Sehenswürdigkeit in Mesched Ali ist die Moschee, die über dem vermeintlichen Grabe des Kalifen Ali[23] erbaut wur-

---

21 Mohammedanischer Geistlicher.

22 Das heutige Nejaf.

23 Ali ibn Alu Talib, der 4. Kalif (etwa 602–661), war der Vetter und Schwiegersohn Mohammeds.

de. Auf keinem Gebäude der Welt befindet sich ein so kostbares Dach wie auf diesem Tempel. Es ist aus schwer vergoldetem Kupfer, und wenn die Sonne darauf scheint, ist das ein prachtvoller Anblick. Oben auf der Kuppel ist kein Halbmond, sondern eine geöffnete Hand, die Hand Alis, zu sehen. Vor dem Tempel liegt ein großer Platz, auf dem täglich Markt gehalten wird. Auf der anderen Seite stehen die Häuser der vornehmsten Bediensteten der Moschee. Es sollen über hundert sein. Vor dem Eingang lungern Derwische umher, die dem abergläubischen Volk mit allen möglichen Versprechungen das Geld aus der Tasche ziehen.

Es war für mich schon ein Wagnis gewesen, mich diesem für heilig gehaltenen Ort zu nähern. Den Tempel zu betreten, wagte ich nicht. Hätte ich das getan, würde man mich entweder in Stücke gerissen oder gezwungen haben, Mohammedaner zu werden. So teuer wollte ich aber meine Neugier nicht bezahlen. Außerdem konnte mir mein Reisegefährte schildern, wie die Moschee innen aussieht.

Auch die Kuppel ist vergoldet. Sprüche aus dem Koran – die Buchstaben sind aus Email – schmücken sie. Auf den Wänden sind goldene Buchstaben zu sehen. Auf dem Boden stehen große goldene und silberne Leuchter, die mit Edelsteinen besetzt sind. Als besondere Kostbarkeit wird ein mit Edelsteinen von unschätzbarem Wert besetztes Messer gerühmt, das am Grab des Sultans Ali hängt. Ich hörte noch von so vielen anderen Prunkstücken, dass mir die Geschichte glaubhaft erscheint, die man von einem Araber erzählt, der nach Mesched Ali gepilgert war und die Moschee betreten hatte. Er blieb beim Eingang wie erstarrt stehen und sagte, als man ihn aufforderte, endlich zu beten: Wahrlich, ich habe über all diesen Kostbarkeiten vergessen, an Gott zu denken.

Dieser große Schatz wird vom Mutawélli (Vorsteher der Moschee) und vom Hâkem, dem Gouverneur der Stadt, verwaltet. Der Pascha zu Bagdad schickt alljährlich einen hohen Offizier hierher, der nachsieht, ob noch alle Stücke vorhanden sind. Man kann nicht behaupten, dass jemals etwas gestohlen wurde, doch sollen manche wertvollen Stücke gegen wertlose vertauscht worden sein. Dies haben gewiss die Türken getan, wobei sie sich vor ihrem Gewissen damit verantworten, so viel Prunk habe ihre Andacht gestört.

Am 25. Dezember reiste ich zunächst nach Kefîl. Kefîl ist der arabische Name von Hesekiel, dessen Grab hier jährlich von vielen Juden besucht wird. Dieser Prophet besitzt keine Schätze. Würden sie ihm die Juden bringen, hätte er sie nicht lange, da sie von den Mohammedanern gestohlen werden würden. Die Juden müssen damit zufrieden sein, dass man ihnen erlaubt, nach Kefîl zu wallfahrten. In der Jahreszeit, in der sie sich hier einfinden, kommen auch viele Araber hierher und verlangen von ihnen Geschenke. Erfüllen sie die Wünsche der Araber nicht, ergeht es ihnen schlecht. Die Juden sind so feig, dass zehn Araber dreißig Juden einschüchtern können. Deshalb sind die Araber derart unverschämt.

Von Kefîl reiste ich noch an demselben Tag nach Helle weiter. Am 26. blieb ich in Helle. Von dort begab ich mich nach Mesched Hussein, einer Stadt, die bei den Mohammedanern unter dem Namen Kerbela berühmt ist. Bei Kerbela fand Hussein, der zweite Sohn des Kalifen Ali, der sich gegen den aus Syrien kommenden Omaijaden Jesid I. erhoben hatte, um den Irak zu befreien, im Jahre 680 den Tod. Sein Todestag ist hier alljährlich Trauertag.

Kerbela war zu der Zeit, da Hussein und viele seiner Gefährten in seiner Nähe den Tod fanden, noch unbewohnt. Nach der Schlacht wurde die Gegend urbar gemacht, Dattelgärten wurden angelegt. Die Moschee steht in der später erbauten Stadt genau an der Stelle, wo der Körper dieses Enkels Mohammeds von Pferden zertreten und begraben wurde.

Man sieht in der Stadt noch viele andere Moscheen. Eine davon wurde für Abbâs, den Halbbruder Husseins, erbaut, der als Märtyrer verehrt wird. Als Hussein großen Durst litt, ließ Abbâs in Cheima Káa (einem Ort, den ich gleich wieder erwähnen werde) nach Wasser graben. Da er kein Wasser fand, ritt er eine Stunde lang nach Norden und füllte dort seine Kürbe (Ziegenfell). Auf dem Rückweg stieß er auf feindliche Reiter, die ihm das Wasser abnehmen wollten. Dabei wurde ihm eine

Hand abgehauen. Er ergriff nun die Kürbe mit der anderen Hand, worauf er auch diese verlor. Zuletzt nahm er die Kürbe zwischen die Zähne, doch einer der Feinde schoss einen Pfeil hinein, und das Wasser wurde verschüttet. Abbâs kehrte zurück, todtraurig, weil er den Durst seines geliebten Bruders nicht hatte löschen können.

Cheima Káa ist ein großer Garten in der Stadt. Dort, wo Abbâs kein Wasser finden konnte, steht jetzt ein großer Brunnen, der Wasser spendet. Dies sehen die Mohammedaner als Wunder an, und es kommen bisweilen Leute aus Persien, die sich aus Liebe zu Hussein in diesem Brunnen ersäufen und glauben, dass man in Zukunft auch sie als Märtyrer ansehen wird.

Als ich mich in Mesched Hussein aufhielt, waren zahlreiche Pilger dort. Sie verbrachten die ganze Nacht beim Grabe Husseins. Ich sah mit Verwunderung, mit welcher Andacht die abergläubischen Leute schon die Tür zum Vorhof küssten. Nachher küssten sie die Tür der Moschee. Im Tempel selbst sollen sie nicht nur eifrig den Fußboden küssen, man versicherte mir auch, dass manche aus Trauer über den Tod Husseins ihre Köpfe gegen die Wand und gegen eiserne Gitter schlügen. Ja es gibt sogar solche, die in der Moschee ihr Leben opferten. Dabei schrien und heulten diese Menschen, als wenn Hussein ihr Vater gewesen und soeben gestorben wäre.

Von Mesched Ali kehrte ich nach Helle zurück. Die Stadt Helle liegt unter der Polhöhe 32°28'30" an der Westseite des Euphrat und ist von einer Mauer umgeben. In dieser Stadt steht die Mesched es-schäms, die berühmte Sonnenmoschee. Sie erhebt sich dort, wo Ali sein Morgengebet vergaß und die Sonne »ihm zuliebe zwei Stunden später aufging. Der Gouverneur von Helle untersteht dem Pascha zu Bagdad. Der Euphrat ist hier gut 400 Fuß breit. Die Brücke, die ihn überspannt, besteht aus 32 kleinen Schiffen, die durch Ketten miteinander verbunden sind.

Es kann nicht bezweifelt werden, dass Babylon in der Nähe von Helle lag. Denn nicht nur die Einwohner nennen diese Gegend noch bis zum heutigen Tag Ard Babel, sondern man findet hier auch noch Überreste einer alten Stadt, die keine

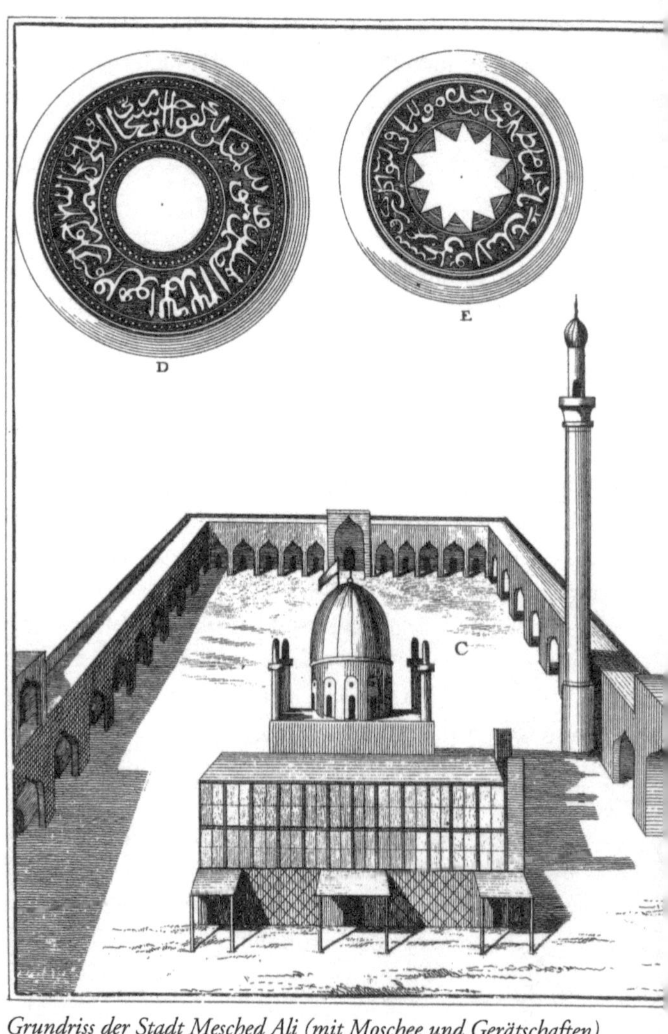

Grundriss der Stadt Mesched Ali (mit Moschee und Gerätschaften)

andere als Babylon[24] gewesen sein kann. Von dem Kastell und den berühmten hängenden Gärten sieht man Überbleibsel nordnordwestlich von Helle, dicht am östlichen Ufer des Flusses. Auch dicke Mauern, Hügel voller Scherben und

24 Babylon hatte seine Blütezeit unter Nebukadnezar II. (605–562 v. Chr.)

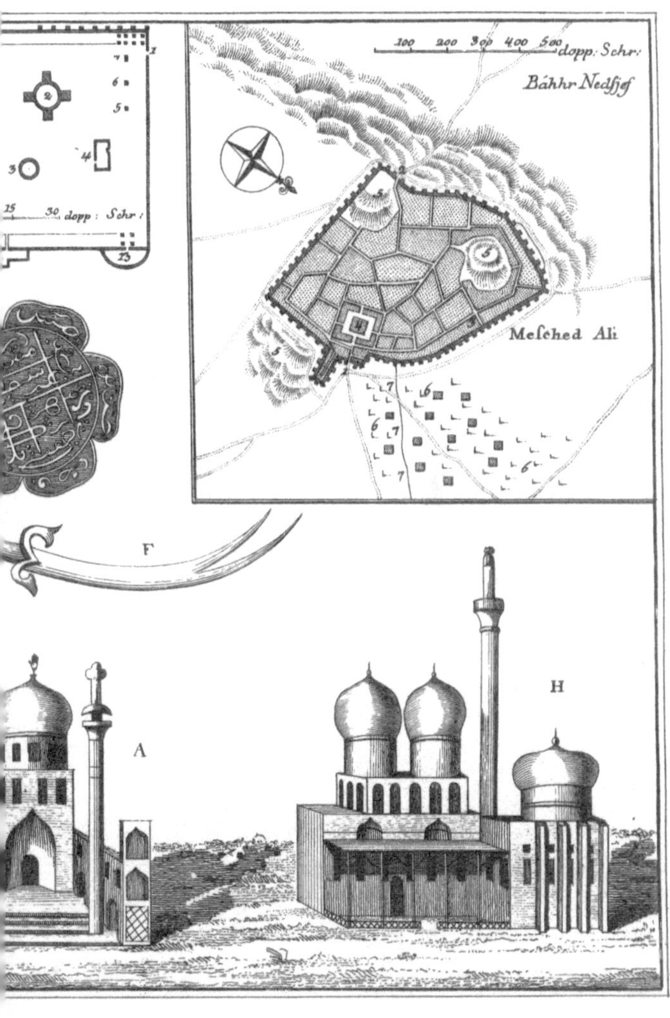

einen hohen Turm findet man noch. Vielleicht stand ich sogar vor dem Babylonischen Turm.[25] Ich wagte es nicht, mich hier

25 Es ist möglich, dass ein babylonischer Stufentempel Vorbild für diesen im A. T. erwähnten Turm war.

lange aufzuhalten, da mir bekannt geworden war, dass man in dieser Gegend nur zu leicht ausgeplündert werden konnte.

Am 5. Januar 1766 verließ ich Helle. Der Weg führte an vier großen Karawansereien vorüber. Eine von ihnen ließ ein reicher Kaufmann auf seine Kosten erbauen. Anstatt ihn dafür zu ehren, lieh der Pascha eine große Summe Geldes von ihm, die er nie zurückzahlte. Die Gegend hier ist sehr fruchtbar. Bald nach Helle nähern sich der Euphrat und der Tigris einander so sehr, dass sie nur 6 Stunden voneinander entfernt sind.

Ein Reisender kann die 13 bis 14 Meilen zwischen Helle und Bagdad im Sommer bequem in 2 Tagen, im Winter in 3 Tagen zurücklegen. Da es aber stark regnete und ich es nicht eilig hatte, benötigte ich 4 Tage. Während dieser ganzen Zeit hatte ich keine anderen Reisegefährten als ein paar Mauleseltreiber, die Kaufmannswaren nach Bagdad brachten. Diese Treiber fluchten immerfort fürchterlich, wünschten ihren Frauen, dass sie verunehrt würden, und bezeichneten ihre Mütter und Großmütter mit einem Namen, den ich nicht niederschreiben will. Vielleicht waren sie Nachkommen der Bewohner Babylons, wo die Sitten schon in den ältesten Zeiten verdorben waren.

Die Stadt Bagdad

Die Stadt Bagdad liegt unter der Polhöhe 33°20' am östlichen Ufer des Tigris und ist die Residenz eines Paschas vom ersten Rang. An der Landseite umgibt sie eine Mauer aus gebrannten Ziegelsteinen. Ein großer Teil ist gänzlich unbebaut und wüst, die anderen Bezirke hingegen sind sehr volkreich.[26] Vor allem am Flussufer und in der Nähe des Palastes des Paschas reiht sich Haus an Haus. Dort findet man die meisten Basare. Auch die Häuser, oftmals ziemlich hoch, sind aus gebrannten Ziegelsteinen verfertigt. Sie haben nach der Straße hin nur wenige oder gar keine Fenster, wodurch sie unansehnlich wirken. Innen gibt es einen kleinen eingeschlossenen viereckigen Platz, auf welchen

26 Bagdad, die Hauptstadt des Irak, hat heute 5,4 Mill. Einwohner.

man von allen Zimmern hinuntersehen kann.[27] Kein Wunder, dass man hier so über die Hitze klagt! Denn diese Plätze verwandeln sich in Backöfen, wenn die Sonne im Zenit steht. Deshalb besitzt jeder vermögende Einwohner unter seinem Haus einen Serdap, das ist ein hohes, gewölbtes Zimmer im Keller, mit einem Ventilator, einer Art Schornstein, der oben eine weite Öffnung nach Norden hat. Denn auch hier kommt, wie in Kairo, in der heißesten Jahreszeit der Wind aus dem Norden.

Im Winter friert es in Bagdad nicht so stark wie in unseren Ländern. Ich sah aber doch Anfang Februar Eis, das einen halben Finger dick war. Obwohl es nicht sehr kalt war, versicherte man mir, dass in der Stadt 20 Menschen erfroren seien. Das glaubte ich ohne Weiteres, denn ich bedachte, dass die Armen hier fast nackt gehen und die Nächte in den Straßen verbringen.

Bagdad hat drei Stadttore. Vor jedem liegen 6 Kanonen, doch nicht einmal die Hälfte davon besitzt Lafetten. Die Stadttore werden von Janitscharen bewacht, die ihren Dienst alles andere als genau nehmen. Niemand kümmert sich um die Ein- und Ausgehenden, und bei schlechtem Wetter sitzen die Soldaten in den Wachstuben, rauchen und spielen Schach. Der Palast des Sultans ist weitläufig, aber alle Gebäude sind schäbig und dem Verfall nahe.

Der Tigris ist hier ungefähr 620 Fuß breit und wird von einer Schiffsbrücke überspannt, die aus 34 durch drei starke Ketten miteinander verbundenen Fahrzeugen besteht. Bei gutem Wetter ist diese Brücke brauchbar, bei schlechtem kommt es vor, dass die Ketten reißen. Dann wehe dem, der sich auf dieser Brücke befindet!

Die Vorstadt konnte ich nicht besuchen, da sie zur Zeit meiner Anwesenheit ganz unter Wasser stand. Man erzählte mir, dass sich dort vor allem Dattelgärten befänden.

In Bagdad steht noch ein kleiner alter Turm, unter welchem Sobeida, eine in der arabischen Geschichte berühmte Dame und Gemahlin des Kalifen Harun al-Raschid, begraben liegt. Sie ist im Jahre 216 (831) gestorben. Nicht weit davon steht ein ande-

27 Durch diese Bauart machte man es den Frauen unmöglich, auf die Straße und damit fremde Männer zu sehen.

rer kleiner Turm, unter welchem ein berühmter mohammedanischer Heiliger mit dem Namen Máarûf Kerchi Abu Dáher sein Grab hat. Von ihm erzählt man sich Folgendes: Obwohl ein Sohn christlicher Eltern, konnte er, als er ein Knabe war, nicht sagen: im Namen des Vaters, des Sohnes und des Heiligen Geistes. Er sagte immer nur: im Namen des barmherzigen und gütigen Gottes. Deshalb sperrte ihn seine Mutter 40 Tage lang in einen dunklen Keller und gab ihm nichts anderes als Wasser und Brot. Als die 40 Tage um waren, sah die Mutter, dass ihr Sohn von einem außerordentlichen Glanz umgeben war und dass das Brot, das sie in den Keller gebracht hatte, unberührt lag. Nun meinte sie, ihr Sohn sei von einem bösen Geist besessen, und jagte ihn aus dem Haus. Später dann, als er erwachsen war, wurde aus ihm ein großer Gelehrter.

Die Vornehmen von Bagdad versammeln sich einmal wöchentlich auf einem großen Platz, um sich im Bogenschießen zu üben. Dort stehen zwei kleine Säulen, und man erzählt, dass es einen Pascha gab, der von der einen Säule zur anderen schießen konnte. Ist das wahr, muss dieser Pascha über außerordentliche Kräfte verfügt haben. Denn die Säulen sind 600 doppelte Schritte voneinander entfernt. Solch einen Übungsplatz findet man auch auf dem Okmeidân, einem Hügel hinter dem Arsenal von Konstantinopel.

Es gibt in Bagdad 20 Moscheen mit Minaretten und unzählige andere, die keine Türme besitzen. An öffentlichen Bädern ist kein Mangel. Das Hospital ist eine Ansammlung von schlechten Hütten, in welche alle jene gesperrt werden, die den Aussatz oder schlimme venerische Krankheiten haben.

Die fruchtbare Provinz Bagdad hat fremden Kaufleuten außer Datteln, Reis, Salz, Weizen, Hornvieh und Pferden nichts zu bieten. Daran, dass hier einmal ein Hochsitz der Wissenschaften und der Gelehrsamkeit war, erinnert nichts mehr. Ich habe in Bagdad nur wenige Leute getroffen, die lesen und schreiben konnten. In Kairo gibt es wenigstens eine Bude, in welcher Mohammedaner alte Bücher kaufen können. In Bagdad gibt es dergleichen nicht. Wenn einer hier Bücher sammeln und lesen will, muss er warten, bis ein Bücherbesitzer gestorben ist. Die Bücher werden dann wie alte Kleider im Basar feilgeboten.

Es leben hier mehrere Karmelitermönche, die erst gar nicht versuchen, Mohammedaner zu bekehren. Würden sie das tun, wären sie bald Märtyrer. Es ist vielmehr ihre Aufgabe, morgenländische Christen dahin zu bringen, dass sie den Papst als Oberhaupt der Kirche anerkennen. Da diese Mönche viel Erfahrung in der Arzneiwissenschaft besitzen, genießen sie bei den Mohammedanern hohes Ansehen. Europäische Ärzte sind hier überhaupt sehr begehrt. Ein Doktor d'Erbe, ein Arzt, der die Welt sehen wollte, wurde, kaum, dass er nach Bagdad gekommen war, Hâkim baschi (Leibmedikus des Pascha). Als er weiterzureisen beabsichtigte, drohte man ihm, ihn in den Kerker zu werfen. Erst mithilfe von Engländern, die ihn auf ihr Schiff schmuggelten, gelang es ihm, die Stadt zu verlassen.

Die Regierungsform Bagdads ist völlig konstantinopolitanisch. Der Pascha besetzt alle Ämter nach seinem Gutdünken. Angelegenheiten von großer Wichtigkeit müssen immer im Diwân[28] vorgetragen werden. Alle Paschas werden von einer Leibwache beschützt. Wenn der Pascha zur Moschee reitet, geschieht dies unter großer Prachtentfaltung. Er wird bei dieser Zeremonie von seinen Staatsministern, den Generälen, dem Stadtrichter, der hohen Geistlichkeit, der Leibwache und vielen Musikanten und Dienern begleitet.

Bagdad hat eine starke Besatzung von Janitscharen. Diese unterstehen aber dem Sultan, sodass ihnen der Pascha nicht befehlen kann, gegen aufrührerische Kurden und Araber zu Felde zu ziehen. Es ist ihre einzige Aufgabe, Bagdad gegen die Feinde des Sultans und gegen den Pascha selbst zu schützen. Braucht der Pascha gegen Aufrührer Truppen, muss er sie für seine Fahne anwerben lassen. Jeder, der sich meldet, wird aufgenommen, und diese Leute werden sogleich gegen den Feind geführt, obwohl sie meist keine Ahnung vom Gebrauch der Waffen haben, die man ihnen in die Hand gibt. Ist der Feldzug

28 Staatsrat.

zu Ende, werden sie auseinandergejagt, wenn sie sich nicht schon vorher selbst beurlaubt haben.

Zur Zeit meiner Anwesenheit war Omar der Pascha dieser Provinz. Seine Gemahlin gestattete ihm nicht, andere Frauen zu haben, und mit ihr hatte er keine Erben. Das war den Türken nur recht. Denn nach dem Tode Omars konnten sie dann in Bagdad einen Pascha einsetzen, der nach ihrer Pfeife tanzte. Dieser Omar Pascha hatte viel Ärger mit den Kurden, über die ich im Folgenden berichten will.

Über die Kurden

Nach Kurdistan bin ich zwar nicht gekommen, doch ich will berichten, was ich in Bagdad über dieses Land und seine Bewohner in Erfahrung bringen konnte.

Kurdistan ist eine bergige Landschaft und sehr fruchtbar. Es gedeihen dort Galläpfel, von welchen eine große Menge nach Europa gebracht wird, Baumwolle, Reis, Tabak, Weintrauben und Feigen. Die meisten Provinzen Kurdistans sind dem Sultan unterwürfig, doch ist diese Unterwürfigkeit zu Ende, wenn die Kurden Tribut zahlen sollen. Auch dem Pascha zu Bagdad bereiten sie häufig Ärger, da sie Reisende überfallen und ausplündern. Gegen sie einen Feldzug zu führen ist sehr schwer, da nur ihnen die Wege in dem bergigen Land bekannt sind und sie außerdem Schlupfwinkel wissen, wo sie sicher sind.

Als ich mich in Mosul nach alten römischen, griechischen und persischen Münzen erkundigte, sagte man, diese Münzen seien in Kurdistan, wo Mangel an türkischen Scheidemünzen herrscht, so häufig, dass man sie dort als ordentliche Münzen verwendet. Kaufleute, die Galläpfel einkaufen, verwenden sie nämlich als Zahlungsmittel.

Wenn ein türkischer Pascha oder Kadi erfährt, dass jemand alte Münzen verkaufen will, dann wird diesem Übeltäter nicht nur alles abgenommen, nein, er wird auch noch ins Gefängnis geworfen und geprügelt. Die Prügelstrafe wird vor allem in Bagdad häufig angewendet.

Alte arabische Münzen sind in den Morgenländern nicht selten. Denn da es hier Mode ist, den Kindern ganze Reihen von Goldstücken um den Hals zu hängen, wählen die Mohammedaner hierzu lieber die alten Münzen, auf welchen Sprüche des Korans stehen und nicht der Name eines Regenten.

Viele Kostbarkeiten werden vergraben. Dabei kommt es vor, dass manche ihren Angehörigen nicht einmal auf dem Krankenbett verraten, wo sie den Schatz nach ihrem Tode suchen sollen. Man erzählte mir, dass ein Kurde seinem Sohn erst sagte, wo er sein Geld hatte, als er schon in den letzten Zügen lag. Aber da vermochte er nur mehr das Wort Hügel über die Lippen zu bringen.

Der Sohn ließ auf verschiedenen Hügeln graben, konnte aber nichts finden.

Die Reise von Bagdad nach Mosul

Während meines Aufenthaltes in Bagdad bemühte ich mich vergeblich, eine Karawane zu finden, deren Ziel Haleb[29] war. Diese Reise allein zurückzulegen, ist zu gefährlich. Hingegen hörte ich von einer Karawane, die bald nach Damaskus aufbrechen wollte. Schon entschlossen, mit ihr zu reisen, änderte ich meinen Entschluss im letzten Augenblick, nachdem ich gehört hatte, dass die arabischen Stämme in Syrien einen Aufstand planten. Später erfuhr ich, dass die Karawane nicht weit von Damaskus überfallen und ausgeplündert worden war. Meine Entscheidung war also richtig gewesen.

Nun erkundigte ich mich nach einer Karawane nach Mosul. Ich hörte, dass eine Gesellschaft von 30 Juden dieses Ziel hatte und schon reisefertig war. Ihr schloss ich mich an. Da die Juden in den Morgenländern ebenso verachtet wie in Europa sind, konnte ich keine schlechtere Reisegesellschaft wählen. Aber es befand sich in dieser Kafle ein alter Kaufmann aus Mosul, der alle diese Gegenden kannte und mir somit viel Wissenswertes vermitteln konnte – also reiste ich mit diesen Leuten. Sie ritten

29 Aleppo.

alle auf Eseln, waren schlecht gekleidet und ohne Waffen. Der Tag, an dem ich von Bagdad Abschied nahm, war der 3. März.

Gleich in den ersten Tagen sah ich einen Beweis für die Feigheit meiner Reisegefährten. Einige Eseltreiber, die alle Mohammedaner waren, gerieten in einen Streit und machten dabei, wie es ihre Art war, ein großes Geschrei. Das gefiel mir nicht, und ich gab zwei Schüsse in die Luft ab. Sofort stürzten die Juden herbei und baten mich händeringend, ich solle die Mohammedaner nicht reizen, am Ende könnten sie uns alle plündern und töten. Daraufhin schoss ich noch einmal in die Luft, und die Eseltreiber vertrugen sich sofort wieder. So zaghaft sind die Juden unter dem Joch der Mohammedaner! Niemals werden sie es wagen, die Waffen gegen die Türken zu ergreifen, um das Gelobte Land wiederzuerobern.

Am 7. März erreichten wir das Dorf Jänschka, das unter der Polhöhe 34°52' liegt. Es war zu dieser Zeit fast ohne Menschen, da die meisten schon mit ihren Zelten fortgezogen waren, um ihre Schafe zu weiden. In der Nähe von Jänschka befinden sich Naphthaquellen. Naphtha ist in dieser Gegend sehr begehrt. Die gewöhnlichen Leute schneiden getrockneten Mist in Stücke, tränken diese mit Naphtha und haben so Lichter. Aber auch die Fackeln, deren sich der Pascha und die anderen Vornehmen in Bagdad bedienen, sind nichts anderes als alte zusammengerollte, mit Naphtha getränkte Lumpen.

Am 9. März reisten wir von Jänschka nach Taûk. Taûk ist heute ein kleines Dorf, soll aber früher einmal eine große Stadt gewesen sein. Man sieht noch die Ruinen einer großen Moschee. In der Nähe des Dorfes liegt das Grab eines mohammedanischen Heiligen, von dem man sagt, dass er jährlich einmal einen Blinden sehend mache.

Am 10. erreichten wir Kerkûk[30]. Diese Stadt liegt in einer fruchtbaren, aber wenig bebauten Ebene unter der Polhöhe

30 Kirkuk (kurd. Kerkûk, türk. Kerkük, 775 000 Einwohner) ist heute das Zentrum der bedeutendsten irakischen Ölfelder. Vom benachbarten Erdölfeld Baba Gurgur führen 4 Erdölleitungen zur Mittelmeerküste (Jahresproduktion rd. 50 Mill. Tonnen).

35°29'. Sie hat eine Besatzung von Janitscharen und ist die Residenz eines Paschas. Man findet in ihr drei Moscheen, von welchen eine deshalb bemerkenswert ist, weil sich in ihr die Gräber der Propheten Daniel und Michael befinden. Den Juden ist es nicht erlaubt, die Moschee zu betreten.

In dieser Gegend gibt es viele Wassermühlen. Daher wird von hier viel Mehl nach Bagdad gebracht und dort gegen Datteln eingetauscht. Auch in der Nähe von Kerkûk gibt es Naphtaquellen. Eine Stelle, die Baba Gurgur heißt, ist besonders merkwürdig, weil die Erde daselbst so heiß ist, dass man auf ihr Eier und Fleisch kochen kann. Des Nachts soll man an dieser Stelle Flammen sehen.

Am 12. kamen wir nach Altun kupri (das heißt: goldene Brücke), einer Stadt mit rund 500 Häusern. Sie liegt auf einer Insel und hat ihren Namen von einer großen Brücke, die einen Arm des Flusses überspannt. Wir hatten in der vergangenen Nacht so viel Regen gehabt, dass wir völlig durchnässt und müde waren. Die Karawane blieb dennoch nicht in der Stadt, sondern lagerte auf der anderen Seite des Flusses im Freien (die Juden wollten das Geld für ein Quartier sparen). Man riet mir, nicht in der Stadt zu bleiben, weil der Fluss in der folgenden Nacht nur zu leicht so hoch steigen und so reißend werden könnte, dass es gefährlich sein würde, ihn zu passieren. Doch ich hörte nicht auf diesen Rat und dachte nur daran, meine Kleider zu trocknen und die Nacht unter einem Dach zu verbringen. Ich schickte also nur den Maulesel, der meine Bagage trug, nach der anderen Seite des Flusses und blieb mit meinem Diener und dem Pferdewächter (ich ritt als Einziger in der Karawane ein Pferd) in der Stadt zurück.

Gleich, nachdem ich ein Quartier gefunden hatte, ließ ich einen Kerl herbeirufen, der meine Glieder mit beiden Händen kneten musste. Diese Behandlung ist einem Europäer vorerst nicht angenehm, bei den Morgenländern aber sehr gebräuchlich. Ich habe sie immer geschätzt, besonders nach einer starken Tagesreise. Man muss sich nur der Länge nach auf den Boden legen, und wenn der Kerl alle Muskeln herzhaft drückt und knetet und mit den Fäusten bearbeitet, ist man nachher von aller Müdigkeit zur Gänze befreit.

Am Morgen des 13. war der Fluss tatsächlich so hoch angeschwollen, dass ich ihn nur unter Lebensgefahr passieren konnte. Ich wäre gern in Altun kupri geblieben, doch ich musste dieses Wagnis auf mich nehmen, da sich meine Bagage bei der Karawane befand. Mein Diener kam lebend ans Ufer, der Pferdewärter hingegen ertrank.

Wir folgten der Karawane, die schon eine Stunde voraus war. Unterwegs kamen zwei kurdische Scheichs auf mich zugeritten, die große Lust zu haben schienen, mich auszuplündern. Da sie aber nur Lanzen hatten und ich mit einem Gewehr bewaffnet war und außerdem nicht die geringste Furcht zeigte, wagten sie es doch nicht, mich zu überfallen. In Kôs töppe holten wir die Karawane ein.

Kôs töppe hat seinen Namen von einem kleinen Hügel. Auf diesem Hügel sah ich zum ersten Mal, wie eine Mohammedanerin ihr Gebet verrichtete, genau auf dieselbe Art, wie es die Männer tun. Es gibt europäische Gelehrte, die behaupten, die mohammedanische Frau sei nicht verpflichtet zu beten, da sie nicht hoffen dürfe, ins Paradies zu kommen. Mohammedanische Gelehrte, die ich befragte, ob es so sei oder nicht, wunderten sich sehr über meine Frage. Sie versicherten mir, dass auch die Weiber ins Paradies kämen und verpflichtet seien, täglich fünfmal zu beten.

Wo das Dorf Kôs töppe heute steht, war vor wenigen Jahren noch eine Wüste, in die hier und da umherwandernde Kurden kamen. Der Pascha von Bagdad ließ nun hier einen Brunnen graben und ein Haus bauen, alles zur Bequemlichkeit der Kuriere. Seine Tochter, Adile Chatûn, sorgte dafür, dass man hier eine ansehnliche Herberge errichtete. Bauern wurde, wenn sie sich hier niederließen, für zehn Jahre Steuerfreiheit versprochen. So entstand in kurzer Zeit ein Dorf. Es würde den türkischen Paschas leichtfallen, ihre fruchtbaren Gegenden nach diesem Beispiel zu bevölkern. Da sie aber nur kurze Zeit in einer Provinz bleiben und nur bemüht sind, aus der Bevölkerung möglichst viel herauszupressen, ist es nicht verwunderlich, dass die Provinzen des Türkischen Reiches immer mehr verfallen.

Am 14. reisten wir 3½ Meilen bis Arbil (Erbil). Es besteht kein Zweifel, dass dieses Arbil das Arbela der Antike ist, wo im Jahre 331 v. Chr. Alexander der Große den Perserkönig Dareios III. entscheidend besiegte. Einstmals war Arbil sehr groß und hatte ein Kastell auf einem hohen Hügel. Jetzt kann man nur noch das Kastell, schlechte Häuser und die Ruinen einer Moschee sehen. Das Minarett dieser Moschee steht allerdings noch, sodass man auf zwei Wendeltreppen hinaufsteigen kann.

Arbil liegt unter der Polhöhe 36°11', gehört zum Gouvernement Bagdad und hat eine starke Besatzung von Janitscharen aus Konstantinopel.

Das Land in der Gegend von Arbil wird nicht aus Flüssen bewässert, sondern durch den häufigen Regen getränkt. Der Weizen, welcher durch den Regen getränkt worden ist, gibt mehr und besseres Mehl als der andere. Allerdings wird hier vieles von Vögeln fortgetragen.

Am 16. brachen wir des Morgens sehr früh auf und reisten 9 Stunden bis an den großen Zab (türkisch Zarb), welcher in Kurdistan entspringt. Dieser Fluss soll, wenn es lange nicht geregnet hat, so niedrig sein, dass man ohne Gefahr hindurchreiten kann. Jetzt war er sehr hoch und reißend.

Von Arbil bis an den Zab sieht man kein einziges Dorf. Auf der anderen Seite des Flusses aber liegt ein Dorf namens Abd el-asis, das zur Gänze von Leuten bewohnt wird, die man Jesidier[31] nennt. Weil die Türken in ihren Ländern nur jenen freie Religionsausübung gestatten, die göttliche Bücher haben, also den Mohammedanern, Christen und Juden, sind die Jesidier gezwungen, die Grundlehren ihrer Religion geheim zu halten. Sie nennen sich daher, wenn sie nach ihrer Religion gefragt werden, einem Mohammedaner gegenüber Mohammedaner, einem Christen ge-

31 Die Jesidier gibt es auch heute noch. Es ist dies eine in Kurdistan beheimatete Sekte, deren Religion ein verworrenes Gemisch von Mohammedanismus und Christentum ist. Ihre oberste Gottheit ist ein Engel in der Gestalt eines Pfaus. Sie werden auf 200 000 geschätzt und von den Mohammedanern als Teufelsanbeter verfolgt. Im Irak hat man die Sekte ausgerottet.

genüber Christen und einem Juden gegenüber Juden. Sie sprechen mit Ehrfurcht vom Koran, vom Evangelium, den fünf Büchern Mosis und den Psalmen. Manche beschuldigen sie, dass sie den Teufel unter dem Namen Tschellebi (das heißt: Herr) anbeten, andere wieder behaupten, dass sie die Sonne und das Feuer verehren, also abscheuliche Heiden sind. Sie sollen auch Abbildungen von Schlangen, Widdern und anderen Tieren schätzen, die der Schlange zur Erinnerung daran, dass Eva durch eine Schlange verführt wurde, die des Widders, um nie zu vergessen, dass Abraham Gott gehorsam und bereit war, seinen Sohn zu opfern.

Wenn die Jesidier nach Mosul kommen, werden sie von der Obrigkeit, auch wenn man sie erkennt, nicht angehalten. Der Pöbel versucht hingegen bisweilen, sie zu prellen. So ein gemeiner Mensch beginnt über den Satan zu schimpfen, von dem die Jesidier glauben, dass ihn Gott eines Tages wieder in Gnaden aufnehmen werde, und die Folge davon ist, dass die Jesidier lieber alles, was sie angeboten haben, Eier und Butter zum Beispiel, zurücklassen, als mit anzuhören, wie ein Engel beschimpft wird. In den Gegenden allerdings, wo sie die Oberhand haben, darf niemand den gefallenen Engel Gottes beschimpfen, will er nicht verprügelt werden oder gar sein Leben verlieren.

Die Jesidier beschneiden sich wie die Mohammedaner. Sie trinken Wein und andere starke Getränke. Ihre Geistlichen kleiden sich schwarz, was bei den Mohammedanern nicht gebräuchlich ist. Sie haben jährlich drei Fasttage und machen einmal jährlich eine Wallfahrt zum Grabmal des Scheichs Ade, welcher der Begründer ihrer Religion und nahe Mosul begraben ist. Bei seinem Grab soll sich ein Wasserbehälter befinden, in den sie viel Gold und Silber werfen. Ein Mohammedaner aus der Nachbarschaft war der Meinung, dass sich diese Schätze nützlicher verwenden ließen, stieg in der Nacht ins Wasser und holte etwas heraus. Die Tochter des Aufsehers kam gerade in diesem Augenblick hinzu, um Wasser zu schöpfen, und sah mitten im Wasser einen Mann. Da sie nicht annahm, dass zu diesem heiligen Ort ein Räuber gekommen sein könnte, glaubte sie, den Scheich Ade selbst gesehen zu haben. Sie lief eiligst zurück zu ihrem Vater, um ihm diese erfreuliche Nachricht zu überbringen. Bald erfuhren alle Jesidier von diesem Wunder und freuten sich sehr. Der Mohammedaner, der mit einem Teil des Schatzes das Weite gesucht hatte, freute sich nicht weniger.

Die Jesidier werden von den Mohammedanern so verabscheut, dass Schafei, einer ihrer bedeutendsten Lehrer, es nicht einmal als böse Tat ansieht, wenn ein Muslim (Rechtgläubiger) einen Dauasin (das ist der arabische Name für die Jesidier) tötet. Diesen Leuten mussten wir nun alle, Mohammedaner, Christen und Juden, unser Leben anvertrauen, wenn wir über den Zab wollten. Denn der Fluss war so stark angeschwollen, dass es unmöglich war durchzureiten. Und es gab kein Fahrzeug als die Kelleks der Jesidier. Ein schlechteres Fahrzeug als so ein Kellek habe ich in meinem ganzen Leben nicht gesehen. Es besteht aus 32 aufgeblasenen Schaffellen (vier in der Länge, acht in der Breite), die von darübergelegten Latten zusammengehalten werden. Beim Anblick dieser sogenannten Schiffe, des breiten reißenden Stromes, der Jesidier, die eine gebieterische Miene angenommen hatten, um zu zeigen, wie wichtig sie jetzt waren, bei der Angst, die von den Gesichtern aller meiner Reisegefährten abzulesen war, packte auch mich große Furcht.

Es waren nur wenige Kelleks zur Verfügung, sodass die Karawane nicht auf einmal ans andere Ufer gebracht werden konnte. Jeder wollte der Erste sein und keiner das bezahlen, was die Jesidier verlangten. Dadurch kam es zu Zänkereien. Ich hielt es nicht für ratsam, mit diesen Leuten Streit zu beginnen. Im Gegenteil, ich bezahlte mehr, als man von mir verlangt hatte, und bekam deshalb einen Kellek, dessen Felle noch gut aufgeblasen waren. Man trug meine Bagage und die Sättel meines Pferdes und meiner Maulesel auf den Kellek, und ich legte mich oben darauf. Der Strom war so reißend, dass ich erwartete, jeden Augenblick samt meinen beiden Fährmännern, die jetzt sicher den Teufel anbeteten, von einer Welle verschlungen zu werden. Doch ich kam mit Gottes Hilfe wohlbehalten ans andere Ufer.

Die Lasttiere mussten alle durch den Fluss schwimmen. Pferde und Maulesel schwimmen recht gut. Ein Dauasin band sich ein aufgeblasenes Schaffell auf die Brust und brachte die Tiere hinüber. Nur ein Esel ersoff. Sein Eigentümer fluchte deshalb nicht wenig. Doch dadurch wurde ihm nicht geholfen. Die Jesidier stahlen ihm in der folgenden Nacht seine beiden übrigen Esel und ließen den armen Menschen weinen, schelten und fluchen, so viel er wollte.

Am 17. kamen wir nach Karmelis. Auf dem Weg dorthin passierten wir einen kleinen Fluss, der Chaser heißt. Auch dieses Gewässer war nach dem vielen Regen in den letzten Tagen stark angeschwollen, doch konnten wir durchreiten. Vom Chaser an bis Mosul sieht man überall die schönsten Kornfelder und viele Dörfer.

Karmelis war ehemals eine große Stadt. Jetzt sieht man hier nur noch etwa 70 Häuser. Diese sind viel besser gebaut als die meisten im Gebiet des Paschas von Bagdad. Sie sind nämlich aus Kalk und Steinen. Ich sah hier auch viele Kornmagazine, die sich, wie in Persien, unter der Erde befanden. Dicht bei dem Dorf liegt ein Hügel, auf dem der Palast des Vaters der heiligen Barbara steht.

Am 18. reisten wir von Karmelis drei deutsche Meilen ständig zwischen gepflügten Äckern bis Mosul. Bevor man nach Mosul kommt, reitet man durch Ninive[32], ein Dorf, das jetzt Nunia heißt und auf einem Hügel liegt. Dort befindet sich eine Moschee, in welcher der Prophet Jonas begraben liegt. Die Juden verehren dieses Grab heute noch. Seit es sich in den Händen der Mohammedaner befindet, beten sie aber nicht vor dem Grab, sondern außerhalb der Moschee. Sie behaupten, dass es ihnen die Mohammedaner nicht erlauben, den Tempel zu betreten. Das ist eine Lüge. Denn in Mosul verbietet man es den Christen und Juden nicht, das Grab eines ihrer Heiligen in einer Moschee zu besuchen. Wahrscheinlich sind diese Juden in Ninive zu geizig, dem Türsteher der Moschee ein Trinkgeld zu geben. Ein anderer Hügel in dieser Gegend wird Kalla Nunia

32 Ninive (assyr. Nwnia), unter König Sanherib (704–681) erbaut, der Babylon eroberte und zerstörte, wurde die glanzvolle Hauptstadt des Assyrerreiches, berühmt durch seine Tempel und Paläste. Ninive wurde 612 v. Chr. von den Medern und Babyloniern zerstört.

(Kastell von Ninive) genannt: Schließlich sah ich noch die Wälle von Ninive. Ich hielt sie vorerst für Hügel.

Ninive ist mit Mosul durch eine Brücke verbunden. Die Brücke besteht aus 20 kleinen Fahrzeugen. Nach einem starken Regen oder wenn der Schnee auf den umliegenden Bergen schmilzt, steigt der Fluss so stark, dass man die Brücke rasch wegbringen muss, um zu verhindern, dass sie von der Strömung mitgerissen wird. Als ich ankam, war die Brücke zum Glück vorhanden.

Die Zölle sind in Mosul nicht hoch. Ich musste meine Sachen zum Zollhaus bringen und nur ein Trinkgeld geben, dies dafür, dass ich bevorzugt abgefertigt wurde. Die Kaufleute zahlen für eine Kamelladung Leinwand oder Seide 10 Piaster, für eine Kamelladung Kaffee 7 ½ Piaster und für eine Kamelladung Pfeffer 6 ⅔ Piaster. Alle Waren werden gewogen.

Man kann von Mosul nach Bagdad sehr bequem auf dem Tigris reisen, in großen Kelleks, auf welchen sich zum Schutz gegen Sonne und Regen kleine Kammern befinden. Viele Kaufleute schicken auf diese Weise ihre Waren nach Bagdad. Von Bagdad den Strom aufwärts gibt es keine Schifffahrt.

In Mosul[33]

Ich hatte Empfehlungsbriefe an die Missionare in Mosul mit. Also begab ich mich vom Zollhaus sofort zu ihrer Behausung, in der Hoffnung, sie würden mir in der Gegend, wo die meisten Christen wohnen, ein Quartier verschaffen können. Es waren zwei Dominikaner, einer war Hâkim baschi (Leibarzt des Paschas). Als die Väter aber hörten, dass sie es mit einem Protestanten zu tun hatten, konnten oder wollten sie mir nicht dienlich sein. Also war ich gezwungen, in einer öffentlichen Herberge Quartier zu nehmen.

Ich habe mich überall mit den europäischen Mönchen ganz gut vertragen. Wenn einer mit dem Versuch, mich zu bekehren,

33 Mosul hat heute 2,8 Mio. Einwohner und ist durch seine Lederwaren- und Webwarenindustrie berühmt. Der nach der Stadt benannte Musselin wird in die ganze Welt exportiert.

keinen Erfolg hatte, blieben wir doch gute Freunde, denn allen war es lieb, wieder einmal einen Europäer zu sehen. Den Dominikanern in Mosul jedoch schien ich gar nicht willkommen zu sein.

Es war gerade Fastenzeit, in welcher die Nestorianer[34] und Jakobiten[35] weder Fleisch, Milch, Butter noch Eier essen, auch wenn sie todkrank sein sollten. Außerdem fasten sie von Sonnenaufgang bis Sonnenuntergang ebenso streng wie die Mohammedaner im Ramadan, das heißt, sie essen und trinken gar nicht und rauchen auch keinen Tabak. Selbst die Dominikaner fasteten (wenigstens dem Anschein nach), um kein Ärgernis zu erregen.

Hätten mir die guten Mönche dies gesagt, würde ich ihnen den Gefallen, gleichfalls zu fasten, gerne getan haben. So aber, in Unkenntnis, dass Fastenzeit war, nahm ich an, dass man sich hier wie in anderen Städten nicht um mein Essen kümmern würde. Bald aber wurde bekannt, dass ich nicht fastete, und man erkundigte sich bei den Dominikanern nach mir. Diese sprengten aus, ich sei ein Heide. Um nicht in Gefahr zu geraten, gewann ich die Freundschaft des Hâkim baschi dadurch, dass ich ihm alte Münzen abkaufte und dafür etwa das Doppelte von dem gab, was sie wert waren. Nachher verkündete der Hâkim baschi überall, ich sei doch ein Christ. Dieser Mann mag vielleicht viele morgenländische Christen bekehrt und dadurch seiner Kirche einen großen Dienst erwiesen haben. Seine Denkungsart war aber gewiss nicht christlich.

Um den Einwohnern Mosuls zu beweisen, dass ich, obwohl mit Juden angekommen und von den Dominikanern als Unchrist bezeichnet, keine unbedeutende Person war, bemühte ich mich, dem

34 Die Nestorianer (benannt nach Nestorius, der 428–431 Erzbischof von Konstantinopel war) vertreten die Ansicht, dass die menschliche und göttliche Natur in Christus streng zu scheiden sei. Nestorianer gibt es heute nur noch im nördlichen Mesopotamien und im südlichen Indien.

35 Nach dem syrischen Bischof Jakob Baradaios (um 490–578) benannte Anhänger der syrisch-monophysitischen Landeskirche, die heute syrisch-orthodoxe Kirche heißt.

Pascha meine Aufwartung machen zu können. Einer der wenigen, deren Freundschaft ich hier gewinnen konnte, verhalf mir zu dieser Audienz, ohne von mir dafür auch nur einen einzigen Piaster zu nehmen. Er hieß Elias, sein Vater hatte im Lateran zu Rom ein hohes Amt bekleidet und war Dolmetscher in Madrid gewesen. Dieser Elias erzählte dem Pascha, dass ich in Persien gewesen war und arabisch sprach. Daraufhin ließ mich der Pascha rufen. Er behandelte mich sehr freundlich und erkundigte sich eingehend nach den Verhältnissen in Europa. Ich besuchte auch den Mufti[36] und die Oberhäupter der nestorianischen und jakobitischen Kirche.

Die Stadt Mosul liegt am Westufer des Tigris unter der Polhöhe 36°20'. Von der alten Geschichte der Stadt konnte ich nichts erfahren, man wusste nur, dass Mosul dreimal zerstört worden war. Sicher ist Mosul sehr alt. Denn nach der Meinung des Mufti befanden sich hier schon vor 1000 Jahren über 200 christliche Kirchen und viele Synagogen.

Etwa die Hälfte der Stadt ist noch von einer starken Mauer umgeben. In der anderen Hälfte ersetzen die Außenwände der Häuser die Mauer. Man sagte mir, dass es etwa 24 000 Häuser gebe. Die Straßen sind schmal, aber gepflastert. Die Häuser bestehen alle aus Stein und Kalk.

Man erzählte mir, dass es hier im Winter sehr kalt ist, vor 10 Jahren soll der Tigris zugefroren gewesen sein. Die Einwohner erreichen oft ein sehr hohes Alter (man berichtete mir von einem 180 Jahre alten Mann, der noch lebte), man schreibt dies teils der gesunden Luft, teils dem Wasser zu. Nahe der Stadt befinden sich viele mineralische Quellen, deren Wasser einen starken Schwefelgeschmack hat. Am Ufer des Tigris ist eine große heiße Quelle zu finden, die viel Bitumen auswirft. Die Bewohner Mosuls glauben, dass jeder, der häufig in diesem Wasser badet, ewig jung bleibt.

Es gibt in Mosul unzählige Moscheen und zehn kleine Kirchen. Des Weiteren mangelt es nicht an Herbergen für Fremde. Die Kaffeehäuser, Bäder und Basare sind zum Teil recht hübsch.

---

36 Islamischer Rechtsgelehrter.

Man findet in Mosul auch etwa 150 Häuser, in welchen Juden wohnen. Während die Juden in Europa vom Handwerk ausgeschlossen sind, müssen sie hier ihr Brot durch ihrer Hände Arbeit verdienen. Man erzählte mir, dass sie vor drei Jahren eine üble Affäre hatten. Nachdem sie von einer Wallfahrt zurückgekommen waren, wurde in einem Dorf, in dem sie sich kurz aufgehalten hatten, ein Kind vermisst. Nach langem Suchen fand man das Kind in einem Brunnen. Es blutete aus vielen Wunden, die Zunge war ihm abgeschnitten worden. Nun wurden die Juden als Täter angeklagt. Da man sie dieses Verbrechens aber nicht überführen konnte, wurden sie nur zu einer Zahlung von 1000 Dukaten an den Pascha verurteilt. Die morgenländischen Christen behaupten fast in jeder Stadt, dass die Juden bisweilen Kinder stehlen.[37]

Das Gouvernement Mosul ist klein, aber sehr fruchtbar. Wenn es nicht allzu wenig regnet, bringt der Boden im Überfluss Weizen, Linsen und Sonnenblumen (aus deren Kernen man Öl presst) hervor. Auch Baumwolle baut man hier an. Im Winter des Jahres 1756 entstand aber hier, da es lange nicht geregnet hatte und große Heuschreckenschwärme eingefallen waren, eine entsetzliche Hungersnot. Die Lebensmittel wurden bald nur an Mohammedaner ausgegeben, die Christen erhielten überhaupt keine. Die Folge davon war, dass viele Christen ihre Kinder, um sie nicht verhungern zu lassen, an reiche Mohammedaner verkaufen mussten.

Es gibt in der Stadt viele Leinenfabriken und Färbereien, die sich meist in den Händen der Christen befinden. Auch die Ausfuhr, vor allem an Galläpfeln[38], ist sehr groß. Das meiste wird von Karawanen nach Haleb gebracht. Aus Galläpfeln macht man in den Morgenländern eine Art Marmelade.

---

37 Dieses Gräuelmärchen geisterte durch das ganze Mittelalter.
38 Quitten (Cydonia vulgaris).

Es gibt von Mosul nach Mardin mehrere Wege. Ich entschloss mich zu dem, der durch die Wüste führt, weil er mir als der sicherste geschildert wurde. Man darf sich hier unter Wüste keine Gegend vorstellen, die zur Gänze mit Sand bedeckt ist. Im Gegenteil, man sieht in dieser Wüste viele Wiesen und auch Ruinen von Dörfern, die durch Nomaden zerstört wurden. Auch Flüsse gibt es in diesem Landstrich. Das Wasser ist überall gut, wenn auch ein wenig bitter.

Schon Quintus Curtius[39] erwähnt, dass Alexander der Große die Fruchtbarkeit dieser Gegend lobte. Er sagt: Das Land zwischen dem Euphrat und dem Tigris ist so fett, dass man die Tiere davon abhalten muss, viel zu fressen. Tatsächlich kamen auf unserer Reise Kamele krank von der Weide zurück und starben. Doch man glaubte nicht, dass sie zu viel gefressen hatten. Die Kameltreiber gaben ihren Tieren des Morgens sogar Salz, um zu erreichen, dass sie viel fraßen und tranken. Wahrscheinlich starben die Kamele, weil sie giftige Insekten mit hinuntergeschluckt hatten. Auch das Gras über den Nestern von Heuschrecken ist giftig.

Ich will nun allen jenen, die eine Reise durch die Wüste machen wollen, mitteilen, was man hierzu braucht:

- Zwei Töpfe mit Deckeln, ein paar Schüsseln und Teller, eine Kaffeekanne, alles aus Kupfer und verzinnt; eine hölzerne Büchse, in der sich in verschiedenen Abteilungen Salz, Pfeffer und Gewürze befinden;
- anstatt eines Tischtuches ein rundes Stück Leder, das man an den Sattel hängt;
- eine Büchse mit Wachslichtern;
- eine Wasserkruke aus dickem Leder und ein kupfernes, verzinntes Trinkgefäß;
- Branntwein, den man ins Trinkwasser schüttet, was der Gesundheit sehr zuträglich ist;

39 Quintus Curtius Rufus, römischer Schriftsteller des l. Jh. n. Chr., schrieb eine »Geschichte Alexanders des Großen«.

- Reis, geschmolzene Butter, die in einer ledernen Kruke aufbewahrt wird, Zwieback, Mehl (damit man unterwegs Brot backen kann), getrocknete Früchte, gedörrtes Fleisch und Kaffee; ein Zelt, eine Matratze, eine dünne Decke, ein Kopfkissen, einen Teppich, auf dem man sitzen kann.

Meine Kleider und Bücher hatte ich in zwei Reisesäcken, die Instrumente in Holzkästen. Für das alles, für mich und meinen Bedienten musste ich nur drei Pferde mieten.

Unsere Karawane trug zumindest 2000 Ladungen. 1300 Kamele waren mit Galläpfeln aus Kurdistan beladen, 120 mit Leinwand und Stoffen aus Indien und Persien, 45 mit Kaffeebohnen. Die übrigen 600 Ladungen wurden von Pferden, Maultieren und Eseln getragen. Alle diese Waren waren nicht allein für Haleb bestimmt, viele gingen nach Mardin, Diarbekr und weiter nach Armenien.

Die Karawane bestand, die Kamel- und Pferdewärter mitgerechnet, aus nicht weniger als 400 Mann. Außerdem begleiteten uns 150 Soldaten, die zu unserem Schutz von den Kaufleuten aufgenommen worden waren. Wir waren also der Meinung, stark genug zu sein, uns zu verteidigen, falls wir unterwegs angegriffen würden. Diese Soldaten kosteten nicht wenig Geld, außerdem waren sie während der Reise sehr unangenehm, da sie ständig Streit suchten. Bezahlung verlangten und erhielten aber auch die Scheichs jener Stämme, durch deren Gebiet wir zogen. Der Scheich vom jeweiligen Stamm erhielt eine ganze Ladung Kaffeebohnen, viel Tabak, Reis, Butter und andere Lebensmittel.

Unser Karawanbaschi (Vorsteher der Karawane) war der vornehmste Kaufmann in unserer Reisegesellschaft. Ihm oblag es, die Treiber zu entlohnen und mit den anderen Kaufleuten zu verrechnen. Auch die Eigentümer der Lasttiere hatten ein Oberhaupt. Ordnung gab es bei der Reise überhaupt keine. Jeder brach nach Sonnenaufgang auf, wann es ihm gefiel, jeder stellte sein Zelt dorthin, wo es ihm passte. Des Nachts wurde keine Wache gehalten, ja die Soldaten gingen als Erste schlafen.

Oft besuchten uns Kurden und verkauften uns Ziegen und Milch. Manche kamen, wenn es dunkel geworden war, als Diebe wieder. Am liebsten stahlen sie Maultiere.

Als wir bei der Oase Ridsjel el-abbâs lagerten, sahen wir plötzlich, wie in der Ferne, hinter einem Flügel, eine große Staubwolke aufstieg. Wir waren sicher, dass sie von einem Feind herrührte, der uns überfallen wollte. Bald erhielten wir die Nachricht, dass 4000 Kurden auf uns zuritten. Unsere Soldaten rückten nun in einer Unordnung, die ich nie für möglich gehalten hätte, gegen den Feind vor. Nach einer halben Stunde kamen sie mit der Nachricht zurück, dass sie auf vier Mann zu Pferd und eine große Schafherde gestoßen waren, von welchen die Staubwolke hergerührt hatte.

Wir hätten ohne Weiteres unsere erste große Station, nämlich Nissabin, in 6 Tagen erreichen können. Unsere Karawane kam aber viel langsamer vorwärts, teils weil die Eigentümer der Tragtiere überall die schönsten Weiden fanden, wo sie das Vieh umsonst grasen lassen konnten, teils weil sich die Kameltreiber und Soldaten Zeit ließen, um möglichst lange auf Kosten der Kaufleute leben zu können.

Die ehemals berühmte Stadt Nissabin besteht nur noch aus etwa 150 schlecht gebauten Häusern. Nur im sogenannten Kastell kann man noch ein paar steinerne Gebäude sehen. Rings um Nissabin wird viel Reis angebaut. Sehenswert ist hier nur eine Kirche, die dem heiligen Jakob zu Ehren gebaut wurde, der Bischof von Nissabin war. Diese Kirche steht schon tief in der Erde. Man erzählte mir, dass sie ein mohammedanischer Gouverneur als Kornmagazin verwenden wollte, doch der heilige Jakob erschien ihm im Traum und fragte ihn, weshalb er seine Kirche entweihen wolle. Dies bewog den Mohammedaner nicht nur, von seinem Vorhaben abzustehen, nein, er ließ in der Kirche sogar eine prunkvolle Kanzel erbauen.

Der Mann, der mich in die Kirche Jakobs führte, zeigte mir sogleich das Grab des Heiligen. Ich sah einen großen steinernen Kasten mit einem schweren Deckel, in dem sich ein so großes Loch befand, dass man bequem hineinlangen konnte. Als ich untersuchen wollte, ob das Skelett des Heiligen noch in dem Sarg lag, versicherte mir mein Führer, dass man den heiligen Jakob unter dem Sarg begraben habe, um zu verhindern, dass Mohammedaner die Reliquie stahlen. Das Loch, erklärte er mir, habe man gemacht, um es den Christen möglich zu machen, etwas Staub herauszuheben. Diese glauben nämlich, dass jener Staub, mit Wasser vermischt, das kalte Fieber vertreibe. Viel später erfuhr ich, dass römische Geistliche diese Reliquie vor unzähligen Jahren nach Europa gebracht hatten.

Mir widerfuhren in Nissabin viele Widerwärtigkeiten. Die Bedienten des dortigen Scheichs, welche das Wegegeld einhoben, warfen ein Auge auf mein Bett und das meines Dieners. Am Abend holten sie beide Betten, und ich wagte es nicht, mich zu widersetzen, da ich gesehen hatte, wie grob diese Leute sogar die mohammedanischen Kaufleute behandelten. Am nächsten Tag beschwerte ich mich beim Karawanbaschi. Doch auch er konnte nichts weiter erreichen, als dass ich mein Kopfkissen zurückerhielt. Nun begab ich mich zum Scheich selbst. Dieser sagte zu mir, ich, ein Ungläubiger, solle es mir zur Ehre anrechnen, dass er mein Bett verwendete. Und meinem Diener stünde ein Bett überhaupt nicht zu. Meine Antwort war, dass ich das Empfehlungsschreiben vorzeigte, das mir der Pascha von Bagdad mitgegeben hatte. Dadurch machte ich alles nur noch schlimmer. Hier in der Wüste bin ich dein Pascha, schrie er mich an. Zu meiner Überraschung erhielt ich jedoch, als ich Nissabin verließ, alles zurück.

Man erzählte mir, dass dieser Scheich ein großer Esser war. Er ließ oft ein ganzes Kamel braten und die anderen erst essen, nachdem er die besten und saftigsten Stücke herausgeschnitten hatte. Anschließend wurde Pilau[40] in einer Schüssel gebracht, die so groß war, dass sie sechs Männer kaum tragen konnten. Von diesem Gericht aß der Scheich eine volle Stunde lang, und wieder durften die anderen erst zulangen, wenn er sich den Bauch gefüllt hatte.

Am 24. April verließ ich Nissabin zwei Stunden vor Sonnenaufgang und erreichte einen Tag später die Stadt Mardin

40 Arabisches Reisgericht.

(auch Merdin). Mardin, unter der Polhöhe 37°19' gelegen, war ehemals eine berühmte Festung. Jetzt sieht man nur Überreste der Stadtmauer und die Ruinen des Kastells. Mardin liegt auf einem Flügel aus weichem Kalkstein, der zum Bau von Häusern verwendet wurde. Diese Häuser liegen gleichsam übereinander. So sind die Dächer ganzer Straßen manchmal ein großer Platz für die darüberliegenden Häuser. Von allen Häusern hat man eine schöne Aussicht auf die weite, fruchtbare Ebene Mesopotamiens. In der Stadt wohnen etwa 2000 Mohammedaner, 10 jüdische Familien und auch viele Christen.

Die Luft in Mardin ist sehr rein und gesund. Da die Stadt hoch liegt, ist es hier im Sommer nicht heiß, dafür aber im Winter ziemlich kalt. Die Einwohner schützen sich gegen die Kälte teils durch Pelze, teils durch Töpfe, in welchen sie Holzkohlen verbrennen. Diese Töpfe haben sie auch in ihren Wohnungen, sie stehen unter einem niedrigen Tisch, auf dem ein Teppich liegt. Natürlich entstehen da häufig Feuersbrünste.

Man findet rings um die Stadt viele Gärten, in welchen Weintrauben, Birnen, Äpfel, Haselnüsse, Pistazien und Pflaumen gedeihen. Die Pflaumen Mardins sind so berühmt, dass davon jährlich große Mengen an den Hof des Sultans geschickt werden. Auch Rosinen werden von hier ausgeführt. Branntwein brennen nur die Christen. Es gibt in Mardin auch eine Leinwand-, eine Baumwoll- und eine Glasfabrik.

Reise von Mardin über Diarbekr nach Haleb

Am 10. Mai reiste ich mit einer kleinen Karawane von Mardin ab. Mein Ziel war Diarbekr[41]. Man kann diese Reise bequem in 2 Tagen zurücklegen, doch reisten wir sehr langsam, da die Besitzer der Lasttiere überall saftige Weiden fanden. So erreichten wir Diarbekr erst am Vormittag des 12. Mai.

Der Weg war anfangs schlecht und bergig, die Felder, die ihn säumten, waren vielfach unbebaut, obwohl in dieser Gegend ein

41 Heute: Diyabakır.

Überfluss an Quellen herrscht. Schuld daran ist, wie man mir versicherte, Mangel an Leuten. Etwas später zogen wir durch einen Eichenwald. Aus den Blättern der Eichen verfertigt man ein starkes Abführmittel.

Bei einem Dorf, das den Namen Surtannel trägt, erblickte ich ein Kloster, welches die Türken Kara klise[42] nennen. Dieses Kloster ist zur Gänze aus großen behauenen Steinen erbaut, sogar einige Türme sind aus Stein. Man erzählte mir, dass dieses Kloster nur einen Matrân (Priester) und den Teufel beherbergte. Der Matrân soll nämlich den Teufel, den er aus einem Besessenen trieb, dazu verdammt haben, Nacht für Nacht das ganze Kloster zu fegen.

Vor Diarbekr wurde der Weg etwas sumpfig. Da und dort sah ich kleine Flüsse, die von steinernen Brücken überspannt waren. Von den Dörfern in diesem Landstrich ist nichts von Bedeutung zu berichten.

Ein Karmeliter in Mardin hatte mir ein Empfehlungsschreiben an die in Diarbekr wohnenden Kapuziner mitgegeben und mir eine freundliche Aufnahme in Aussicht gestellt. Also begab ich mich, in der Stadt angekommen, sofort zu diesen Mönchen. Tatsächlich wurde ich sehr freundlich aufgenommen. Durch diese Mönche wurde ich mit mehreren christlichen Kaufleuten bekannt. So verbrachte ich meine Zeit bald bei den Mönchen, bald bei den Kaufleuten und fühlte mich wohl wie seit Langem nicht.

Der Name Diarbekr ist nicht alt. Früher hieß diese Stadt Amid (man findet diesen Namen noch jetzt in türkischen Urkunden). Sie liegt am westlichen Ufer des Tigris, auf einem Felsen, der sehr steil in den Fluss abfällt, und ist ganz von einer hohen steinernen Mauer umgeben. Ich zählte in der Stadt 16 Moscheen. Die Hauptmoschee, ein prächtiges Gebäude, soll früher einmal eine Kirche gewesen sein.

Es ist in den morgenländischen Städten sehr schwer, ja fast unmöglich, von der Bevölkerung zuverlässige Nachrichten zu

42 Schwarze Kirche.

erhalten. Wenn ein Europäer zum Beispiel fragt, wie viele Einwohner die Stadt habe, ist die erste Antwort fast immer: Diese Stadt ist die Welt. Gibt man sich damit nicht zufrieden, hört man dann: Sie hat eine Million Einwohner. Diese Auskunft erhält man auch in einer Stadt, die 10 000 Einwohner hat. Ich schätze, dass in Diarbekr 16 000 Seelen wohnen.

Ich fand bald Gelegenheit, meine Reise nach Haleb mit einer kleinen Karawane fortsetzen zu können. Diese verließ Diarbekr am 19. Mai, dem Tag, an dem in diesem Jahr das Opferfest der Mohammedaner gefeiert wurde. Wir reisten ständig nach Südwesten und stießen auf kein einziges Dorf, sondern nur auf die Ruinen von Dörfern. Diese waren wohl von den Kurden zerstört worden. Der Weg war ständig schlecht, teils sumpfig, teils steinig. So kamen wir erst am 23. nach Söverék, einer Stadt mit etwa 2000 Häusern, drei Moscheen, drei öffentlichen Bädern und vielen Obstgärten.

Nach Söverék war der Weg wieder schlecht. Am 28. Mai verließ ich die Karawane, um einen Abstecher nach Orfa zu machen, das ich unbedingt sehen wollte. Ich und mein Bedienter erreichten die Stadt glücklich und ohne von Räubern aufgehalten worden zu sein.

Orfa[43] hat viel Ähnlichkeit mit Taäs im Jemen, denn auch hier liegt das Kastell auf einem hohen Hügel außerhalb der Stadt. Die Stadt ist zur Gänze von einer Mauer aus weißem Kalkstein und einem breiten Graben umgeben, in den aus einer starken Quelle Wasser geleitet wird. Auf dem Hügel, auf dem das Kastell steht, sieht man die Ruinen eines großen Gebäudes. Man behauptet, dass der in der Bibel erwähnte Nimrod[44] hier einen Palast besaß.

Ich zählte in dieser Stadt 12 Minarette. Manche waren viereckig, hatten also das Aussehen von Glockentürmen christlicher Kirchen. Die Häuser sind alle gut gebaut, einige Basare und Kaffeehäuser darf man sogar schön nennen. Die Hauptmoschee ließ

---

43 Orfa, heute Urfa, hatte 2010 ca. 500 000 Einwohner und ist durch die Produkte seiner Webereien berühmt.

44 Nach 1. Mos. 10,8ff. großer Herrscher und gewaltiger Jäger.

ein frommer Mohammedaner erbauen, dem träumte, Abraham habe an dieser Stelle seine Andacht verrichtet. Mitten durch die Stadt fließen zwei große Bäche, die nicht nur Gärten und Felder bewässern, sondern auch Mühlen treiben. Am Beginn der Stadt liegt ein großer Teich voller Fische, die dem Patriarchen Abraham geweiht sind. Nicht nur die Obrigkeit beschützt diese Fische, man erzählte mir auch, dass Gott selbst Fischdiebe hart gestraft habe.

Ich hörte, dass der Leibarzt des Paschas ein Europäer sei, und hielt es daher für meine Schuldigkeit, ihm meine Aufwartung zu machen. Meine Annahme, einen italienischen oder französischen Wundarzt zu finden, war falsch. Der Hâkim baschi war ein etwa 25-jähriger Grieche. Der Boden seines Zimmers war mit einem kostbaren Teppich belegt, an den Wänden hingen Sattel und Zaum, sein Säbel und seine Pistolen, alles mit Silber beschlagen. Fragen, die ich ihm stellte, beantwortete er knapp oder gar nicht. Er hatte ein paar Jahre auf einer italienischen Universität studiert und hielt viel von Astrologie und Träumen, wobei er betonte, dass das, was ihm träumte, fast immer eintraf. So erzählte er mir, er habe von einem Spinnrocken[45] geträumt und bald darauf sei sein Herr Pascha in diesem Gouvernement geworden, das den Namen Rochha trägt. Er vergaß auch nicht, mir zu sagen, dass er bei dem Pascha in großem Ansehen stehe und hoffe, sein Glück zu machen, sobald der Pascha reich geworden sei. Aber dies schien noch in weiter Ferne zu liegen. Denn der Pascha hatte nur eine Gemahlin, eine Schwester des Sultans, die ihn so viel kostet, dass er selbst kaum standesgemäß leben konnte.

Orfa wird von den Griechen Edessa[46], von den Armeniern Edesia genannt. Die Hauptsprache in Diarbekr und Orfa ist Türkisch. In Mardin und Mosul spricht man Arabisch, auf dem

---

45 Italienisch: Rocca.

46 Edessa ist schon auf sumerischen Keilschriften erwähnt (die Sumerer sind die ältesten historisch bekannten, um die Mitte des 4. Jahrtausends von Osten her eingewanderten Bewohner Mesopotamiens, von unbekannter Herkunft und Rasse. Sie waren Erfinder der Keilschrift).

Lande zwischen Mosul und Orfa Kurdisch. Kaufleute, die viel reisen, beherrschen alle drei Sprachen.

Am Ende meines Aufenthaltes in Orfa schlief ich bei einem armenischen Geistlichen außerhalb der Stadt, um am folgenden Morgen meine Reise noch vor Öffnung der Stadttore antreten zu können. Mein Wirt war anfänglich misstrauisch, da er mich für einen Katholiken hielt. Er wurde aber sehr höflich, als ich ihm versicherte, ein Engländer zu sein. Diese Nation hatte er in Haleb kennengelernt. Er liebte sie sehr, weil sie keine Missionare in die Türkei entsandte. Als ich also für ihn ein Engländer war, ließ er sogleich ein frugales Mahl auftischen. Wir aßen unter einem Baum, und ich erzählte ihm viel von England.

Am 1. Juni reiste ich 14 Stunden nach El Bîr. Unterwegs sah ich viele zerstörte Dörfer und auch Ruinen von Kastellen. Manchmal stieß ich auf Brunnen, bei welchen Mädchen umherwandernder Kurden das Vieh tränkten. Diese hatten ihr Gesicht nicht bedeckt, sie waren gut gewachsene, von der Sonne verbrannte Schönheiten. Wenn ich grüßte und vom Pferd stieg, brachten sie mir Wasser und tränkten auch mein Pferd und das meines Dieners.

Nach El Bîr, als es schon dunkel zu werden anfing, kamen uns plötzlich drei Kurden entgegen, einer zu Pferd, die anderen zu Fuß. Ich war mit meinem Diener ganz allein, allerdings waren wir beide zu Pferd. Ich hatte vor mir auf dem Sattel ein kleines Gewehr liegen und eine Pistole im Gürtel. Außerdem war ich mit einem Säbel bewaffnet. Mein Diener besaß einen Säbel und eine Pistole, die ich ihm geliehen hatte. Ich sah sofort, dass uns die Kurden überfallen und ausplündern wollten. Deshalb hielt ich mein Pferd an und wartete. Der Kurde zu Pferd galoppierte auf uns zu und hielt ganz knapp vor mir an. Er richtete mehrere Fragen an mich, die ich nicht verstand. Und dann, als ich nach meinem Gewehr griff, gab er Fersengeld. Die anderen liefen hinter ihm her.

Edessa war in der Antike ein bedeutendes Handelszentrum, um 1100 Kreuzfahrergrafschaft. 1637 wurde es türkisch.

Es ist nur zu leicht möglich, dass ein Reisender in dieser Gegend auf Leute trifft, die ihn aus Armut oder aus Lust zum Stehlen aus- plündern wollen. Deshalb ist es besser, wenn man nicht, wie ich, allein reist. An Karawanen wagen sich diese Räuber nur selten. Sie sind nicht immer Kurden, sondern häufig Leute, die von den türkischen Statthaltern davongejagt wurden und nicht arbeiten wollen.

In den folgenden drei Tagen reisten wir in 17½ Stunden bis Acterân. Dieses heute unansehnliche Dorf soll einmal eine Stadt gewesen sein. Die Häuser hier haben ungefähr die Form eines Zuckerhuts. Solche Häuser sah ich später auch in den Vorstädten Halebs. In Haleb selbst traf ich am 6. Juni ein.

Über Syrien und die Bewohner des Berges Libanon

Gleich nach meiner Ankunft in Haleb begab ich mich zum Haus des Herrn van Masseyk, der hier holländischer Generalkonsul war und mir eine Einladung nach Basra entgegengesandt hatte. Ich wurde auf das Freundschaftlichste aufgenommen und darf behaupten, seit vielen Jahren nicht auf eine so angenehme Gesellschaft gestoßen zu sein wie in diesem Haus. Ja sogar Landsleute traf ich hier an. Denn Herr van Masseyk war ein Holsteiner, also ein geborener Untertan des Königs von Dänemark. Frau van Masseyk war eine geborene Goverts aus Hamburg.

Mein freundlicher Wirt tat alles, um mir den Aufenthalt in Haleb so angenehm wie möglich zu gestalten. Vor allem machte er mich mit den übrigen hier wohnenden Europäern bekannt. So hatte ich plötzlich eine große Zahl von Europäern zu Freunden und vergaß alles Ungemach, das ich bisher ausgestanden hatte.

In Haleb fand ich den Befehl meines Königs vor, nach Zypern zu reisen und dort die Inschriften zu untersuchen, die Herr Dr. Pocock kopiert hatte, Inschriften, welche von den Gelehrten in Europa für phönizisch gehalten wurden. Nun hatten aber die Bewohner dieser Insel vor einiger Zeit ihren Statthalter ermordet und standen noch unter Waffen. Somit schien es nicht ratsam, diese Reise sogleich anzutreten.

Ich reiste später tatsächlich nach Zypern und auch noch nach Jaffa, Jerusalem, Damaskus und Tripolis und dann wieder nach Haleb zurück, doch will ich diese Reise im 3. Teil beschreiben. Vorerst will ich von Syrien berichten.

Syrien besteht aus mehreren großen Provinzen, deren Statthalter drei Rossschweife haben. Das Paschalîk (Gouvernement) Damaskus ist das größte und einträglichste. Denn jetzt gehört auch das ganze Gelobte Land dazu. Die Paschas von Tripolis und Seide[47] befehligen zwar auch große Distrikte, doch die meisten ihrer Untertanen wohnen auf dem großen Gebirge Libanon und unterstehen den Scheichs ihrer eigenen Nation. Diese Scheichs pachten von den Paschas Ländereien, bezahlen die Pacht aber erst, wenn sie von Soldaten dazu gezwungen werden.

Die alte syrische Sprache ist längst von der arabischen verdrängt worden. Es soll aber im Gouvernement Damaskus noch einige wenige Dörfer geben, wo noch Syrisch gesprochen wird. Seit aber dieses Land unter die Botmäßigkeit der Türken gekommen ist, ist das Türkische Hofsprache geworden. Man hört es aber nicht viel öfter als in Deutschland Französisch.

Die mohammedanische Religion ist die verbreitetste. Man findet hier aber auch Juden, Christen, Drusen[48], Nassairier[49] und Angehörige anderer Sekten. Die Juden wohnen in Städten und sind fast alle Talmudisten. Die Anzahl der Christen ist in Syrien noch sehr groß, die meisten leben auf dem Berg Libanon unter dem Schutz der Drusen und genießen dort viel mehr Ansehen als in den Städten. Sie sind fast ausnahmslos Maroniten[50].

---

47 Das heutige Saida, Hauptstadt der Provinz Südlibanon, Endpunkt der Trans-Arabien-Pipeline von Saudi-Arabien. Saida ist das antike Sidon, das im 2. Jahrtausend v. Chr. unter den Phöniziern seine Blütezeit hatte.

48 Die Drusen haben eine eigene Religion. Ihr Gründer Darasi erklärte 1017 den Kalifen Al Hakim als letzte Inkarnation Gottes. Ihre Lehre ist islamisch mit gnostischen Elementen.

49 Die Nasiräer gehören einer jüdischen Sekte an, die besondere Gelübde ablegt (z. B. Enthaltsamkeit, Vermeidung jeder Unreinlichkeit, Vermeidung von Gewaltanwendung)

50 Seit 1445 mit Rom unierte Kirche der syrischen Christen. Maroniten gibt es auch in Südamerika.

Diese Maroniten erkennen den Papst als geistliches Oberhaupt an, wählen ihren Patriarchen selbst und lassen ihn vom Papst in seinem Amt bestätigen. Wurde er bestätigt, erhält er den Titel Patriarch von Antiochia. Seinen Sitz aber hat er in Beirut.

Die Drusen

Die Drusen unterstehen Scheichs ihres eigenen Stammes. Diese Scheichs nennen sich Emir und bezahlen Tribut an die Paschas. Franzosen wollten mir versichern, dass die Drusen auf dem Berg Libanon von ihren Landsleuten abstammen, die in der bergigen Gegend des Gelobten Landes zurückgeblieben waren, nachdem man die Europäer vertrieben hatte. Das ist natürlich nicht richtig. Die Drusen waren wohl ursprünglich Syrier.

Die Drusen teilen sich in Akâl (das sind geistliche Drusen) und in Dsjähhel (das sind weltliche Drusen). Erstere unterstehen drei Scheichs. Die Akâls unterscheiden sich von den weltlichen Drusen durch ihre weiße Kleidung. Sie bewohnen fast immer schöne Häuser hoch oben auf den Hügeln und wählen wahrhaftig nicht die schlechtesten Gegenden. Am Donnerstagabend, der von den Morgenländern Freitagsnacht genannt wird, versammeln sie sich im Haus eines ihrer Mitbrüder, um den Gottesdienst zu halten und für die ganze Nation zu beten. Die Weiber der Geistlichen dürfen dabei anwesend sein, ein Weltlicher wird nicht zugelassen, selbst dann nicht, wenn er ein Scheich oder ein Emir ist.

Mit den Töchtern der Weltlichen verheiraten sich die Akâls nicht. Und ihr Abscheu vor den Gütern der Vornehmen ist so groß, dass sie nicht einmal mit den Scheichs ihrer eigenen Nation essen wollen. Sie essen nur mit Akâls oder Bauern und anderen geringen Leuten, von welchen sie wissen, dass sie ihr Brot durch Arbeit verdienen. Alle weltlichen Ehrenstellen verachten sie.

Die weltlichen Drusen haben vor allem folgende Eigenschaften: Gastfreundschaft, Ehrgeiz, Tapferkeit, die oft in Tollkühnheit ausartet, und Geiz. Ein junger Scheich oder Emir lernt zwar lesen und schreiben, um die Religion kümmert er sich jedoch überhaupt nicht. Dies wäre auch überflüssig, da die Geistlichen für alle Weltlichen fasten und beten. Der junge Mann wird bald daran gewöhnt, große Strapazen auf sich zu nehmen. Er muss gut reiten, fechten und schießen können. Sähe jemand, dass er Tränen in den Augen hat, würde man ihn zutiefst verachten. Diese jungen Leute werden so hart, dass sie den Tod nicht fürchten und einander erstechen oder erschießen, wenn sie glauben, beleidigt worden zu sein. Das Faustrecht gilt bei ihnen in hohem Maße. Ebenso kennen sie die Blutrache.

Wenn ein gewöhnlicher Druse einen Christen oder Mohammedaner erschlägt, wird er zunächst zu einer Geldstrafe verurteilt. Kann er nicht bezahlen, lässt der regierende Emir sein Haus plündern. Die Todesstrafe wird deshalb nie verhängt. Die Angehörigen des Mörders und des Ermordeten bringen einander dann hinterher um, und der Scheich kassiert für jeden Totschlag. Geraten zwei Vornehme in Streit, schicken sie ihre Bauern in das Dorf ihres Feindes und lassen die Einwohner erwürgen und die Maulbeer- und Olivenbäume vernichten. So leben viele Familien, ja ganze Dörfer in ständigem Krieg. Man hat mir berichtet, dass im Gebiet der Drusen auf dem Berg Libanon in einem Jahr etwa 40 Menschen eines gewaltsamen Todes sterben.

Die Drusen besitzen aber auch gute Eigenschaften. Sie sprechen nie abfällig über einen abwesenden Feind, im Gegenteil, sie loben ihn wie einen guten Freund. Wenn ein Mörder glaubt, dass er und seine Familie zu schwach sind, um sich gegen die Familie des Ermordeten zu verteidigen, begibt er sich, einen Strick um den Hals, zu den nächsten Anverwandten des Ermordeten und entschuldigt sich, dass er als Mann von Ehre den Mord habe begehen müssen, da ihn der andere beleidigt habe. Dann bittet er darum, erdrosselt zu werden. Verhält er sich so, muss ihm die Mordtat vergeben werden. Allerdings muss er es hinnehmen, dass ihm der Bart abgeschoren wird.

Dies alles bedeutet aber nicht, dass es für einen Fremden im Gebiet der Drusen keine Sicherheit gibt. Man reist bei ihnen, ohne befürchten zu müssen, dass man überfallen wird, und ihre Gastfreundschaft ist nicht geringer als die der Araber. Und wenn sich ein Fremder unter ihren Schutz begeben hat, beschützen sie ihn auch gegen seine Feinde. Vor einigen Jahren flüchtete der Anführer einer türkischen Räuberbande zu dem Scheich von Beit Telhûk, der ihn bei sich aufnahm, obwohl er ihn nicht kannte. Als der Pascha von Damaskus dies erfuhr, verlangte er die Auslieferung des Räubers. Weil der Emir und viele andere Große der Nation wegen dieses Räubers mit den Türken keinen Krieg führen wollten, wurde dem Scheich befohlen, den Fremden auszuliefern. Doch dieser ließ lieber sein Haus niederbrennen, als dass er gegen die Gastfreiheit gehandelt hätte. Er lieferte also den Räuber nicht aus und wurde von den anderen erschlagen.

Folgende Begebenheit soll ein Beweis für die Tollkühnheit der Drusen sein: Einmal hatte einer von ihnen den Einfall, dass er wegen seiner Tapferkeit berühmt werden würde, wenn er in Damaskus selbst am helllichten Tag plünderte. Sofort erklärten sich ein paar Hundert Mann bereit, an diesem Abenteuer teilzunehmen. Der Anführer drang nun mit 50 Verkleideten in den Hauptbasar ein, die anderen hatten sich bei den Toren, in den Vorstädten und in Gärten postiert. Die im Basar eröffneten auf ein gegebenes Zeichen das Feuer, ein paar Käufer wurden getötet, andere verwundet, die große Masse gab Fersengeld. Nun konnten die Drusen nach Herzenslust plündern. Als die Truppen des Paschas anrückten, waren sie längst über alle Berge.

Um einen Religionskrieg zu vermeiden, nennen sich die Drusen den Türken gegenüber Mohammedaner. Der regierende Emir und andere Vornehme, die mit dem Pascha und türkischen Kaufleuten Geschäfte machen, sind beschnitten. Sie lernen auch den Koran und die Zeremonien der Mohammedaner. In ihrem Innern lehnen sie diese Religion aber ab. In Deier el-Kammar haben sie sogar eine Moschee. Diese wird aber nur gereinigt, wenn Türken dorthin kommen.

Das Gesetz erlaubt den Drusen die Vielweiberei. Dennoch haben wenige mehr als eine Frau. Wollen sie diese loswerden, machen sie nicht viele Umstände. Der Mann sagt einfach: Geh! Damit ist die Frau verstoßen. Wenn ein Mohammedaner von seiner Frau geschieden sein will, muss er sich an den Kadi wenden.

Ist ein vornehmer Druse gestorben, erscheinen die Anverwandten alle zu Pferd. Nach dem Begräbnis bekleiden sie ein Stück Holz mit den Kleidern des Verstorbenen und tragen es tagtäglich ein paar Stunden im Dorf umher. Nach sieben Tagen wird das bekleidete Holz zu dem Toten gelegt.

Man trifft im Gebiet der Drusen gleichsam verschiedene Himmelsstriche an. Auf der Ebene an der Seeseite ist es im Sommer sehr heiß, auf dem Berg Libanon wieder findet man im Winter mehr Schnee als in den meisten nördlichen Ländern Europas. Die reichen Drusen ändern deshalb häufig ihren Wohnsitz, sodass sie einen ewigen Frühling genießen können. Die Luft ist in dieser Gegend so vortrefflich, dass fast alle im Sommer auf den Dächern ihrer Häuser schlafen. Es fehlt nicht an Regen, Quellen und Flüssen, welche die Ebenen bewässern. Der Wein des Berges Libanon, den schon Hosea[51] gerühmt hat, ist tatsächlich vortrefflich. Die Bewohner des Berges bauen so viele Maulbeer- und Olivenbäume, dass sie einen ausgedehnten Handel mit Seide und Öl treiben können. Des Weiteren verkaufen sie den Bewohnern der nahe gelegenen Städte Baumwolle, Wolle, Galläpfel, Pomeranzenschalen, Seife, Weizen, Tabak und viele vortreffliche Feld-, Garten- und Baumfrüchte. Auch die Viehzucht steht bei ihnen in hoher Blüte. Kurz, man findet hier alles, was Menschen zu einem angenehmen Leben brauchen.

Die Nassairier

Die Nassairier halten ihre Religion vor Fremden verborgen. Den Türken gegenüber bezeichnen sie sich wie die Drusen als Mohammedaner. Ihre Distrikte bringen viel Gewinn, weil in ihnen ein vortrefflicher Tabak gedeiht. Diese Nation ist bei Weitem nicht so groß wie die der Drusen. Ein Maronit, der mit ihnen viel Umgang hatte, rühmte sie als gute, ehrliche Leute. Auch ich konnte von ihrer Religion nichts erfahren.

51 Einer der 12 kleinen Propheten des A.T

Die Maroniten

Die Maroniten erkennen den Papst als Oberhaupt der Kirche an. Da Jesuiten, Franziskaner und Kapuziner unter ihnen wohnen, haben sie mit Europäern mehr Verbindung als andere morgenländische Nationen. Um Künste und Wissenschaften kümmern sie sich allerdings ebenso wenig wie ihre Nachbarn, die Drusen, Araber und Türken. Kein reicher Maronit lässt seinen Sohn in Europa erziehen, dies würde einem jungen Mann, so meint man, nur schaden. Man trifft im Collegium der Maroniten zu Rom (junge Maroniten werden dort kostenlos erzogen) nie mehr als 4 bis 5 junge Leute an, da sich nicht einmal die Armen dieses Vorteils bedienen, aus Angst, ihre Kinder könnten sich europäische Sitten aneignen. Auch würde ein Maronit mit dem, was er in Europa gelernt hat, in seinem Vaterland verhungern müssen.

Von den Prinzen vom Berge Libanon

Wären die europäischen Mönche nicht auf dem Berg Libanon geblieben, hätte man in Europa nicht viel von den maronitischen Prinzen gehört. Diese Mönche schicken Söhne von Leuten, die ihnen eine Wohltat erwiesen haben, unter dem Namen *Prinzen vom Berge Libanon* oder sogar unter dem Namen *Prinzen von Palästina* nach Europa und geben ihnen ein Empfehlungsschreiben nach Rom mit. Da der betreffende sogenannte Prinz ein Katholik ist, erhält er in Rom ein Empfehlungsschreiben an den Kaiser. In Wien gewährt man ihm dann freie Station, außerdem gibt man ihm Geld für Kleidung, Vergnügungen usw. Das Postamt in Wien händigt ihm eine Order aus, derzufolge er nicht nur in den kaiserlichen Erblanden, sondern auch im ganzen Römischen Reich unentgeltlich befördert wird. Von der kaiserlichen Kanzlei in Wien erhält er ein Empfehlungsschreiben, welches man das *Empfehlungsschreiben an alle Könige und Fürsten* zu nennen pflegt. Mit alldem ausgerüstet, bettelt der Prinz überall, einmal unter dem Vorwand, die Ungläubigen hätten ihn seiner Länder beraubt, dann wieder die Lüge verwendend, man habe seine Gemahlin und Geschwister in die Gefangenschaft geführt.

Diese Prinzen richten ihr Augenmerk nur auf die Namen jener Städte, in welchen sie einen großen Fischzug erhoffen, auf die Münzsorten und auf die Wirtshäuser, in welchen sie mit kostenlosem Quartier und kostenloser Verpflegung rechnen können. Die meisten reisen wieder in die Heimat, sobald sie soviel zusammengebettelt haben, dass sie einen Garten mit Maulbeer- und Olivenbäumen kaufen können. Daheim erzählen sie, wie sie von den europäischen Königen und Fürsten geehrt wurden, und lachen darüber, dass sie oft an der Tafel eines Königs gesessen haben.

Bald findet sich nun einer ihrer Freunde, der in Europa auch ein paar Tausend Reichstaler verdienen will. Sein Vorgänger in diesem Geschäft leiht ihm sein Tagebuch, das die Reiseroute und die Namen jener enthält, die sich am leichtesten schröpfen ließen. Der Olivenprinz (so nennt man am Berg Libanon jene, die auf die beschriebene Weise zu Geld zu kommen hoffen) lässt sich des Weiteren vom Patriarchen und den Mönchen ein Empfehlungsschreiben nach Rom geben, kauft einen schönen Säbel und kostbare Messer, mietet einen Diener, der eine solche Reise schon gemacht hat, und besucht dann in Europa alle Länder und Städte, in welchen sein Vorgänger beschenkt wurde.

Die maronitischen Prinzen, die als Erste nach Europa kamen, füllten ihre Taschen beträchtlich, da die Könige und Fürsten nicht genau untersuchen wollten, was es mit diesen Prinzen auf sich hatte, und da die Hofdamen begierig waren, einmal einen arabischen Prinzen zu sehen. Jetzt erhalten die Olivenprinzen nur noch wenig, da ihrer schon zu viele nach Europa gekommen sind. Dann und wann bekommen sie noch ein paar Kreuzer, wenn sie sich, wie auf einem Jahrmarkt exotische Tiere, zur Schau stellen lassen.

Im Herbst 1777 kam einer dieser Olivenprinzen nach Kopenhagen. Er hatte von allen sein Handwerk am besten gelernt. Er sprach nicht nur Arabisch, sondern auch Italienisch, Französisch, Deutsch und Englisch. Über sein Vaterland, den Berg

Libanon, sprach er ungern. Ich vermute, dass er der Sohn eines in Deutschland verstorbenen Olivenprinzen war und dort auch das Licht der Welt erblickt hatte. Sicher wird er dafür sorgen, dass alle, die noch nach Europa kommen werden, von ihrer Reise keinen Nutzen haben.

Über die Stadt Beirut

Beirut[52] ist für gewöhnlich an die Drusen verpachtet. Diese Stadt liegt in einer schönen Gegend an der See, hat einen guten Hafen und treibt einen beachtlichen Handel mit Seide, Öl, Baumwolle und anderen Waren, die vom Berg Libanon kommen. An der Seeseite stehen auf zwei Felsen zwei kleine Kastelle, die dem Schutz der Stadt dienen sollen. Ihr Zustand ist aber so schlecht, dass sie im Kriegsfall bedeutungslos wären. Sonst haben die Drusen in ihrem ganzen Gebiet keine Festungen, aber die steilen Berge sind Festungen genug.

Die Stadt hat hübsche Häuser, einige saubere Karawansereien und viele Kaufmannsläden, deren Besitzer dem Emir eine beträchtliche Miete zahlen müssen. Die Mohammedaner besitzen hier mehrere Moscheen und wählen ihren Mufti und Kadi selbst. Der regierende Emir bestätigt sie nur, allerdings müssen sie für seine Zustimmung bezahlen.

Der Aga (Kommandant) von Beirut ist kein Druse, sondern ein in dieser Stadt geborener Mohammedaner, der völlig dem Befehl des Emirs untersteht. Die meisten Einwohner sind Maroniten, man findet auch Griechen, einige wenige Juden und einen in der Levante geborenen Franzosen. Die Kaufleute von Marseille, auf die man in allen Häfen an dieser Küste stößt, haben mehrmals versucht, sich in Beirut niederzulassen. Aber sie sind nie lange geblieben und haben lieber Seide als Aufenthaltsort gewählt. Denn wenn sie in Seide Waren an die Drusen verkaufen, können sie diese mithilfe des Paschas zur

52 Beirut ist heute die Hauptstadt der Republik Libanon. Sie hat ca. 2 Mio. Einwohner (2012), einen bedeutenden Hafen und eine beachtliche Baumwoll- und Seidenindustrie.

Bezahlung zwingen. In Beirut jedoch kauften die Drusen viele Waren auf Kredit und vergaßen die Bezahlung, da sie niemand dazu zwingen konnte.

Über die Religion der Mohammedaner

Die Mohammedaner zerfallen ihrer Religion nach in Schiiten und Sunniten. Es gibt auch noch andere Sekten, doch haben diese keine große Bedeutung. Die Schiiten halten wie die Sunniten den Koran als ihr vornehmstes Gebetbuch. Sie behaupten auch, dass es nur einen Gott gibt und dass Mohammed sein Prophet ist. Sie sollen auf die Reinigung ihres Körpers achten, täglich fünf Mal beten, reichlich Almosen geben, im Ramadan fasten und zumindest einmal in ihrem Leben nach Mekka wallfahrten. Verschiedene Stellen des Korans erklären sie aber anders als die Sunniten. Vor allem verfluchen sie die drei ersten Kalifen, Abubekr, Omar und Othman. Dadurch ist der größte Hass zwischen den beiden Sekten entstanden. Des Weiteren müssen die Schiiten an die zwölf Imâms glauben, die nach ihrer Meinung nacheinander hätten regieren sollen, jedoch von den Kalifen verdrängt, ja sogar verfolgt wurden. Der erste Imâm ist Ali, der Schwiegersohn Mohammeds. Ihm zu Ehren haben die Schiiten im Glaubensbekenntnis zu *Es ist nur ein Gott und Mohammed ist sein Prophet* hinzugefügt: *und Ali ist sein Stammhalter.* Der zweite Imâm ist Hassan, der älteste Sohn Alis und der Fatima[53]. Er ist in Mekka begraben. Der dritte ist Hossein, Hassans Bruder. Der vierte Imâm heißt Ali, der fünfte Mohammed el-baker, der sechste Jaffar es-sadik.

Diese drei haben ihr Grab in Medina. Der siebente Imâm ist Musa el-Kâdem, der in Bagdad begraben ist. Der achte ist Ali er-ridda, sein Grab befindet sich in Meschhed in Khorasân[54]. Mohammed el-dsjoâd, der neunte Imâm der Schiiten, liegt bei seinem Großvater Musa in einer Moschee zu Bagdad. Ali el-hadi

53 Lieblingstochter Mohammeds.

54 In Meschhed, der Hauptstadt der Provinz Chorosan, einem schiitischen Wallfahrtsort, ist auch Harûn ar-Raschîd begraben.

und Hassan el-áskari sind der zehnte und der elfte Imâm. Ihre Gräber werden in Samarra, einer am Tigris nördlich von Bagdad gelegenen Stadt, gezeigt. Der zwölfte Imâm hieß Mohammed. Er wurde, wie man weiß, von dem damaligen Kalifen so verfolgt, dass er sich nahezu sein ganzes Leben lang in einem Keller zu Samarra aufhalten musste. Dort befindet sich auch sein Grab. Die Schiiten glauben, dass ihn Gott als Lebenden von der Erde habe verschwinden lassen und dass er kurz vor dem Ende der Welt unter dem Namen Mahdi wiederkommen werde, um alle Menschen zur Sekte Schia zu bekehren.

Die Gräber des ersten, dritten, siebenten, achten und neunten Imâms werden von den Schiiten am meisten besucht, da sie am nächsten liegen. Einige pilgern auch nach Samarra. Den Ehrentitel Hadsch dürfen aber nur jene tragen, die in Mekka gewesen sind.

Die Sunniten verrichten das Mittagsgebet zwischen 12 Uhr mittags und 3 Uhr nachmittags, das Nachmittagsgebet zwischen 3 Uhr und Sonnenuntergang. Sie halten sich an diese Zeitspannen, da sie glauben, dass Gott mit ihnen nicht zufrieden ist, wenn sie zu einer anderen Zeit beten. Schiiten, mit welchen ich in Persien reiste, machten es sich bequemer: Sie beteten abends für den ganzen Tag.

Die Schiiten beten nicht so andächtig wie die Sunniten. Ich sah oft, wie sie ihr Gebet unterbrachen, um zu hören, was gesprochen wurde, ja sie beteiligten sich sogar an dem Gespräch. Beim Waschen sind sie allerdings genau. Sie waschen sich vor dem Gebet und breiten dann einen Teppich aus (oder, falls sie den nicht haben, ihren Oberrock), um sich beim oftmaligen Niederwerfen nicht zu beschmutzen. Und damit ihr Gebet erhört werde, legen sie ein Stück von der Erde, auf welcher Hossein getötet wurde, auf die Stelle, die sie beim Niederwerfen mit der Stirn berühren. Nach dem Gebet holen sie einen aus derselben Erde verfertigten Rosenkranz hervor und beten so lange, bis alle Kugeln durch ihre Finger gelaufen sind. Am Ende dann kämmen sie ihren Bart.

Die erwähnten Erdstücke und Rosenkränze, von welchen infolge der raschen Abnützung eine große Menge gebraucht werden, werden in einer Fabrik in Meschhed Hossein hergestellt. Diese Fabrik gehört seit unzähligen Jahren ein und derselben Familie, die sich zu den Nachkommen Mohammeds rechnet und zu der Sekte Schia bekennt. Sie muss für dieses Monopol alljährlich eine beträchtliche Abgabe an den Pascha in Bagdad bezahlen.

Über die Regierung des Nadir Schah

Die Sekte Schia, welche schon über 200 Jahre in Persien herrschte und sich auch über die Grenzen Persiens ausgebreitet hatte, schwebte vor einigen Jahren in der Gefahr, zur Gänze ausgerottet zu werden. Der Mann, der dieses gewaltsame Werk auszuführen gedachte, war Nadir Schah[55]. Er wollte dies vielleicht, um den Ruhm zu erwerben, eine neue Sekte gestiftet zu haben, vielleicht sah er aber voraus, dass ihm seine Nachkommen nicht an Tapferkeit gleich sein würden, und hoffte, die neue Sekte würde den Thron für seine Familie retten.

Nadir wusste wenig vom Koran. Obgleich er seine Tapferkeit und Weltklugheit oft genug bewiesen und nicht nur ganz Persien, sondern auch Indien erobert hatte, fehlten ihm alle Voraussetzungen, eine neue Sekte zu stiften. Er hat daher durch seine Neuerungen viel mehr Schaden als Nutzen gestiftet. Doch bevor ich von diesem Unternehmen des großen persischen Helden spreche, will ich meine Leser genauer mit seiner Person und seiner Abkunft bekannt machen.

Die Familie des Nadirs hieß Kirklu und war ein Stamm der Afscharen, eines turkmenischen[56] Geschlechts, das früher einmal in Turkestan gelebt, sich aber später in Persien niedergelassen hatte. Nadir war also ein in Persien geborener turkmenischer Edelmann und nicht, wie man in Europa vielfach erzählt hatte, ein Holländer. Er kann, was seine Abstammung betrifft, mit einem kleinen arabischen Scheich verglichen werden, dessen Familie sich unter den Schutz eines großen Stammes begeben hat. Indes verstand er

55 Nadir Schah (1688–1747) erweiterte die Grenzen Persiens bis zum Indus.

56 Die Turkmenen, ein in zahlreiche Stämme gegliedertes Turkvolk, leben mehrheitlich in der nach ihnen benannten Republik Turkmenistan (seit dem Zerfall der Sowjetunion 1991 unabhängig, 2011 6,7 Mio. Einwohner) und als Minderheit im Nordiran, in Afghanistan und in Russland.

es geschickt, die Unruhen, die damals in Persien herrschten, zu seinem Vorteil auszunützen. Fast das ganze Reich hatte sich gegen den Schah empört, und vor allem in der Provinz Khorasân gab es mehr als einen Regenten. Hier schwang sich Nadir zunächst mit einigen wenigen Getreuen zum Schutzherrn mehrerer Dörfer auf. Als er dann durch rücksichtslose Plünderungen Geld zusammengerafft hatte, warb er mehr Leute an und gewann da und dort die Freundschaft mächtiger Scheichs. Diese räumte er teils mit List, teils durch Gewalt aus dem Weg und hatte so bald eine kleine Armee. Nun wagte er es, dem Schah selbst seine Dienste anzubieten. Er versprach ihm, die Rebellen niederzuschlagen, und da seine Tapferkeit schon bekannt war, wurde das Angebot angenommen.

Tahmas Schah war ein Schwächling und verstand nichts von der Kriegskunst. So musste er sich zur Gänze auf seinen General verlassen, der zwar ein rechtschaffener Mann, aber kein guter Soldat war. Vor allem fehlte ihm auch die Menschenkenntnis und Verschlagenheit des Nadirs. Nadir hätte die kleine Armee des Tahmas Schah vielleicht schlagen können, doch das hätte nicht zu seinem Plan gepasst. Er eroberte Kastell um Kastell, Dorf um Dorf und übergab alles freiwillig dem Schah. Dann bat er um die Ehre, auch die Truppen des Regenten befehligen zu dürfen, wobei er erklärte, den General als seinen Oberbefehlshaber anzuerkennen. Dies tat er sogar eine Zeit lang.

Nun, da ihm schon eine große Armee unterstand, schlug er alle, die sich dem Schah widersetzt hatten. Ein Rebell nach dem anderen verlor seinen Kopf. Und das Heer Nadirs wurde immer größer, die Kunde von seiner Tapferkeit lief ihm überallhin voraus. Nach einem schwachen Jahr war die ganze Provinz dem Tahmas Schah wieder unterwürfig.

Doch damit war der junge Held nicht zufrieden. Es gelang ihm, ein enger Vertrauter des Regenten zu werden, und schließlich erreichte er es, dass dieser seinen General, der ihm unzählige Jahre treu gedient hatte, hinrichten ließ. Wenig später war Nadir Befehlshaber über alle Truppen seines Herrn. Wie es seiner Wesensart entsprach, ließ er im ganzen Lande ausstreuen, der General sei ein Verräter gewesen.

Wieder wenig später begann Nadir damit, den Schah bei den Offizieren und bei der Armee lächerlich zu machen. Auch jetzt erreichte er sein Ziel. Der Schah wurde abgesetzt, auf den Thron wurde ein Prinz erhoben, der noch ein Kind und kränklich war. Dieses Kind ernannte Nadir zum Reichsverweser. Bald darauf starb Tahmas Schah. Man munkelte, dass ihn Nadir hatte vergiften lassen. Das offen auszusprechen wagte niemand.

Nadir regierte als Reichsverweser bis zum Tod des Prinzen, der sehr jung starb. Dann veranstaltete er die berühmte Versammlung der Perser in der Ebene Mogân[57]. Er wies auf alle Verdienste hin, die er dem Reich erwiesen hatte, und überließ es den Großen, wen sie zum neuen Herrscher erwählen wollten. Hinter ihm stand eine Armee von 100 000 Mann, die er mitgebracht hatte, wozu noch zu bemerken ist, dass ihm alle seine Soldaten treu ergeben waren, da er aus allen Kämpfen als Sieger hervorgegangen und gegen Plünderungen niemals eingeschritten war.

Als nun einer seiner Anhänger, ein angesehener und beredter Mann, erklärte, dass nur Nadir es verdiene, das Reich zu regieren, erhob sich kein Widerspruch. Denn jene, die Nadirs Feinde waren, wagten es nicht, sich zu widersetzen. Nadir tat so, als ließe es ihn kalt, dass er nun Herrscher über alle Perser war, er sagte sogar, es wäre ihm fast lieber gewesen, den Rest seines Lebens in Ruhe und Beschaulichkeit verbringen zu können. Und er erbat sich Bedenkzeit, ob er die Würde annehmen wolle.

Nadir hatte das Reich geeinigt, und es gab keine Rebellen mehr. Wenn man ihn also auf den Thron setzte, konnte man erwarten, dass Persiens Größe erhalten blieb. Man durfte ferner hoffen, dass unter seiner Regierung die Zeit der Kriege endgültig vorüber sein würde. Aber Nadir tat weiter so, als ob er noch nicht entschlossen sei, den Thron zu besteigen. Er ließ alle mehrere Tage hindurch fürstlich bewirten und entschloss sich erst zu einem Ja, nachdem er nahezu kniefällig darum gebeten worden war.

Nadir bekannte sich zu der Sekte Sunni, ebenso ein großer Teil der Armee. Denn die meisten Soldaten waren Afghanen,

57 Wüstengebiet in der Nähe von Meschhed.

Turkmenen und Araber, also als Sunniten erzogen worden. Man hatte wohl gemerkt, dass Nadir diesen Fremden mehr gewogen war als den Einheimischen, die Schiiten waren, doch hatte man angenommen, dass der Grund hierfür die größere Tapferkeit der Fremden war. Die Perser liebten und lieben Ackerbau und Handel ja immer mehr als das Kriegshandwerk. Außerdem hatte sich Nadir nie um die Religion gekümmert, sein Streben war nur gewesen, den Religionshass einzudämmen, um eine einige Truppe hinter sich zu haben. Man hoffte also, er würde als Schah ebenso tolerant sein, wie er es als General gewesen war. Doch da irrten die Perser sehr.

Kaum hatte Nadir die Regentschaft übernommen, versammelte er auch schon die Großen des Reiches. Er wies auf die üblen Folgen hin, die durch die Religionsspaltungen so oft entstanden waren; er erinnerte an die blutigen Kriege zwischen den Türken und den Persern; er sagte offen, dass die Armee, mit deren Hilfe er Persien befriedet habe, zum Großteil aus Sunniten bestünde; und schließlich sagte er das, was für die Schiiten ungeheuerlich war: Er würde es nicht dulden, dass die Befreier des Königreichs Persien als Ketzer verachtet würden, und er würde es ebenso wenig dulden, dass die Sunniten in Zukunft mit anhören müssten, wie die Schiiten die ersten drei Kalifen verfluchten. »Es ist der Wille Gottes, dass ihr euch mit den Sunniten vereinigt«, rief er den Schiiten abschließend zu.

Nachdem Nadir diese große Rede gehalten hatte, verließ er die Versammlung. Er riet den Großen, lange und gründlich zu beratschlagen. Und er sprach auch aus, dass er den Thron einem anderen überlassen würde, sollte sein Vorschlag nicht angenommen werden. Seine Rede hatte er am Nachmittag gehalten. Am Abend stand die ganze Armee von 100 000 Mann unter Waffen.

Es fehlte nicht an beredten Männern, welche Nadirs Religionseifer lobten. Andere allerdings meinten, man müsse die Entscheidung über eine Religionsänderung den Geistlichen überlassen. Sie holten den Scheich el-Islam (Mufti) herbei und forderten ihn auf, seine Meinung zu äußern. Der Scheich hob zuerst die Verdienste Nadirs um das Reich hervor, sagte aber dann, über eine so wichtige Angelegenheit wie eine Religionsänderung könnte nur die Geistlichkeit beraten, und hierzu brauche sie viel Zeit. Nach diesen Worten erhob sich sofort ein großer Tumult, man schrie, die Geistlichen hetzten den einen Mohammedaner gegen den anderen nur um ihres Vorteils willen auf, und der Mufti, ein wehrloser Greis, wurde halb totgeschlagen. Nun hatte niemand mehr etwas gegen die Religionsänderung einzuwenden.

Nadir ließ nach seiner Rückkehr in seine Residenz sofort ein Dekret anfertigen, das ein Befehl war, und schickte es in alle Provinzen des Reiches. Es war ab sofort jedem Mohammedaner verboten, die drei ersten Kalifen zu verfluchen. Aber damit nicht genug: In dem Dekret wurde auch angeordnet, dass es keine Schiiten mehr gab. Sie waren eine Sekte der Sunniten geworden und hatten sich Dsjafarianer[58] zu nennen.

Durch diesen Befehl zeigte Nadir Schah den Persern gleich am Beginn seiner Regierung, was sie von ihm zu erwarten hatten. Es gab natürlich Geistliche, die seine Entscheidung hinsichtlich der Religion vortrefflich fanden, und sie erhielten auch bald die besten Ämter. Man sprach in Persien nun sehr viel von Menschenliebe, von der Duldung fremder Religionsverwandter und von der Abschaffung des Aberglaubens. Man nannte die Schiiten dumme Heuchler, die den Koran falsch auslegten. Allein sosehr sich die Dsjafarianer auch bemühten, die Schiiten lächerlich zu machen, breitete sich die neue Lehre doch sehr langsam aus. Außerdem begann man, die Dsjafarianer genau zu beobachten. Man fand bald, dass sie mit der neuen Religion ihr Herz nicht verbessert hatten und fette Pfründen genauso wie die Schiiten liebten. Beschuldigte man die Schiiten des Aberglaubens, beschuldigte man die Dsjafarianer des Unglaubens, da man merkte, dass ihre Geistlichen die Moschee nur aufsuchten, wenn sie dafür bezahlt wurden. Legte man den

58 Nach Dsjafar dem Wahren, einem der bedeutendsten Prediger des Islam (etwa 600 bis etwa 540 v. Chr.). Dass Nadir Schah diesen Namen wählte, ist kein Zufall, denn Dsjafar predigte, dass alle Mohammedaner einander lieben müssten. Er verbot auch das Fluchen und Verfluchen.

Schiiten zur Last, geschworene Feinde fremder Mohammedaner zu sein, warf man den Dsjafarianern vor, nun die ärgsten Feinde der Anhänger der Sekte ihrer eigenen Vorfahren geworden zu sein. Bald genug nannte man Nadir Schah einen Ketzer, einen Ungläubigen, der die rechtgläubigen Könige verdrängt hatte.

Die Folge davon waren zuerst Unruhen und dann Aufstände. Nadir Schah hielt die Perser, die er vom Joch der Afghanen, Türken und Russen befreit hatte, nun für undankbar. Er strafte die Rebellen hart, und da sich dennoch der Aufruhr nicht legte, wurde er nach und nach ein sehr grausamer Tyrann. Hätte er sich nicht um die Religion gekümmert, wäre ihm dies alles erspart geblieben. Wahrscheinlich hätte er den türkischen Sultan absetzen und Konstantinopel plündern können, wie er Delhi geplündert hatte. So aber wurde sein Leben neuerdings ein ständiger Krieg. Er hatte nicht nur auswärtige Feinde, sondern auch ununterbrochen Rebellen zu bekämpfen, schließlich wurde er, nachdem er das Land, obwohl er immer siegte, arm gemacht und entvölkert hatte, des Nachts von einem schiitischen Geistlichen in seinem Zelt ermordet.

Man behauptet, dass Nadir Schah die Absicht hatte, aus der mohammedanischen, der christlichen und der jüdischen Religion *eine* Religion zu machen. Zu diesem Zweck ließ er von einem katholischen Mönch die 5 Bücher Mose ins Persische übertragen, dann trug er einem mohammedanischen Gelehrten auf, daraus und aus dem Koran ein neues Gesetzbuch zu schaffen. So weit kam er nicht, da ihn vorher der Tod ereilte.

Nach dem Tod Nadir Schahs blieb alles beim Alten. Die Dsjafarianer verschwanden allmählich, und es gab wieder Schiiten und Sunniten. Auch der alte Hass flammte wieder auf. Und die Perser blieben, was sie gewesen waren: Schiiten.

Dritter Teil

Die Stadt Haleb

Haleb[59] ist die Residenz eines Paschas mit drei Rossschweifen und eine der schönsten Städte im Türkischen Reich. Die Straßen sind zwar auch hier, wie in allen anderen morgenländischen Städten, schmal und krumm, die Häuser jedoch dauerhaft gebaut und schöner anzusehen als anderswo. Dicht bei der Stadt wird ein Stein gebrochen, der sich vortrefflich für den Häuserbau eignet. Mit diesem Stein werden auch die Straßen gepflastert und ein kleiner, von einem Graben umgebener Hügel mitten in der Stadt, auf dem das Kastell steht, ist außen ganz mit steinernen Platten verkleidet. Die Umgebung Halebs ist allerdings wahrhaftig nicht schön. An dem kleinen Fluss Kolik, der nahe der Stadt vorüberfließt, liegen zwar einige hübsche Gärten, sonst jedoch sieht man nur wenig Grün. Die große Wüste zwischen Haleb und Basra erstreckt sich jetzt schon bis zu den Vorstädten Halebs.

Bei dem Namen Wüste muss nicht immer an sandigen, unfruchtbaren Boden gedacht werden. In vielen Gegenden des Morgenlandes, so auch in der Umgebung von Haleb, befanden sich früher Dörfer, fruchtbare Felder und Gärten, die reichen Ertrag brachten. Unter der türkischen Verwaltung aber sind die schönsten Gegenden zu Einöden geworden. Eine despotische Regierung schützte die Einwohner der an die Wüste grenzenden Provinzen nicht gegen die mit ihrem Vieh umherwandernden Araber und Kurden, die so gern ernten, was sie nicht gesät haben. Die Paschas, die selten lange in einer Provinz bleiben, wollen dort rasch reich werden und lassen die Steuern mit aller Strenge eintreiben, ohne sich zu kümmern, ob den Bauern ihr Vieh und ihr Korn geraubt wurden oder nicht. Die Folge davon

59 Aleppo hat heute (mit Vororten) ca. 2,5 Mio. Einwohner und ist ein bedeutendes Verkehrs- und Handelszentrum Syriens.

war, dass die Bauern nach und nach ihre Dörfer verließen und dass die Äcker nicht mehr gepflügt wurden. So wächst und wächst die Wüste immer mehr.

Dennoch lebt Haleb gut vom Handel. Denn über Haleb gehen alle Waren, die über das Mittelländische Meer und aus verschiedenen türkischen Häfen durch die Wüste nach Mosul, Bagdad und Basra und auch nach Persien und Indien gesandt werden sollen. Alle diese Waren werden von Beduinen befördert, die für die Transporte ihre Kamele zur Verfügung stellen. Dass sie sich dafür gut bezahlen lassen, ist leicht zu erraten.

Einzelne Araber, die nichts als Briefe bei sich haben, reisen durch die Wüste, ohne Gefahren ausgesetzt zu sein. Auf diese Weise wird die Korrespondenz zwischen Haleb und den anderen Städten jenseits der Wüste ständig aufrechterhalten. Auch ein Europäer, der die Landessprache versteht und schon gar nichts mit sich führt, kann gefahrlos die Wüste durchqueren, wenn er einen Beduinen als Führer hat. Glaubt aber ein Europäer, dass er sich gegen einen Angriff in der Wüste verteidigen kann, weil er ein gutes Gewehr und viel Mut besitzt, irrt er sehr. Ein Engländer aus Bengalen, ein tapferer Seeoffizier, der auf diesem Weg nach Indien zurückkehren wollte, ließ sich von dem, was hier alle wissen, nicht überzeugen. Als er in Scanderone (Alexandrette)[60] angekommen war, riet man ihm, auf eine Karawane zu warten, die in Kürze aufbrechen würde. Er aber wollte gleich reisen, brach am nächsten Morgen auf und wurde von den Kurden überfallen, noch bevor er Antiochia erreicht hatte. In Haleb, wo er einige Wochen auf eine Karawane hätte warten müssen, war er noch nicht klüger geworden. Er kleidete sich wie ein Araber und kam tatsächlich bis in die Gegend von Basra durch. Dort wurde er abermals überfallen, und dass es ihm gelang, auf einen Hügel zu flüchten, half ihm wenig. Denn die Araber schlossen ihn ein und warteten, bis er sein Gewehr weggeworfen hatte. Dann nähmen sie ihm alles weg, sogar seine Kleider, und verprügelten ihn auch noch tüchtig.

---

60 Heute Iskenderun.

Die Kaufleute reisen mit ihren Waren nur in Karawanen. Die Zeit, zu der große Karawanen von Haleb nach Basra aufbrechen, ist bekannt, da diese Karawanen nur dann aufbrechen, wenn Schiffe aus Indien angekommen sind. Ist es anders, gibt der angesehene Kaufmann, der diese Karawane anführt, den Termin seiner Abreise bekannt (er wird in der Stadt öffentlich angeschlagen). Wer mitgehen will, meldet sich bei ihm, und sobald er glaubt, dass diese Gesellschaft stark genug ist, sich gegen die zu erwartenden Überfälle zu verteidigen, bestimmt er den Tag des Aufbruchs. Dann mietet jeder die Kamele, die er braucht, und macht sich zur Reise fertig. Am Tag vor dem Abzug der Karawane versammeln sich alle an einem bestimmten Ort außerhalb der Stadt. Die Sicherheit einer solchen Karawane beruht hauptsächlich auf der Redlichkeit und Geschicklichkeit ihrer Anführer. Da aber die eingeborenen großen Kaufleute nur selten auf eine Reise durch die Wüste ansehnliche Geldbeträge mitnehmen, vor allem dann, wenn sie zu dem Anführer kein Vertrauen haben, kann man es jederzeit wagen, sich einer großen Karawane anzuschließen. Gewiss gibt es Beispiele, dass in der Wüste Karawanen geplündert worden sind. Wenn man aber bedenkt, wie viele durch Seereisen Vermögen und Leben verlieren, muss man zu dem Schluss kommen, dass eine Reise durch die Wüste nicht gefährlicher ist als eine Seereise in unseren Gegenden.

In Haleb wird, wie in ganz Syrien, Arabisch gesprochen. Das Türkische ist, wie in allen Provinzen des Sultans, die Hofsprache. Die Europäer bedienen sich bei ihren Geschäften mit den Maklern des Italienischen. Aber auch das Französische wird immer mehr bekannt. Die Franzosen, Engländer, Holländer und Venezianer haben in Haleb Konsuln, die sich alle größter Achtung erfreuen.

Tuch ist von allen Waren, mit welchen die Europäer den Orient versorgen, am gängigsten. Die Franzosen machen ihr Tuch leicht und dünn und verstehen es, ihm ein hübsches Aussehen zu verleihen. Da die Fracht von Marseille nach der Levante billiger ist als die aus dem Norden Europas, haben sie den meisten Absatz. Die vornehmen Türken, die ihre Dienerschaft alljährlich zum Bairamfest[61] neu einzukleiden pflegen, brauchen dazu französisches Tuch. Die Herren selbst bevorzugen englisches Tuch und für Reisekleider rotes venezianisches. Da Venedig wegen der barbarischen Seeräuberei gezwungen ist, seine Handelsschiffe von Kriegsschiffen begleiten zu lassen, kommt dieses Tuch am teuersten.

Die Franzosen sind in Haleb bei Weitem in der Überzahl. Ihre Konsuln machen auch Geschäfte mit der türkischen Regierung, um die sie niemand beneidet. Sie haben wahrhaftig kein angenehmes Los. So machen ihnen die europäischen Mönche, die seit vielen Jahren unablässig bemüht sind, die verschiedenen Sekten der morgenländischen Christen mit ihrer Kirche zu vereinigen, mehr als genug zu schaffen. In Haleb halten sich Franziskaner (Patres de terra sancta)[62], Kapuziner, Karmeliter und Jesuiten auf. Wenn diese nun einen *reichen* christlichen Kaufmann (an Mohammedaner dürfen sie sich nicht wagen) dazu überredet haben, den Papst als Oberhaupt der Kirche anzuerkennen, führt dies nicht selten zu Unstimmigkeiten in der Familie und zu Streitigkeiten in der Gemeinde. Denn die Geistlichen der so klein und arm gewordenen morgenländischen Kirche beklagen sich bei der türkischen Obrigkeit, dass ihre Gemeinde immer mehr abnehme, dass schon wieder eines ihrer Mitglieder *Europäer* geworden sei, dass sie bald nicht mehr imstande sein würden, die ihnen vom Sultan auferlegten Lasten zu tragen. Die Türken, welchen es gleichgültig ist, zu welcher Sekte sich die Christen bekennen, hören derlei Klagen gern, da ihnen dies Geld einbringt. Wohl dürfen sie die europäischen Mönche, die unter dem Schutz des französischen Ambassadeurs[63] zu Konstantinopel stehen, nicht angreifen, aber es kann sie niemand daran hindern, den Abtrünnigen ins Gefängnis zu werfen und erst wieder freizulassen, wenn er eine große Summe Geld bezahlt hat.

---

61 Es gibt zwei Bairamfeste: das große, d. i. das Opferfest, und das kleine, d. i. das Fest des Fastenbrechens.

62 Der in Rom beheimatete Ordenszweig.

63 Botschafter.

Abkömmlinge von Franzosen, die dem Reiz der morgenländischen Schönen nicht widerstehen können und sich in der Levante verheiraten, machen den französischen Konsuln bisweilen auch viel zu schaffen. Diese levantinischen Franzosen, die Frankreich nie gesehen haben und nur für eigene Rechnung Handel treiben, genießen gleichfalls den Schutz des französischen Konsuls und unterstehen dem Kadi nicht. Dieser Umstand ist mehr als oft Anlass zu Unstimmigkeiten. Denn die türkische Obrigkeit will, wenn sie dem Konsul der Franzosen auch wohlwollend gegenübersteht, doch nicht, dass seine Macht ins Ungemessene wächst. Vor Kurzem verfügte der König von Frankreich allerdings, dass jeder seiner Untertanen, der sich ohne Erlaubnis in der Levante verheiratet, sofort nach Marseille geschickt werden muss. Es ist anzunehmen, dass durch diesen Erlass die morgenländischen Schönen gezwungen sein werden, in Zukunft Ehegatten unter ihresgleichen zu suchen.

Die Kolonie der Engländer ist in Haleb die zweitstärkste. Sie dürfen sich in der Levante verheiraten, tun es aber nicht, weil sie, nachdem sie ein kleines Vermögen erworben haben, in die geliebte Heimat zurückkehren und erst dort in den Stand der Ehe treten. Ihre Geistlichen kümmern sich nicht um die Glaubensangelegenheiten der morgenländischen Christen und sind deshalb sehr geachtet. Untereinander leben sie in größter Einigkeit.

Auch die Holländer kümmern sich nicht darum, ob die Anhänger der verschiedenen Sekten morgenländischer Christen mit ihren Lehren selig werden oder nicht. Man hatte vor einigen Jahren in Halle den Einfall, verschiedene kleine Bücher für die morgenländischen Christen und Juden drucken zu lassen und an den damaligen holländischen Konsul in Haleb zu schicken, mit der Bitte, er möge sie an Christen und Juden verschenken. Dies tat der Konsul, doch die Dienstbarkeit der Hallenser wurde nicht mit der erwarteten Dankbarkeit aufgenommen. Niemand wollte die Büchlein haben, niemand las sie. So ließ sie der Konsul verpacken und in sein Magazin stellen. Sicher stehen sie dort noch heute.

In Haleb gab es, als ich dort war, kein holländisches Handelshaus außer dem des Konsuls der Generalstaaten, des Herrn van Masseyk. Er machte bedeutende Geschäfte. Der Handlungsgesellschafter des Herrn van Masseyk war aus Neuchâtel, sein Konsulatssekretär aus Obersachsen, er selbst aus Friedrichsstadt im Herzogtum Schleswig, seine Gemahlin aus Hamburg, seine Tante aus Irland, und nur ein junger Kaufmann, der ihm bei seinen Geschäften half, war ein Holländer. So hörte ich in diesem Haus täglich Französisch, Englisch, Holländisch und Deutsch, auch das Plattdeutsche wurde nicht vergessen. Mit den armenischen Dienern sprach man italienisch, diese wiederum beherrschten außer Italienisch und ihrer Muttersprache auch Türkisch und Arabisch. Ich merkte hier auch mit Verwunderung, wie leicht es Kindern fällt, Sprachen zu lernen, wenn sie hierzu Gelegenheit haben.

So angenehm mir der Aufenthalt in Haleb aber auch war, musste ich doch an eine neue Reise denken. Mein König hatte mir über den Grafen von Bernstorf den Befehl erteilt, mich nach Zypern zu begeben. Ein Herr Pocock hatte dort Inschriften kopiert, welche die Gelehrten für phönizisch hielten. Mein König wollte nun, dass ich diese Inschriften gleichfalls kopierte. Ich hatte es eilig, diese Nebenreise anzutreten, weil ich bald wieder in Haleb sein musste, wollte ich eine Karawane erreichen, deren Ziel Konstantinopel war.

Die Reise von Haleb nach Zypern

Der nächste Weg zu der Insel Zypern führt über Scanderone. Ich reiste dorthin am 24. Juni abends mit einer kleinen Karawane ab. Etwa 6 deutsche Meilen vor dieser Stadt lagerten wir am Morgen in Martahwân. Das Haus, in dem die Reisenden hier einkehren, ist groß und bequem. Der Wirt war für einen Mohammedaner sehr gesprächig und dienstfertig, die Weiber schienen den Umgang mit fremden Männern nicht so zu fürchten wie andere Morgenländerinnen. Sie bedeckten weder ihr Gesicht noch liefen sie davon, wenn wir ihnen nahe kamen. Als ich des Nachmittags mit meinem Reisegefährten für kurze Zeit das Zimmer verlassen hatte, fanden wir bei unserer Rückkehr auf dem Sofa ein dickes, plumpes Weibsbild, welches der Wirt für seine Tochter ausgab. Sie trug wie die Weiber der Drusen eine hohe, silberbeschlagene Mütze, welche die Form eines Zuckerhuts besaß. Etwas Derartiges war mir auf meiner ganzen Reise noch nicht begegnet. Das Weib gab uns durch Gesten zu verstehen, was es von uns wollte, und als wir es hinauswarfen, beschimpfte es uns arg.

Wir blieben einen ganzen Tag in Martahwân. In der folgenden Nacht ritten wir auf einem beschwerlichen Weg durch eine bergige Gegend bis Salchhîn. Hier hat man wohl keine Räuber zu fürchten, aber kleine Diebe. Einer von ihnen machte den Versuch, uns seine Kunst zu beweisen. Er näherte sich dreist einem Pferd, das ein Kaufmann an einen Stein gebunden hatte, und versuchte, es loszubinden. Ein anderer Kaufmann bemerkte dies, und der Dieb machte sich geschwind aus dem Staub. Manchmal gelingt es diesen Dieben, nachts ein gesatteltes Pferd zu stehlen und davonzureiten.

Von Salchhîn bis Antiochia[64] (es heißt jetzt Antaki) sind etwa 4 Meilen. Der Weg führt durch eine fruchtbare, aber wüste Ebene, in der man außer einer Brücke über den Orontes nichts Bemerkenswertes findet. Hier stießen wir auf riesige Schwärme von Fliegen, die unsere Pferde anfielen und fast zur Raserei brachten. Doch wir kamen, ohne ein Pferd zu verlieren, von hier weg.

Antiochia, diese ehemals berühmte Stadt und Residenz der syrischen Könige, hat heute nichts mehr zu bieten, wenn man von ihrer schönen Lage absieht. Die Stadtmauer ist noch in einem guten Zustand, die 6 Stadttore sind erhalten. An beiden Ufern des Orontes bemerkte ich Wassermühlen.

64 Heute Antakya. Antiochia, 300 v. Chr. von Seleukos I. Nikator († 280) gegründet, war die Hauptstadt des Seleukidenreiches und hatte seine Blüte in der römischen Kaiserzeit (500 000 Einwohner). Die Seleukiden waren eine mazedonische Dynastie in Syrien (312–64 v. Chr.). Seleukos I., ursprünglich Statthalter von Medien und Babylonien, dehnte seinen Herrschaftsbereich bis an das Ägäische Meer und den Indus aus.

Antiochia hat für uns Christen nie an Bedeutung verloren, da hier die Apostel zuerst den Namen Christen angenommen haben (Apostelgeschichte 11,26). Das Christentum gewann in dieser Metropole auch so an Bedeutung, dass ihr die Griechen den Beinamen Theopolis[65] verliehen. Jetzt findet man aus der Zeit der Christen fast nichts mehr. Von der großen, dem Apostel Paulus geweihten Kirche ist nur noch ein Wasserbehälter übrig, der vor der Kirche stand. Dort sitzen jetzt Leute, die Brot und Kaffee verkaufen. Außer diesem Wasserbehälter konnte ich keinen Zeugen einer stolzen Vergangenheit finden.

Die Polhöhe der Stadt Antiochia ist nach meinen Beobachtungen 36°12'. Die Häuser ihrer jetzigen Bewohner, etwa 2500, sind schäbig, aber seltsam hoch. Sie haben schräge Dächer, die mit Ziegeln bedeckt sind. Vielleicht ist diese Bauart zur Zeit der Kreuzzüge von den Europäern eingeführt und von den Eingeborenen nachgeahmt und beibehalten worden.

Es gibt in Antiochia nur noch wenige Christen. Ihre Kirche ist eine kleine Felsengrotte. Alle anderen Bewohner sind Mohammedaner, die vom Tabakanbau leben. Seltsamerweise wird in Antiochia türkisch gesprochen.

Am 30. Juni verließen wir Antiochia. Wir ritten etwa vier Stunden durch eine fruchtbare, aber unbebaute Ebene nordwärts bis Karamurt, einer großen, schönen Karawanserei. Von dort zogen wir über steile Berge und durch enge, zwischen Felsen gelegene Pässe nach Beilan. Unterwegs stießen wir mehrmals auf Ghafâren (das sind Leute, die für die Sicherheit auf den Landstraßen sorgen sollen). Diese Ghafâren verabsäumen es nicht, von den Untertanen des Sultans das Geleitgeld und von den Europäern doppelt so viel oder noch mehr zu fordern. Dabei kümmern sie sich überhaupt nicht um die Reisenden, sodass auf diesem Weg Plünderungen nicht selten sind. Ich selbst wäre beinahe einigen Kurden in die Hände gefallen, als ich vorausgeritten war und mich zu weit von der Karawane entfernt hatte.

---

65 Stadt Gottes.

Von Beilan hat man eine vortreffliche Aussicht auf das Mittelländische Meer. Das war für mich ein ganz neuer Anblick, da ich seit dem Verlassen des Persischen Meerbusens keine See gesehen hatte. Scanderone oder Alexandrette, der Hafen von Haleb, ist nur 1 ½ deutsche Meilen von Beilan entfernt und liegt am Ufer des Meeres. Scanderone ist wegen der großen Hitze und seiner ungesunden Luft so berüchtigt, dass Reisende, die hier zu Schiff ankommen, gerne gleich nach Beilan weiterreisen, und jene, die von Haleb kommen, lieber in Beilan bleiben, bis sie in Alexandrette an Bord gehen können. Ich fand die Hitze hier gar nicht so groß, ich hatte mich im Verlauf meiner Reise in viel heißeren Gegenden aufgehalten. Die Luft ist aber in hohem Grad ungesund. Denn das vom Gebirge kommende Wasser fließt in große Sümpfe, deren Ausdünstungen der Gesundheit höchst schädlich sind. Daher findet man hier außer den Häusern der Vizekonsuln und Kaufleute, welche sich um den Transport der Waren von und nach Haleb kümmern, nur noch etwa 70 schlechte Hütten, die von armen Griechen bewohnt werden. Im Morast selbst sieht man die Ruinen eines Gebäudes, das angeblich von Alexander dem Großen erbaut wurde. Ob das nun so ist oder nicht, man kann sehen, dass diese Ruinen einige Hundert Jahre alt sind. Daraus lässt sich schließen, dass Scanderone zu einer Zeit, in der es die Sümpfe noch nicht gab, sich sehr weit erstreckte.

Herr van Masseyk hatte mir ein Empfehlungsschreiben an den holländischen Vizekonsul in Scanderone, Herrn Longis, mitgegeben. Dieser besaß in Beilan ein Haus und lud mich ein, bis zur Abfahrt eines Schiffes nach Zypern bei ihm zu bleiben. Beilan war also gleichsam mein Hauptquartier.

Dieser Ort liegt unter der Polhöhe 36°30'. Wenn man von Antiochia kommt, sieht man Beilan erst, wenn man unmittelbar davor steht. Von Scanderone her gleicht die Stadt einem Halbmond, der an der Flanke eines Gebirges hängt. Da diese Flanke ganz mit Wald bedeckt ist, sieht das sehr schön aus. Die Zahl der Häuser beträgt etwa tausend. Das Wasser ist vortrefflich, die Luft sehr kalt. Wenn nun jemand aus der großen Hitze Scanderones in die raue Luft Beilans kommt, kann es nur zu leicht sein, dass ihn eine schwere Erkältung oder ein heimtückisches Fieber erfasst. Ich für meine Person fand in dieser heißen Jahreszeit diese kalte Höhenluft ungemein angenehm und erquickend.

Endlich erhielt ich die Nachricht, dass am 13. Juli ein Schiff mit dem ersten Ziel Larneca[66] in See stechen würde. Am 12. Juli begab ich mich also, begleitet von meinem freundlichen Wirt, nach Scanderone und ging gleich an Bord. Es war ein kleines französisches Schiff, das nach Marseille zurückkehren und im Hafen von Larneca anlegen wollte. Wir hatten auf dieser Fahrt des Nachts ständig Windstille. Erst um 9 Uhr morgens erhob sich ein schwacher Wind, der allmählich stärker wehte, bis zum Beginn des Nachmittags anhielt und dann wieder schwächer wurde. Diese Windstille verzögerte unsere Fahrt so sehr, dass wir erst am 18. vor Larneca Anker warfen.

Auf Zypern

Larneca besteht aus zwei großen Dörfern, von welchen die Europäer das am Meer liegende Scala, Marina oder (nach einem benachbarten Salzsee) Saline nennen. In diesem Dorf befinden sich das Zollhaus und ein kleines Kastell. Das eigentliche Larneca, Wohnsitz der europäischen Konsuln, ist etwa 700 Schritte von Scala entfernt.

Ich wunderte mich, nachdem ich von Bord gegangen war, nicht wenig, als ich eine hübsche englische Kutsche erblickte, ein Fahrzeug, das ich seit vielen Jahren nicht gesehen hatte. Noch mehr aber wunderte ich mich, als ein Europäer auf mich zutrat und mich einlud, beim hiesigen englischen Konsul, Herrn Turner, Quartier zu nehmen. Später erfuhr ich, dass ich diese freundliche Einladung Herrn van Masseyk zu verdanken hatte. Der Konsulatssekretär, der mich empfing, hieß Mariti und wurde später durch seine »Viaggi per l'isola di Cipro e per la Soria e Palestina« bekannt, ja berühmt.

66 Heute Larnaka. Hafenstadt an der Südostküste Zyperns (2004: 77 000 Ew.). Geburtsort des Philosophen Zeno.

Larneca liegt nach meiner Beobachtung unter der Polhöhe 34°35'. Etwa die Hälfte der Einwohner besteht aus Mohammedanern, welchen für ihre religiösen Übungen zwei prachtvolle Moscheen zur Verfügung stehen. Auch die Franziskaner und Kapuziner haben hier Kirchen, welche von den morgenländischen, mit der römischen Kirche vereinigten Christen fleißig besucht werden. Das Klima von Larneca war einstmals sehr ungesund, unzählige Einwohner wurden von einem bösartigen Fieber hinweggerafft. Schuld daran war vor allem das schlechte Trinkwasser. Dass es anders wurde, verdanken die Bewohner der Stadt dem Bekir Pascha, der eine von dem Dorf Arpera nach Larneca und Saline führende Wasserleitung errichten und die Sümpfe ringsum zuschütten ließ.

Zwischen Larneca und Saline sind noch die Ruinen einer Stadt zu sehen, die Pocock Citium nennt. Einen Beweis für diesen Namen gibt es aber nicht. Von dieser ehemaligen Stadt sind übrig: ein paar Steine der Stadtmauer, ein mit Geröll gefüllter Stadtgraben, ein verfallenes Grab. Die von Herrn Pocock erwähnten Inschriften fand ich nicht, sosehr ich mich auch bemühte. Dafür entdeckte ich auf der Kirche des heiligen Lazarus in Saline einige mir ganz fremde Schriftzüge. Diese kopierte ich. Später erfuhr ich, dass sie phönizisch waren.

Man riet mir, mich nach dem Dorf Schiti zu begeben. Dort, sagte man mir, könnte ich vielleicht einige Altertümer finden. So begab ich mich dorthin. Schiti liegt etwa eine deutsche Meile südwestlich von Larneca. Entdecken konnte ich auch dort nichts von Bedeutung. Die Altertümer waren einige große Steine, die so schwer waren, dass sie niemand hatte fortschleppen können.

Südöstlich von Schiti breitet sich eine sehr fruchtbare Gegend aus, in der sich Maulbeerbaum an Maulbeerbaum reiht. Diese Gärten haben vermutlich früher den Bewohnern von Citium (wenn es diese Stadt überhaupt gegeben hat) gehört, jetzt sind sie Eigentum der Bewohner Larnecas. Nachdem ich ein paar angenehme Stunden im Schatten der Maulbeerbäume geruht hatte, ritt ich eine Meile weiter nach Südsüdwest bis zum Ufer des Meeres. Dort, behauptete mein Führer, befänden sich die

Ruinen einer Stadt namens Parasolia. Aber auch dort fand ich nichts außer vielen kleinen Hügeln und zerfallenen Häusern. Eine Inschrift war auch in Parasolia nicht zu sehen.

In dem großen Türkischen Reich gibt es keine Provinz, deren Einwohner so sehr unterdrückt und ausgebeutet werden wie die der Insel Zypern. Nach der Eroberung gab es hier 80 000 Griechen, die den Charâdsch (Kopfsteuer) zu entrichten hatten. Da diese Steuer sehr hoch war, wurden viele Familien zugrunde gerichtet und daher gezwungen, ihr Vaterland zu verlassen und ihren Unterhalt anderswo zu suchen. Viele wurden auch Mohammedaner, um von der Kopfsteuer befreit zu werden. Die Türken fragten allerdings wenig danach, ob sich die Zahl der Bewohner Zyperns verringerte oder nicht, sie forderten jene Einkünfte, die sie von allem Anfang an bezogen hatten. Alle, die Christen geblieben waren, mussten die Kopfsteuer für die abtrünnig Gewordenen bezahlen, die Wohlhabenden hatten die Steuer für die Armen zu entrichten. Und als dann der Sultan einen Teil der Einkünfte, die ihm Zypern brachte, dem Wesir als Gehalt überließ, wurde die Lage der Zyprioten noch trauriger. Denn kein Wesir (Mutasillim, Muhassel, eigentlich Pächter) blieb hier lange. Kam ein neuer, mussten die Einwohner doppelt bezahlen, denn der neue war der Meinung, es habe ihn nicht zu bekümmern, was sein Vorgänger erhalten habe.

So kam es, dass sich die Unterdrückten gegen die Tyrannen zur Wehr setzten. Immer häufiger kam es zu Aufständen, und als einer der Wesire auch von den Mohammedanern die Kopfsteuer forderte, vereinigten sich alle Bewohner ohne Unterschied der Religion, ermordeten den Mutasillim und steckten seinen Palast in Brand. Daraufhin schickte der Sultan Kriegsschiffe nach Zypern, ein Pascha mit zwei Rossschweifen erhielt den Befehl, die Rebellen – es waren etwa 3000 – niederzuschlagen. Aber die Rebellen befanden sich in einem Kastell im Norden der Insel, und der Pascha war außerstande, es zu erobern. Erst als er die Anführer mit List aus der Festung lockte, war die Rebellion zu Ende. Nahezu alle Rebellen wurden hingerichtet oder in die Sklaverei geschickt.

Die wichtigsten Produkte der Insel Zypern sind: Wein, Seide, Baumwolle, Wolle, Weizen und Gerste. Da sich aber die Zahl der Einwohner ständig verringert hat, ist im Laufe der Jahre die Ausfuhr immer geringer geworden. Ganz in der Nähe von Larneca befindet sich ein Salzsee, der reichen Ertrag abwirft. Dieses Salz nehmen die Schiffer mit, wenn sie auf Zypern keine Ladung erhalten.

Über den Herrn Montague

Kurz vor meiner Ankunft war Herr Montague mit einem italienischen Schiff nach Zypern gekommen. Ich hatte aber nicht das Glück, seine persönliche Bekanntschaft zu machen, da er schon weitergereist war. Das bedauerte ich sehr. Meinen Lesern wird es sicher nicht unangenehm sein, wenn ich einiges von diesem berühmten Reisenden erzähle.

Als Herr Montague das erste Mal nach Venedig zurückkam, wie ein Morgenländer gekleidet und mit einem langen Bart, fragte ihn Mr. Murray, der damals der Resident Venedigs war, wie er es vergnüglich finden könne, unter den Türken zu leben und sich wie ein Türke zu kleiden. Daraufhin sagte Herr Montague: »Das will ich Ihnen erklären, Sir. Sie haben mich in England kennengelernt, also wissen Sie, dass mich mein Vater wenig geliebt hat. Als seine letzte Stunde gekommen war, setzte er ein Testament auf, in dem er mir jährlich 500 Pfund Sterling vermachte. Das andere beträchtliche Vermögen erhielt meine Schwester, die Gemahlin des Lords Bute. Sie wissen, Sir, dass ich in England immer ein aufwendiges Leben geführt habe. Das war nun zu Ende. Mit 500 Pfund jährlich konnte ich nur wie ein Bettler leben. Das war nicht nach meinem Geschmack. Also wählte ich als Aufenthaltsort den Orient, wo ich mit 500 Pfund herrlich auskommen konnte und wo von mir, einem Christen, niemand verlangte, dass ich wie in England lebte, nämlich meinem Stande gemäß.«

Herr Montague reiste, als ihn sein Vater nahezu enterbt hatte, nicht sofort in den Orient. Er begab sich vielmehr vorher nach Leiden, wo er bei dem berühmten Herrn Schultens die arabische Sprache lernte. Im Herbst 1762 kam er nach Alexandria. Ein norwegischer Schiffer, der in Livorno die Tochter eines Gastwirts, eines römisch-katholischen Irländers, geheiratet hatte, kam mit seiner jungen Frau gleichzeitig in Alexandria an (Schicksal war das, ich kann es nicht anders bezeichnen!), um sich dort als Kaufmann niederzulassen. Diesem Norweger lieh nun Herr Montague, der über sehr viel Geld verfügte, tausend Taler. Mit dieser Summe fuhr der neugebackene Kaufmann nach Ägypten, kaufte dort Waren und fuhr damit nach Italien. Einige Zeit später langte in Alexandria die Botschaft ein, dass der Norweger nach einer schweren Krankheit gestorben sei. Es galt nun, die Witwe von diesem schweren Verlust zu unterrichten.

Ein Franziskaner, der Beichtvater der jungen Frau, übernahm diese traurige Aufgabe. Die junge Witwe, die sich, fern von ihrer Heimat und ihren Eltern, in einem Land befand, in das sie sich nur aus Liebe zu ihrem Mann begeben hatte, war völlig verzweifelt, als sie erfahren hatte, dass ihr Mann tot war. Alle Europäer in Alexandria bedauerten und trösteten sie, aber niemand nahm sich ihrer mehr an als ihr Landsmann, Herr Montague. Und nach einer Weile bot er ihr, als stärksten Beweis seiner Freundschaft und Zuneigung, seine Hand an. Die junge Frau beratschlagte sich mit ihrem Beichtvater, und – der Franziskaner, der ihr die Nachricht vom Tode ihres ersten Mannes überbracht hatte, verband sie mit dem zweiten.

Der Norweger war aber gar nicht tot. Wie es das Schicksal weiter wollte, hörte er in Neapel von einem Italiener, der vor Kurzem aus Alexandria zurückgekommen war, dass seine Frau Herrn Montague geheiratet hatte. Außer sich vor Eifersucht, reiste er nach Konstantinopel und bat dort den europäischen Minister um Beistand. Dieser hatte aber keine Lust, sich wegen einer solchen Lappalie an die türkische Regierung zu wenden, und wies ihn kurzerhand ab. Daraufhin reiste der Norweger weiter, um seine Frau zu suchen und Herrn Montague bei der Obrigkeit des Ortes zu verklagen, in dem er ihn antreffen würde. Dabei verstrichen viele Jahre.

Madame Montague erfuhr in Kairo, dass ihr erster Mann noch lebte. Verständlicherweise packte sie eine solche Gewissensangst, dass sie sich von ihrem zweiten Mann trennen und zu ihrem Vater nach Livorno zurückkehren wollte. Herr Montague beruhigte sie indes, er sagte zu ihr, ihr erster Mann sei so wie er selbst ein Ketzer und beide Ehen wären nach dem Gesetz der römischen Kirche ungültig; wenn er aber ein Katholik würde, wäre er ihr rechtmäßiger Ehemann und der andere könnte keinen Anspruch mehr auf sie erheben. Also reiste Herr Montague mit seiner Frau nach Jerusalem, besuchte die heiligen Stätten und wurde Mitglied der römischen Kirche.

Von Jerusalem reiste Herr Montague nach Damaskus. Dort erhielt er die Nachricht, dass ihm der Norweger auf den Fersen und entschlossen sei, ihn bei der türkischen Obrigkeit zu verklagen. Also musste er damit rechnen, dass man ihn ins Gefängnis werfen und hart bestrafen würde. Sein erster Plan war, durch die große Wüste nach Basra zu entfliehen. Davon kam er aber wieder ab, als man ihm vorhielt, welchen Gefahren er sich da aussetzen würde. So brachte er seine Frau in ein Kloster auf dem Berg Libanon und reiste dann über Beirut und Zypern nach Italien, um die erste Ehe seiner Frau für ungültig erklären zu lassen. Dies gelang ihm auch: Das geistliche Gericht in Pisa annullierte die erste Ehe. Nachher hat Herr Montague seine Frau wohl vergessen. Wie ich in Erfahrung bringen konnte, musste die Ärmste in dem Kloster bleiben. All dies scheint für Herrn Montague nur ein Spaß gewesen zu sein.

Die Reise von Zypern nach Jerusalem

Die Inschriften, derenthalben ich nach Zypern gekommen war, hatte ich also nicht gefunden. Da ich nun aber so sehr in der Nähe von Palästina war, entschloss ich mich, Jerusalem aufzusuchen. Die Gelegenheit zu dieser Reise war günstig, da in Larneca sieben europäische Mönche angekommen waren, die dasselbe Ziel hatten. Mit ihnen ging ich am 25. Juli an Bord eines französischen Caravaneurs[67].

67 Großer Frachter.

Unter den Franziskanern, in deren Gesellschaft ich von Larneca nach Jaffa fuhr, befanden sich zwei, die den Auftrag hatten, die jährlichen Weihegaben Maltas und des Königreichs Neapel nach Jerusalem zu bringen. Sie hatten diese Reise schon oft gemacht. Die anderen waren unwissende Mönche aus Kalabrien, die ihr Vaterland jetzt zum ersten Mal verlassen hatten. Von Dänemark hatten sie nie gehört. Da ich wie ein Morgenländer gekleidet war, hielten sie mich für einen Untertan des Sultans und fragten mich, ob Dänemark hinter Anatolien[68] liege. Als ich ihnen antwortete, dass ich ein Europäer sei, beschimpften sie mich und nannten mich einen Ketzer.

Niemals zuvor war ich auf einer Pilgerreise auf römisch-katholische Geistliche gestoßen, die so überheblich und mürrisch waren wie diese Franziskaner. Sie verlangten von den Matrosen größte Ehrerbietung, nörgelten ständig und machten sich durch ihr Benehmen so verhasst, dass ihnen bald niemand auch nur den geringsten Dienst erweisen wollte. Dies brachte die italienischen Mönche so in Harnisch, dass sie die Franzosen schlechte Christen nannten und behaupteten, alle Franzosen ohne Ausnahme seien schlechter als Ketzer oder Mohammedaner. Schließlich wurde ihre Hoffart dem Schiffsherrn zu bunt. Nachdem er ihnen verboten hatte, das Deck zu betreten, wurden sie doch ein wenig umgänglicher.

Der Wind wehte auf dieser Fahrt immer aus Westen, sodass wir rasch vorwärtskamen. Allerdings hatte unser Schiffer übersehen, dass wir der syrischen Küste zu früh nahe gekommen waren. Dadurch wieder wurde unsere Fahrt verzögert, und so erreichten wir Jaffa erst am 30. Juli spätabends.

Meine Reisegefährten hatten unterwegs viel davon gesprochen, dass ein Katholik, der die feste Absicht besaß, die heiligen Stätten in Jerusalem aufzusuchen, vermöge einer päpstlichen Bulle den Ablass von allen seinen Sünden auch dann erhielt, wenn er nur bis Jaffa kam. So waren die Mönche heilfroh, dieses Ziel erreicht zu haben und von den nach ihrer Meinung ruchlo-

68 Asiatischer Teil der Türkei westlich des oberen Euphrat.

sen Franzosen befreit zu sein. Sie begaben sich alle sofort nach ihrer Ankunft in das Hospiz der Franziskaner.

Herr van Masseyk hatte mir ein Empfehlungsschreiben an einen morgenländischen Christen namens Damian mitgegeben, der viele Jahre Dolmetscher bei den europäischen Mönchen in Jerusalem gewesen war und jetzt als Vizekonsul in Jaffa die Geschäfte verschiedener Nationen besorgte, deren Schiffe hierherkamen. Ich wandte mich also an ihn und wurde in seiner Abwesenheit von seinem Sohn sehr höflich aufgenommen.

Es fiel mir sofort auf, dass es der junge Mann peinlich vermied, mit mir über meine Weiterreise zu sprechen. Dies, sagte er, wolle er seinem Vater überlassen, der am nächsten Morgen zurückkommen würde. Er warnte mich davor, das Haus zu verlassen, die Araber, erklärte er, sollten nicht von meiner Ankunft erfahren, nur zu leicht könnten sie mich dann, wenn ich weiterreiste, überfallen und ausplündern. Des Weiteren erzählte er mir von den Schwierigkeiten, auf welche Europäer in diesem Land stießen, so zum Beispiel von einem schwedischen Prediger, dem die Franziskaner das Betreten Jerusalems verboten hatten. Da es ein Mann, der dieses Land besser als ich kannte, nicht für ratsam hielt, dass ich mich auf der Straße zeigte, blieb ich zu Hause und stellte meinen Quadranten auf, um in der folgenden Nacht die Höhe mehrerer Sterne zu nehmen.

Herr Damian senior kam am Vormittag des 31. Juli aus Jerusalem zurück und begab sich sofort zu den Franziskanern, um ihnen den Brief des Herrn van Masseyk zu zeigen und um mit ihnen über die Reise zu sprechen, die ich unternehmen wollte. Er kam mit der betrüblichen Nachricht zurück, dass die Franziskaner einen Brief nach Jerusalem absenden und beim Reverendissimo anfragen würden, ob ich das Heilige Grab besuchen dürfe. Da ich dieses Land noch nicht genug kannte, fragte ich, wieso ein Protestant von einer Erlaubnis der Franziskaner abhängig sei und wieso ein Europäer Jerusalem nicht genauso wie alle anderen Städte des Türkischen Reiches betreten könne. Herr Damian antwortete, der Reverendissimo sei der Statthalter des Gelobten Landes, und ohne seine Erlaubnis dürfe kein Europäer nach Jerusalem kommen.

Nun fiel mir ein, was mir der junge Damian von dem schwedischen Prediger erzählt hatte. Ich befürchtete, man würde mir die Reise nach Jerusalem verbieten, und trug daher meinem Diener, einem Armenier, auf, zum Kadi zu gehen und folgende zwei Fragen zu stellen: 1. Ob es in Jerusalem auch einen Statthalter des Sultans gebe. 2. Weshalb ich den Boden Jerusalems nicht ohne Weiteres betreten dürfe, nachdem ich in unzähligen Städten des Türkischen Reiches gewesen war. Der Diener kam mit der kurzen, bündigen Antwort zurück, ich hätte mich wegen meiner Reise an die Franziskaner zu wenden.

Herr Damian war mir wegen des Schrittes, den ich hinter seinem Rücken getan hatte, nicht böse. Dieser rechtschaffene Mann wusste nur zu gut, dass es in der Macht der europäischen Mönche stand, mich unterwegs erschlagen oder ins Gefängnis werfen zu lassen. Da er aber meine Ungeduld sah, begab er sich noch einmal zu den Franziskanern und kam mit dem Bescheid zurück, ich dürfe zunächst bis Ramie reisen.

Der vorher erwähnte Schwede – er hieß Wilhelm Roß – war Prediger in Åbo in Finnland gewesen. Ich sah diesen unglücklichen Mann nach meiner Rückkehr in Haleb im Haus des französischen Konsuls. Als ich ihn ansprach (in dänischer Sprache), wurde er totenblass und brachte vorerst kein Wort über die Lippen. Dann endlich bat er mich, Tränen in den Augen, wegen seiner Religionsänderung in französischer Sprache um Verzeihung. Ich schlug ihm vor, mich im Haus des Herrn van Masseyk zu besuchen, doch er kam nicht. Ich habe ihn auch nachher nicht mehr gesehen. Seine Geschichte wurde mir teils in Jaffa, teils von Franzosen in anderen Städten der Levante so erzählt:

Wilhelm Roß kam ohne Geld mit einem Schiff von Cadiz nach Smyrna. Dort ließ ihn der schwedische Konsul bei einem seiner Diener wohnen (sein Wunsch war dies!). Denn da er außer einem kurzen schwarzen Rock und einer schäbigen Hose keine Kleider besaß und es ihm auch an feiner Lebensart mangelte, fand er an der Gesellschaft vornehmer Leute kein Vergnügen. Bald nach seiner Ankunft brach in Smyrna die Pest aus, wodurch es ihm lange nicht möglich war, das Haus zu verlassen. Diese Zeit nutzte er, Neugriechisch zu lernen. Dann, als die Seuche vorüber war, machte es ihm der Konsul möglich, umsonst nach Jaffa zu reisen. Hier suchte er nicht nur die Gesellschaft der morgenländischen Christen, sondern auch die der Pharisäer[69]. Um die europäischen Mönche kümmerte er sich gar nicht, er stattete ihnen nicht einmal einen Höflichkeitsbesuch ab. Da er kein Geld besaß, wollte er zu Fuß nach Jerusalem gehen. Wahrscheinlich hätte er unterwegs von den Arabern nichts zu fürchten gehabt, denn sie hätten ihn ohne Zweifel für wahnsinnig gehalten (vor Wahnsinnigen haben die Mohammedaner große Ehrfurcht). Aber es ist nun so, dass die türkische Regierung die Abgaben, welche die Europäer für den Besuch der heiligen Stätten entrichten müssen, von den Franziskanern kassiert. Diese verspürten wenig Lust, für einen Ketzer zu bezahlen, der sich überhaupt nicht um sie gekümmert hatte. Deshalb ließen sie den Schweden beobachten, und als er schon außerhalb der Stadt und im Begriff war, zu Fuß nach Ramie zu gehen, ließen sie ihn zurückbringen und schickten ihn mit einem Schiff nach Akka.

Da nun dem Schweden der Weg von Jaffa nach Jerusalem versperrt war, versuchte er, von Akka das ersehnte Ziel zu erreichen, wieder zu Fuß. In Nazareth erkrankte er schwer und – um sein Leben zu retten und gepflegt zu werden – wurde Mitglied der römischen Kirche. Die Franziskaner in Nazareth pflegten ihn auch so gut, dass er bald wiederhergestellt war. Kaum gesund, suchte er abermals die Gesellschaft morgenländischer Christen und Juden. Die Franzosen nahmen daher an, dass er, wenn er keiner Hilfe mehr bedurfte, die römische Kirche verlassen würde, und schickten ihn anstatt nach Jerusalem nach Akka zurück.

Nun wandte sich der bedauernswerte Schwede an die in Akka lebenden französischen Kaufleute, in der Hoffnung, sie würden ihm, einem Bekehrten, seine Reise ermöglichen. Er erhielt auch einen kleinen Geldbetrag, aber damit schickten

---

69 Angehörige einer altjüdischen, streng gesetzesfrommen, religiös-politischen Partei.

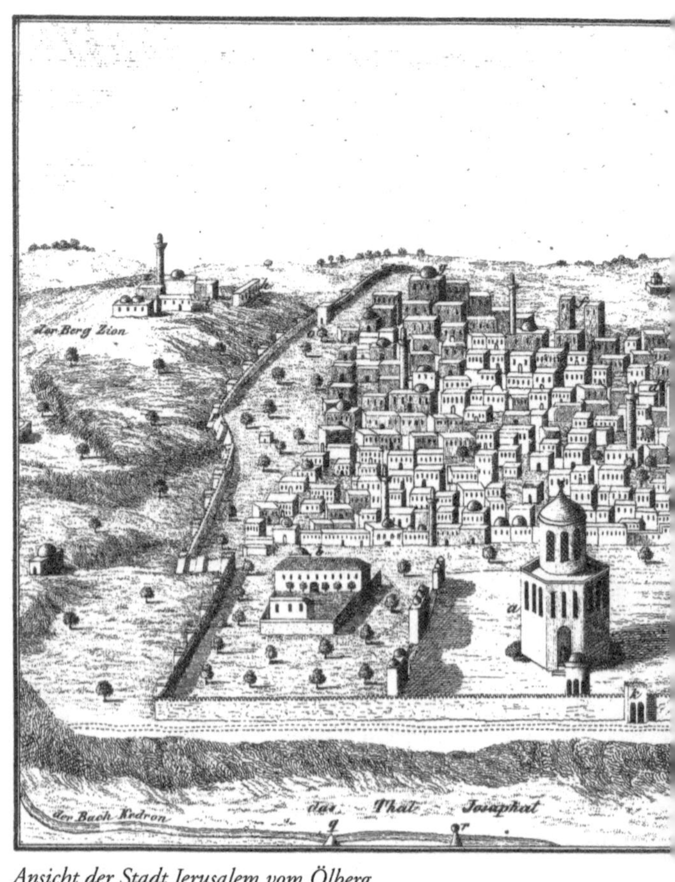

Ansicht der Stadt Jerusalem vom Ölberg

sie ihn nach Ladakia. Hier versuchte er, hartnäckig, wie er war, über Damaskus nach Jerusalem zu gelangen. Dies misslang ihm, da er kein Geld hatte. So reiste er von Ladakia nach Haleb, wo er die dort wohnenden Franzosen und Italiener in des Wortes wahrstem Sinne anbettelte.

Aber auch dort benahm er sich so, dass ihn die Katholiken nicht unterstützten. Wieder waren Mohammedaner, morgenländische Christen und Juden seine Freunde. Außerdem besuchte er die Messe nicht. Um ihn loszuwerden, schickte ihn der fran-

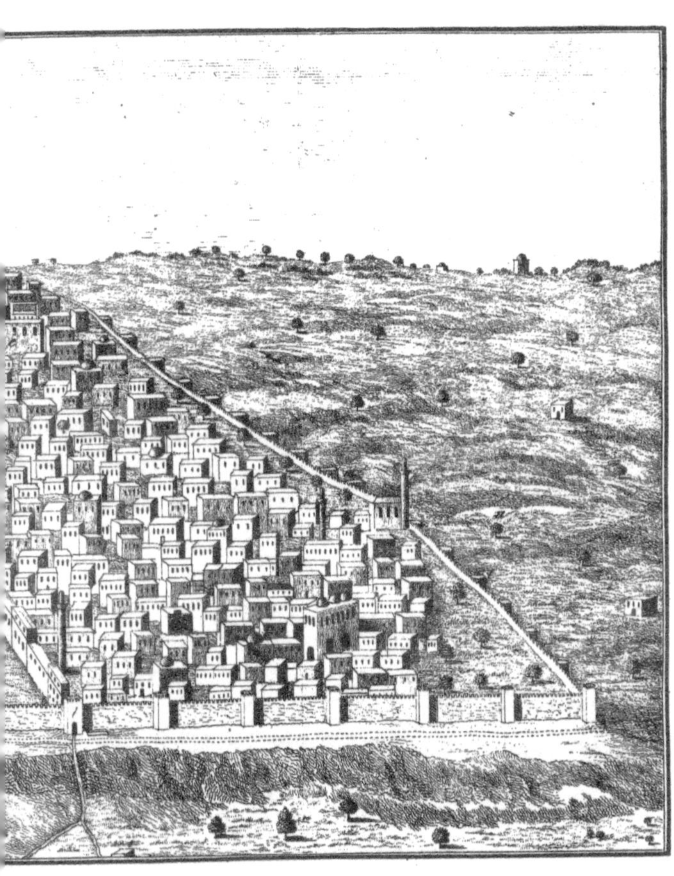

zösische Konsul nach Damaskus. Doch er erreichte diese Stadt nicht. Er starb unterwegs, ohne Jerusalem gesehen zu haben.

Nach dieser kleinen Abschweifung gelange ich zur Beschreibung von Jaffa. Diese Stadt hat ihr Gesicht oft verändert, ja sie wurde mehrmals zur Gänze zerstört. Da sie aber der Hafen von Jerusalem ist, blühte sie immer wieder von Neuem auf. Sie liegt unter der Polhöhe 32°3'. Als ich dort war, zählte ich etwa 500 Häuser. Das Wasser in Jaffa ist gut, und seit man einen in der Nähe gelegenen Sumpf aus getrocknet und in Gärten verwandelt hat, ist auch die Luft gesund. Die Häuser liegen zum größten Teil am Fuß eines Berges und sind aus Kalk und Steinen erbaut. Der Hafen ist so seicht, dass die Schiffe auf offener Reede Anker werfen müssen. Ein alter Mann versicherte mir, dass in seiner Jugend kleine Schiffe bis nahe an die Häuser heranfahren konnten. Die See hat sich offenbar auch hier zurückgezogen.

Ich verließ Jaffa am 31. Juli. Vorher deponierte ich, einen Rat meines Gastgebers befolgend, 200 Piaster bei den Franzosen, mit der Bitte, durch ihre Ordensbrüder in Ramie und Jerusalem alle Ausgaben bestreiten zu lassen, die ich auf meiner Reise haben würde.

Ramie ist 2¾ deutsche Meilen von Jaffa entfernt. Es liegt in einer sandigen Gegend, wo man so viele Wassermelonen anbaut, dass ganze Schiffsladungen nach Syrien und Ägypten ausgeführt werden können. Die auf dem Weg liegenden Dörfer sind unansehnlich. Das Dorf Lydda, das in der Apostelgeschichte 9 erwähnt wird, befindet sich eine halbe Meile vor Ramie. Es gibt dort eine Kirche, in welcher der heilige Georg begraben sein soll. Man hat mir das Grab dieses Heiligen allerdings auch in anderen Gegenden gezeigt.

In Ramie angekommen, ritt ich sofort zum Hospiz der Franziskaner, einem der geräumigsten in ganz Palästina. Ich wurde sehr freundlich aufgenommen. Man erzählte mir sofort, dass die Araber Räuber und Barbaren seien, die Pilger überfielen und schlugen, wo immer dies möglich war. Als Beispiel führte man an, dass die Araber einen Mönch, der von Ramie nach Jerusalem reisen wollte, in einen Backofen gesteckt und verbrannt hätten. Ich hatte in anderen Gegenden nicht feststellen können, dass die Araber sehr grausam waren. Deshalb glaubte ich nicht recht, dass sie sich hier so unmenschlich benahmen. Aber ich hütete mich, zu widersprechen. Später erfuhr ich, dass die Mönche solche Gräuelmärchen in die Welt setzten, um möglichst reiche Spenden zu erhalten.

Wie in Jaffa durfte ich in Ramie das Haus, in dem ich wohnte, nicht verlassen. Ich kann daher nur bemerken, dass der Ort zwar groß, aber nicht stark besiedelt ist. Der Handel mit Seife,

Baumwolle und Asche (diese benötigen die Europäer in Seifen- und Glasfabriken) ist beträchtlich. Wegen dieser Produktion wohnen hier einige französische Kaufleute, die auch mit Tuch Handel treiben.

Die Franziskaner, mit welchen ich von Zypern nach Jaffa gereist war, kamen am 1. August in Ramie an. Am Abend erschienen auch die Araber, die uns nach Jerusalem geleiten sollten. Wir brachen so eilig auf, als wären schon jetzt Räuber hinter uns her.

Nach alldem, was ich bisher gehört hatte, glaubte ich anfangs, dass in Palästina die allerschlechteste Menschenrasse wohnte. Später stellte ich fest, dass die Bewohner dieses Landes nicht bösartiger waren als die in anderen Gegenden. So hörte ich, dass in einigen Dörfern zwischen Ramie und Jerusalem ein kleines Weggeld eingehoben wurde. Wer es bezahlte, konnte unbehelligt weiterreisen. Die Mönche jedoch bezahlten diese Bagatelle nicht. Da sie nichts besaßen außer ihrer härenen Kutte, sodass man ihnen nichts wegnehmen konnte, wurden sie häufig verprügelt oder mit Steinen beworfen. Natürlich kam es da vor, dass ein Europäer, der mit den Mönchen reiste, von einem Stein getroffen wurde. Das war aber auch alles. In Jerusalem erfuhr ich, dass tatsächlich ein Mönch in einem Backofen verbrannt worden war. Das war allerdings vor 90 Jahren gewesen.

In Jerusalem

Nun war ich also in Jerusalem angelangt, der sowohl für die Juden als auch für die Christen denkwürdigsten Stadt der Welt. Die hiesigen Franziskaner nahmen mich freundlich auf. Nachdem ich mich von den Strapazen der Reise ein wenig erholt hatte, kam einer zu mir und fragte mich, ob ich mit ihm zur Messe gehen wolle. Ich nahm dieses Anerbieten gerne an. Denn ich vermutete, dass sich die Ankunft eines Europäers bei den in Jerusalem wohnenden, mit der römischen Kirche vereinigten Christen schon herumgesprochen hatte und dass man annahm, ich würde die Messe besuchen. Außerdem wollte ich bei meinen Gastgebern kein Ärgernis erregen. Und schließlich dachte ich:

Auch in einer römisch-katholischen Kirche kannst du Gott für die dir erwiesene Gnade danken.

Ich ging also zur Messe und bereute dieses nicht. Denn ich sah hier, mitten in einem mohammedanischen Land, zu meiner großen Verwunderung nicht nur eine prächtige Orgel, sondern hörte auch gute Instrumental- und Vokalmusik. Die Musiker waren ohne Ausnahme Franziskaner und, wie ich später hörte, größtenteils Deutsche.

Wie herrlich war es, nach so langer Zeit wieder gute Musik zu hören! Dennoch wäre es besser, wenn die Europäer in diesen Ländern beim Gottesdienst auf eine Orgel und andere Instrumente verzichten würden. Denn die Musik ist den Mohammedanern verächtlich. In den Moscheen wird sie nicht geduldet, und man kann sich vorstellen, was die Mohammedaner vom Gottesdienst der Europäer halten, wenn sie in den Kirchen Orgelklänge hören. Doch die römisch-katholischen Mönche kümmern sich wenig um die Meinung der Mohammedaner. An Gemälden, welche die Mohammedaner nicht einmal in ihren Häusern und am allerwenigsten in ihren Gotteshäusern dulden, mangelt es in den Kirchen ebenfalls nicht. Auch wird mit einer Glocke zur Messe geläutet. Darin allein schon sehen die Mohammedaner einen Beweis dafür, dass wir einem Irrglauben huldigen. Sie sagen: »Bei uns werden nur dem Vieh Glocken umgehängt.«

Die Stadt Jerusalem – die Araber nennen sie Beit el-makdes – gehört zum Gouvernement des Paschas von Damaskus. Sie liegt in einer etwas bergigen, sehr fruchtbaren Gegend. Besonders gedeiht hier der Weizen, wenn der Acker gut bearbeitet wird und das Jahr nicht zu trocken ist. Auch an Baumfrüchten, besonders an Oliven, ist wie in den ältesten Zeiten kein Mangel. Das Land ringsum jedoch liegt brach. Darüber darf sich niemand wundern. Denn man muss bedenken, wie viele blutige Kriege hier geführt wurden und dass das Land schon tausend Jahre lang von den Mohammedanern verwaltet wird, die viele andere ebenso fruchtbare Gebiete haben verfallen lassen.

Die Stadt ist nach türkischer Art von einer Mauer umgeben und hat ein kleines Kastell. Die Häuser sind zum Großteil aus behauenen Steinen erbaut, die Dächer sind, wie meistens in den Morgenländern, flach. Einige Häuser sind mit Marmor verkleidet. Handel gibt es hier ebenso wenig wie Fabriken. In Jerusalem leben die Mohammedaner, die in der Überzahl sind, auf Kosten der Christen und Juden.

Befände sich Jerusalem noch in den Händen der Christen, würden diese den Mohammedanern wohl kaum erlauben, ihre Gottesdienste öffentlich abzuhalten. Die Mohammedaner sind nicht so streng, sie erlauben es den Christen und Juden sogar, nach Jerusalem zu wallfahrten. Man hat den Christen auch die Auferstehungs-Kirche gelassen, welche über der Stelle stehen soll, wo Christus begraben wurde. Des Weiteren dürfen die Christen Kirchen und Kapellen besuchen, die sich nach ihrer Meinung über heiligen Stätten befinden. Am Osterfest, wenn Tausende von Pilgern in der Auferstehungs-Kirche versammelt sind, sorgen Janitscharen für Ruhe und Ordnung. Denn es kommt nur zu häufig vor, dass Pilger einander am Grabe Christi verprügeln. Dass die Christen für die Freiheiten, die sie hier genießen, an die Mohammedaner beträchtliche Abgaben entrichten müssen, finde ich billig.

Es ist auch billig, dass die Christen ihre Kirchen und Klöster selber erhalten müssen. Ausbesserungen oder gar Neubauten hängen von einer Erlaubnis der mohammedanischen Obrigkeit ab, und solch eine Erlaubnis kostet viel Geld. Der Statthalter, der Kadi, andere Vornehme – alle fordern von den Mönchen Geld und Geschenke. Dazu kommt noch, dass zwischen den Mönchen ständig Neid, Misstrauen, Hass, ja offene Feindschaft herrschen. Jedes Kloster will das vornehmste sein und sich Vorrechte sichern. Daraus ziehen die Mohammedaner den meisten Nutzen. Wer am meisten gibt, darf das Grab Christi pflegen.

Es ist sehr selten, dass ein Laie von Europa nach Jerusalem reist, weil ihn seine Andacht dazu bewegt. Hingegen sind die Spenden, welche von Europa nach Palästina fließen, sehr groß. Alles, was die Franziskaner zur Erhaltung der Kirchen und Klöster brauchen, kommt aus Europa, viele gutherzige brave Leute tragen ihr Scherflein dazu bei, dass die heiligen Stätten nicht verfallen. Dafür versprechen ihnen die Patres de terra sancta einen Platz im Himmel. Mithin können auch Schurken, wenn sie reichlich geben, die ewige Seligkeit erkaufen.

Alle Christen, die nach Jerusalem kommen, müssen an den Statthalter, an den Kadi und an die mohammedanischen Vorsteher der Auferstehungs-Kirche Zahlungen leisten. Ich musste sogar für eine Reise zum Jordan zahlen, obwohl ich diese Reise gar nicht unternahm. Diese Abgaben sind allerdings nicht hoch. Dass die Mohammedaner aus der Verehrung, welche die Christen den heiligen Stätten erweisen, Nutzen ziehen, beweist nur ihre Klugheit. Im Übrigen erheitert es die Mohammedaner, wenn die Christen behaupten, dass es zu diesem oder jenem bedeutsamen Ereignis an einer bestimmten Stelle und nicht hundert Schritte weiter südlich oder nördlich gekommen ist.

Die Stadt Jerusalem liegt unter der Polhöhe 31°47' und wahrscheinlich genau auf dem Platz, auf dem die alte Stadt gestanden hat. Ihr Umfang beträgt etwa eine halbe Meile. Nach Osten und Westen erstrecken sich Täler, nach Süden liegt, außerhalb der Stadtmauer, ein Teil des Berges Zion, der früher sicher zur Stadt gehörte. Wie weit sich Jerusalem nach Norden erstreckte, kann heute nicht mehr bestimmt werden. Auf jeden Fall aber darf man behaupten, dass Jerusalem auch zur Zeit seiner größten Blüte, mit Kairo, Konstantinopel, London oder Paris verglichen, nur eine kleine Stadt gewesen ist.

Die Berge und Hügel, auf welchen das alte Jerusalem lag, sind heute kaum noch kenntlich, weil die zwischen den Bergen liegenden Täler durch den Schutt, der bei den Zerstörungen der Stadt entstand, immer höher wurden. In diesen Tälern soll man unter der Erde sogar Häuser finden können. Am höchsten ist noch der Ölberg. Von dort kann man die Stadt am besten übersehen.

Jerusalem hat sieben Tore, und zwar: 1. Das Bethlehem-Tor, arabisch Bâb el-chalil. 2. Das Damaskus-Tor, arabisch Bâb el-amûd. 3. Das Herodes-Tor, arabisch Bâb es-sachre. Dieses Tor ist eher eine kleine Pforte. 4. Das Stephans-Tor, arabisch Bâb sette Mirjam. 5. Die goldenen Tore, arabisch Bauâb ed-dachrie. Es sind dies zwei zugemauerte Pforten, und die Christen glauben, dass sie in naher Zukunft durch diese Pforten eindringen werden, um die Stadt für sich allein zu erobern. Sie glauben ferner, dass die Mohammedaner die Pforten aus Angst vor diesem Tag zugemauert haben. 6. Das Mist-Tor, arabisch Bâb el-maggreti. Durch dieses Tor wird der Mist aus der Stadt geführt, daher der Name. 7. Das Zions-Tor, arabisch Bâb ennebi Daûd.

Und hier eine Aufzählung der bedeutendsten Sehenswürdigkeiten Jerusalems:

- Ein kleines Kastell, das zur Gänze von einem trockenen Graben umgeben ist;
- Elkrâme oder die Auferstehungs-Kirche. In ihrer Nähe liegt das größte Kloster der Stadt;
- das Kloster der Franziskaner, ein schöner Bau. Hier wohnte ich; ein großes Kloster der armenischen Kirche[70];
- Dar esseitûne, ein kleines Kloster der Armenier. Hier soll der Hohepriester Hannas[71] gewohnt haben;
- ein ehemaliges Kloster der Franziskaner, das die Mohammedaner den Christen vor mehreren Jahren Wegnahmen und in eine Moschee verwandelten, die kein Christ betreten darf. Hier soll David begraben und der Heilige Geist über die Apostel ausgegossen worden sein;
- ein kleines Kloster der Armenier. Hier soll der heilige Markus gewohnt und die erste Messe gelesen haben; die Ruinen des Palastes der Johanniter[72]. Hier sollen sich die Johanniter lange verteidigt haben und durch einen unterirdischen Gang entwichen sein, nachdem die Stadt von den Mohammedanern schon erobert worden war;
- Elharâm, eine achteckige Moschee, die schönste, die ich im ganzen Osmanischen Reich sah. Ihre Kuppel ist mit Blei

70 Erste christliche Nationalkirche im Orient, entstanden durch syrische und griechische Missionare um 280.

71 Ein von den Römern eingesetzter Hohepriester (6–15 n. Chr.), der wie sein Schwiegersohn Kaiphas am Prozess gegen Jesus beteiligt war.

72 Der Johanniter-Orden, der älteste geistliche Ritterorden, entstand um 1100 in Jerusalem, ursprünglich zur Pflege kranker Pilger, und verhinderte durch Jahrhunderte das Vorrücken der Türken. 1291 nach Zypern, 1309 nach Rhodos, 1530 nach Malta verlegt.

verkleidet. Kein Christ darf sie betreten, doch wenn es den Mohammedanern an Handwerkern mangelt, nehmen sie es nicht so genau und bedienen sich bei Ausbesserungsarbeiten christlicher Handwerksleute;

- Sachra, eine Moschee, die ein schräges Dach hat. Vermutlich stand hier also einmal eine Kirche. In diesem Haus soll Maria erzogen worden sein;
- die Stelle, auf der das Haus stand, in welchem Maria geboren wurde. Ehemals stand hier ein Nonnenkloster, jetzt erhebt sich hier eine Moschee. Mein Führer führte mich ins Innere und zeigte mir die Stelle, wo Maria zum ersten Mal das Tageslicht erblickte;
- das Haus des Pharisäers, in dem eine Sünderin Christus die Füße salbte (Lukas 7,38.22.);
- das Haus des Herodes;
- die Stelle, wo Christus gegeißelt wurde;
- das Haus des Pilatus;
- die Stelle, wo Christus zum ersten Mal unter der Last des Kreuzes zusammenbrach;
- das Haus des reichen Mannes, vor dessen Tür Lazarus lag;
- das Haus der Veronika, die Christus ein Schweißtuch reichte;
- die Stelle, wo Christus zu den Weibern sagte: »Weinet nicht über mich, sondern über euch selbst und eure Kinder.«
- die Stelle, wo Christus zum dritten Mal zusammenbrach;
- die Stelle, wo Stephanus[73] gesteinigt wurde;
- der Bach Kidron, der sich ins Tote Meer ergießt. Zur Zeit meines Aufenthalts war er trocken;
- die Grabmäler Marias und Josephs;
- die Grotte, in welcher Christus Blut schwitzte;
- der Garten Gethsemane. In seiner Nähe zeigt man eine Stelle, wo Maria bei ihrer Himmelfahrt ihren Gürtel zurückgelassen haben soll;
- der Gipfel des Ölberges, von wo Christus gen Himmel gefahren ist. Der Stein, in welchem er seine Fußstapfen zurückließ,

73 Der erste Märtyrer (Erzmärtyrer) des Christentum.

befindet sich in einer Moschee. Der Ölberg, von den Arabern Os jabbel et-tor genannt, ist höher als die umliegenden Berge. Man kann von seinem Gipfel das Tote Meer sehen. In einer Entfernung von etwa acht Stunden von hier liegt der Jordan. Hier zeigt man die Stelle, wo Christus getauft wurde;

- die Stelle, wo die Männer von Galiläa standen, die sahen, wie Christus gen Himmel fuhr;
- die sogenannten Gräber der Propheten;
- die Stelle, wo der Feigenbaum stand, den Christus verfluchte.

Für die Christen ist die Auferstehungs-Kirche das bedeutendste Bauwerk in Jerusalem. Denn hier zeigt man nicht nur das Grab Christi, sondern auch das Gefängnis, in das Christus geworfen wurde, und den Platz, wo die Soldaten um das Gewand Christi würfelten. Und dies alles zeigt man in einer Kirche, die wohl erst zur Zeit der Kreuzzüge erbaut wurde, als nämlich die Europäer Herren von Jerusalem waren. Dass man damals die Lage der heiligen Stätten noch kannte, mag ich nicht glauben. Aber die Mönche bleiben starr bei ihren Behauptungen, sie haben den Nutzen davon, dass man sich das Leiden Christi viel lebhafter vorstellt, wenn man diese heiligen Stätten zeigt. Die Mohammedaner glauben nicht, dass Christus dort, wo man sein Grab zeigt, begraben wurde. Würden sie das glauben, hätten sie den Christen die Auferstehungs-Kirche sicherlich nicht gelassen.

Diese große Kirche mit den vielen Wohnungen der Mönche hat nur einen einzigen Eingang. Dieser ist nicht nur verschlossen, sondern sogar versiegelt. Und davor steht auch noch eine Janitscharen-Wache. Man kann jederzeit mit den hier eingeschlossenen katholischen, griechischen, armenischen und koptischen Mönchen durch ein Loch in der Kirchentür sprechen, durch dieses Loch werden auch die Nahrungsmittel gereicht. Die Tür selbst aber wird nur an gewissen Festtagen geöffnet. Erkrankt ein Mönch so schwer, dass er in sein Kloster gebracht werden muss, wird die Tür von einem Mohammedaner geöffnet, allerdings gegen beträchtliche Bezahlung. Dann bleibt sie zwei Stunden offen, sodass jeder aus- und eingehen kann. Auch das ist nicht umsonst. Als Obolus verlangen die Janitscharen, dass man ihnen eine Schale Kaffee zahlt.

Das Gemach, in dem man das Grab Christi zeigt, ist so klein, dass darin nur drei Personen gleichzeitig ihre Andacht verrichten können. Auf einem Marmorblock stehen zahllose silberne und goldene Leuchter, in welchen sich brennende Kerzen befinden. Es hat etwas Feierliches, wenn man aus der großen, hellen Kirche in dieses Gemach kommt. Vor dem Grab liegt eine kleine Kammer, in welcher der Stein steht, auf dem der Engel saß, der den Weibern verkündete, dass Christus auferstanden sei. Diese beiden Räume sind ganz aus Marmor. Das ist gut so. Wäre es anders, würden die Pilger allmählich nicht nur das Grab, sondern auch die ganze Kirche forttragen.

Die Wohnungen der Franziskaner befinden sich in einem Nebengebäude der Kirche, das man auch nur durch das einzige Tor erreichen kann. Hier zeigte man mir ein Stück Holz, das man als das Kreuz Christi ausgibt und an Festtagen herumträgt. Es steht in einem großen vergitterten Schrank hinter einem breiten Marmoraltar. Man kann es also, wenn man vorübergeht, mit der Hand nicht erreichen. Auf dem Altar liegt ein langer Stock, mit dem man das Kreuz berührt, und das Ende des Stockes, das mit dem Kreuz in Berührung gekommen ist, küsst man. Auf der anderen Seite des Altars steht ein Stück einer Säule, an der Christus gegeißelt worden sein soll.

Der große, prächtige Chor der Kirche, der unter einer prunkvollen Kuppel liegt (das Heilige Grab liegt unter einer anderen Kuppel), gehört den Griechen. Hier sieht man noch den Stuhl des Papstes und der vier Patriarchen. Mitten im Chorgestühl befindet sich ein kleines Loch, das, nach Aussage aller Mönche, der Mittelpunkt der Welt ist. Man zeigte mir auch einen kleinen Steinkasten, in dem Adams Kopf aufbewahrt wird. Wieso die guten Mönche zu diesem Kopf gekommen sind, konnte man mir nicht sagen.

Der Reichtum an goldenen und silbernen Lampen, Ampeln und anderen wertvollen Gefäßen ist sehr groß. Das meiste besitzen die Franziskaner, die Griechen, welchen es auch nicht an Stolz und Religionseifer mangelt, das wenigste. Das erregt Hass, und häufig genug prügeln sich die Mönche in der Kirche oder sogar vor dem Heiligen Grab. Treiben sie es so arg, dass ihr Geschrei bis zu der Janitscharenwache hinausdringt, wird die Kirche geöffnet und – die Janitscharen bringen mit großen Knüppeln beide Parteien zur Räson. Außerdem müssen die Mönche dann eine ansehnliche Geldstrafe bezahlen. Die Franziskaner zeigten mir die Trümmer einer großen silbernen Ampel, die von den Griechen zerschlagen worden war, und ein Grieche wies mir eine große Narbe vor, die von einer Wunde herrührte, die man ihm bei einer dieser Prügeleien zugefügt hatte.

Koptische Christen gab es zur Zeit meiner Anwesenheit nur drei in Jerusalem. Sie besitzen in der Auferstehungs-Kirche nur eine kleine Kammer. Die Jakobiten oder syrischen Christen besitzen überhaupt nichts mehr. Zu bemerken ist, dass die Abessinier koptische Christen sind.

Das Kloster der Franziskaner ist ein gewaltiges Gebäude, das im Laufe der Jahre immer wieder vergrößert wurde. Da die Franziskaner die Reichsten sind, werden sie von den Mohammedanern am meisten geschröpft und erpresst. Hier zwei Beispiele: Vor einigen Jahren, als eine Hungersnot ausgebrochen war, ließen die Franziskaner Brot backen, das sie an das hungernde Volk verteilten. Der Backofen stürzte ein, und für die Erlaubnis, ihn wieder instand zu setzen, mussten die Mönche an die Mohammedaner 4000 Piaster zahlen. Vier Monate vor meiner Ankunft warf ein morgenländischer Christ ein Kind in einen Brunnen der Franziskaner. Sofort wurden sie als Täter beschuldigt. Zu ihrem Glück hatte ein Mohammedaner den wahren Täter gesehen und erkannt. Dieser konnte nicht leugnen. Daraufhin wurden die Mönche zwar freigesprochen und – dennoch mussten sie bezahlen. Einen Grund hierfür gab man nicht an.

Der Missetäter wurde rasch Mohammedaner und entging dadurch einer Bestrafung.

Der Reverendissimus in diesem Kloster ist nicht nur das Oberhaupt in Jerusalem, er steht auch allen anderen europäischen Mönchen in Palästina vor. Er ist immer ein Italiener und bekleidet diese Stelle nie länger als drei Jahre. Der Vikar[74] ist ein Franzose, der Prokurator[75] ein Spanier. Übrigens findet man in diesem Kloster Mönche aller europäischen Nationen, darunter solche, die herzlich einfältig, abergläubisch und völlig ungehobelt sind. Einer wollte mich bekehren und sagte mir ins Gesicht, dass alle, die den Papst nicht als Statthalter Gottes anerkennen, ewig verdammt sein würden.

Der Großteil der Mönche war allerdings höflich und sehr gebildet.

Die Juden verehren Jerusalem nicht weniger als die Christen. Sie verehren die Ruinen der Ringmauer ihres früheren Tempels und halten ihre Andachten auf unbebauten Plätzen ab. Die Mohammedaner würden ihnen gerne erlauben, diese Plätze zu bebauen, doch denken die Juden nicht daran, hierfür Geld auszulegen. Es kommen sehr viele alte Juden nach Jerusalem, um sich nach ihrem Tod im Tale Josaphat begraben zu lassen.

Es erübrigt sich fast, zu sagen, dass die Türken hierfür eine beträchtliche Summe verlangen.

Die Gegend rings um Jerusalem

Nördlich von Jerusalem liegen die sogenannten Gräber der Könige. Die Juden nennen sie die Gräber der Senatoren und Simons des Gerechten. Sie sind ganz aus Kalkfelsen herausgehauen. Man sieht jetzt aber nur noch die Überreste von Säulen, mehrere Grabkammern, steinerne Türen und einige steinerne Särge, die alle leer sind. Am besten gefiel mir ein steinerner Grabdeckel mit sehr schönen Ornamenten.

Die sogenannten Gräber der Propheten, die man mir auf dem Ölberg zeigte, verdienen es nicht, beschrieben zu werden. Die Gräber der Richter habe ich nicht gesehen. Ich hätte mir gerne auch alle jene Stätten zeigen lassen, welche von den Juden für heilig gehalten werden, vor allem aber hätte ich die Meinung

---

74 Stellvertreter.

75 Rechnungsführer.

der Juden über die Größe und Lage des alten Jerusalems hören wollen. Doch die Franziskaner, bei welchen ich wohnte, gaben mir eindeutig zu verstehen, dass sie es ungern gesehen hätten, würde ich die Gesellschaft von Juden gesucht haben.

Bethlehem (arabisch: Beit Lachem) liegt zwei Stunden südwestlich von Jerusalem. Auf dem Weg dorthin stößt man hier und da auf Hügel, das Land ist fruchtbar, aber wenig bebaut. Auch in dieser Gegend fehlt es nicht an heiligen Stätten. Diese sind:

- Die Stelle, wo das Haus gestanden hat, in dem die Juden beschlossen, Christus zu töten;
- der Platz, auf dem ein Terebinthenbaum stand, der seine Zweige nach unten bog, um die Muttergottes zu verbergen; ein Brunnen, bei dem die Weisen aus dem Morgenlande den Herrn wiedersahen;
- ein Hügel, auf dem der Prophet Habakuk wohnte, den die Engel von hier nach Babel führten, damit er Daniel in der Löwengrube Essen überbringen könne;
- ein großer Stein, der weich wurde, als sich der Prophet Elias einmal auf ihn zum Schlafen niederlegte. Hier geht kein Christ vorüber, ohne den Stein geküsst und ein Gebet verrichtet zu haben; Rahels Grab, welches noch jetzt nicht nur von den Christen und Juden, sondern auch von den Mohammedanern in Ehren gehalten wird.

Bethlehem hat viel mehr christliche als mohammedanische Einwohner. Die Christen leben vor allem von der Anfertigung von Rosenkränzen, Kreuzen und Nachbildungen der Auferstehungs-Kirche und des Heiligen Grabes. Diese Arbeiten sehen alle sehr gut aus und werden tonnenweise nach Europa versandt. Auch ich kaufte hier ein und machte später in Europa so manchem Katholiken ein Geschenk, das ihm viel Freude bereitete.

Bethlehem liegt auf einem Hügel. Die große Kirche, welche die Christen oberhalb der Stelle erbauten, wo Christus geboren wurde, liegt außerhalb des Dorfes.

Ich blieb in Bethlehem, Gast der Franziskaner, nur eine Nacht. Am Morgen reiste ich zu dem sogenannten versiegelten Brunnen weiter. Der Brunnen liegt nahe einem kleinen Kastell, dessen Besatzung die Quellen und Teiche gegen die umherstreifenden Araber schützt, auf einem kahlen Hügel. Es ist nicht unwahrscheinlich, dass hier die Gärten und Teiche gelegen haben, die im Prediger Salomonis 2,5.6. erwähnt werden. Das Wasser mehrerer Quellen wird von hier in Röhren aus gebrannter Tonerde in einen Wasserbehälter geleitet, der sich unter der Erde befindet, und von dort in einen zweiten Wasserbehälter, der 95 doppelte Schritte lang ist. Von diesem Behälter führt eine Wasserleitung nach Jerusalem. Hätten die Bewohner der Stadt dieses Wasser nicht, wären sie, vor allem bei einer Belagerung, übel daran.

Hebron ist zwei Stunden von Bethlehem entfernt. Der Weg ist gepflastert. Ich habe aber Hebron nicht aufgesucht.

Die heiligen Stätten der Juden sah ich nicht. Hierzu blieb mir keine Zeit.

Die Reise von Jerusalem nach Damaskus

Von meinem Diener, einem Armenier, hatte ich erfahren, dass in Jerusalem eine kleine Karawane angekommen war, die in Kürze nach Ramie zurückkehren würde. Dieser Karawane wollte ich mich anschließen. Ich sprach darüber mit den Franziskanern, doch die Väter erklärten mir, es sei gewagt, sich solch einer Bauern-Karawane anzuvertrauen. Da ich mich nun einmal unter ihren Schutz begeben hatte und von ihnen gut behandelt worden war, fügte ich mich ihrem Rat und trennte mich von dem Gedanken, mit einer Karawane zurückzukehren. Die Mönche machten sich außerdem selbst erbötig, mich nach Ramie zu bringen. Sie bestellten Araber, die mich begleiten sollten, und deuteten sechs Franziskanern, die sicher gerne in Jerusalem geblieben wären, an, sie sollten zugleich mit mir abreisen.

Mit dieser Gesellschaft verließ ich Jerusalem am 13. August morgens um 8 Uhr. Wir erreichten Ramie knapp vor Sonnenuntergang. Ich hatte wieder ein Reitpferd, meine Reisegefährten mussten sich mit Maulpferden begnügen, von welchen einige nicht einmal Sättel hatten. Für sie war die Reise daher sehr beschwerlich.

Von Ramie zogen wir am folgenden Morgen nach Jaffa weiter. Hier wandte ich mich wieder an Herrn Damian. Er machte es mir möglich, ein kleines Schiff zu besteigen, mit dem ich schon am Mittag des 15. August Akka erreichte.

Akka hat seinen alten Namen alle Zeiten hindurch fast unverändert behalten. Ehemals hieß es Aco (Buch der Richter 1,31). Die Griechen und Römer nannten die Stadt Ptolemais, die Europäer nennen sie jetzt auch St. Jean d'Acre, nach einem Johannes, dem zu Ehren hier eine große Kirche erbaut wurde. Akka war zur Zeit der Kreuzzüge eine große, prächtige Stadt und der Sitz des Johanniter-Ordens. Sie wurde nachher von den Mohammedanern zur Gänze zerstört, und noch vor 20 Jahren sah man hier fast nichts als Ruinen. Der Scheich Daher ließ Akka wieder aufbauen und mit einer Mauer und einem Graben umgeben. Für ihn selbst errichtete man einen prachtvollen Palast, in dem er lange residierte. Er schützte die Christen und Juden ebenso wie seine Glaubensgenossen, und so wurde Akka wieder eine blühende Handelsstadt. Wie bedeutend der Handel jetzt ist, kann man daraus ersehen, dass sich hier zwölf französische Kaufleute niedergelassen haben.

Akka liegt an der Nordseite eines großen Meerbusens unter der Polhöhe 32°55'. Der Platz, den die Stadt einnimmt, ist klein, dennoch ist sie sehr volkreich. Denn die Häuser sind hoch. Der ehemals vortreffliche Hafen ist jetzt nur für kleine Schiffe benützbar.

Der Scheich Daher war in vieler Hinsicht ein bemerkenswerter Mann. Ich erzähle im Folgenden seine interessante Geschichte:

Er entstammte einem arabischen Stamm, der in Zelten wohnte, und war von seiner frühen Jugend an ein tapferer, furchtloser Krieger. Als er neunzehn war, pachtete er einen kleinen Distrikt und ließ sich dort mit den Seinen – er hatte sich schon zum Anführer des Stammes aufgeschwungen – sesshaft nieder. Sehr bald begann er Händel mit den umliegenden Dörfern und zerstörte eines nach dem anderen. Da er seinen Pachtzins immer pünktlich, ja sogar oft im Voraus bezahlte und es außerdem verstand, am richtigen Ort das richtige Geschenk zu geben, kümmerten sich die Paschas um seine Raubzüge wenig. So wurde er allmählich Herr eines großen Distrikts. Dann baute er Akka auf, unter dem Vorwand, die Untertanen des Sultans gegen die umherstreifenden Araber schützen zu müssen.

Natürlich hatte er Neider. Am feindlichsten gesinnt war ihm sein Bruder Budâni. Dieser wiegelte den Pascha von Damaskus gegen ihn auf, und der Pascha zog wider ihn auch zu Felde. Doch Scheich Daher hatte so viel an Lebensmitteln und Waffen in sein Kastell zu Akka gebracht, dass der Pascha außerstande war, es einzunehmen. Er musste also abziehen. Wenig später brachte der Scheich seinen Bruder durch List in seine Gewalt. Nachdem er ihn hatte auspeitschen lassen, erdrosselte er ihn selber. Seinem jüngeren Bruder, dem Scheich Saad, erging es nicht besser. Daher überraschte ihn nachts in seinem Zelt, tötete ihn und nahm seine Kinder nach Akka mit.

Nachdem also Scheich Daher seine Macht gefestigt hatte, musste er sich gegen seinen Sohn Sleibe zur Wehr setzen. Dieser war der Meinung, dass sein Vater schon viel zu lange lebte, und schickte einen Drusen nach Akka, der unter dem Vorwand, er müsse einen Brief übergeben, Scheich Daher erdolchen sollte. Dieser Mordanschlag scheiterte, und nicht allzu viel später wurde Sleibe vergiftet in seinem Zelt aufgefunden. Wer ihn hatte vergiften lassen, kam nie ans Tageslicht.

Wie es so ist, hielt sich Scheich Daher nun, da er alle seine Gegner beseitigt hatte, für unüberwindlich. Er blieb dem Pascha, von Damaskus die Pacht schuldig, eroberte mehrere Städte in Palästina, darunter Jaffa, und schließlich, nachdem er sich mit Ali Bey, einem ägyptischen Feldherrn, vereinigt hatte, wurde er auch Herr von Damaskus. Diese Stadt mussten die beiden allerdings bald wieder aufgeben. Etwas später fiel Ali Bey im Kampf gegen die Türken. Er war in seiner Jugend ein Sklave gewesen und hatte davon geträumt, ganz Ägypten zu erobern.

Scheich Daher setzte den Krieg gegen die Türken fort. Erst im Jahre 1774 schloss er einen Friedensvertrag, durch den ihm alle seine Ländereien blieben. Doch es schien nur so zu sein.

Denn Konstantinopel hatte den längeren Atem und trieb die bessere Politik. Im Herbst des Jahres 1775 kamen türkische Kriegsschiffe nach Akka, ihr Kommandant lud den alten Helden ein – und brachte seinen Kopf nach Konstantinopel.

Scheich Daher hatte ein hohes Alter erreicht und hinterließ mehrere Söhne, die, kaum dass er tot war, alle hingerichtet wurden. Sein Verdienst aber konnte nicht beseitigt werden. Er hat das gänzlich zerstörte Akka in eine blühende Handelsstadt verwandelt.

An der Südseite des Meerbusens von Akka liegt der Berg Karmel. Die Karmeliter-Mönche, die von ihm ihren Namen haben, besitzen dort ein Kloster, das ganz aus Felsen herausgehauen ist. Man behauptet, dass hier der Prophet Elias einen Mann um Früchte bat. Als dieser dem Propheten seine Bitte abschlug, soll Gott alle Früchte des Mannes in Steine verwandelt haben. Pilger, die von Europa hierherkommen, nehmen diese versteinerten Früchte gerne mit. Zu finden sind sie in Hülle und Fülle. Doch das, was die Pilger für Wassermelonen, Äpfel, Birnen und Oliven ansehen, nennen Naturkundige Kiesel. Man zeigt auf dem Berg Karmel auch die Stelle, wo der Altar gestanden hat, auf dem Elias opferte (1. Buch der Könige 18), und eine Grotte, in welcher der Prophet wohnte.

Ich wollte vorerst den Weg von Akka nach Damaskus mit einer Karawane zurücklegen. Doch da ein empfindlicher Mangel an Pferden und Mauleseln herrschte (die meisten waren den von Mekka zurückkehrenden Karawanen entgegengesandt worden), hatte ich lange warten müssen. Dies wollte ich nicht. Ich ging daher am 16. wieder an Bord, um zur See nach Seide[76] zu reisen, das wir am Morgen des 18. erreichten.

Seide liegt unter 33°33' nördlicher Breite und ist die Residenz eines Paschas mit drei Rossschweifen. Die Stadt ist aber, verglichen mit dem alten Sidon[77], nur klein. Sie hat nicht einmal eine ordentliche Stadtmauer. Der innere Hafen kann nur von kleinen

76 Heute Saida, Hauptstadt der Provinz Südlibanon.

77 Hafenstadt der Phönizier, Blütezeit im 2. Jahrtausend vor Christus.

Schiffen benutzt werden, der äußere ist wohl tiefer, aber nicht windsicher. Wohin man hier blickt, sieht man Maulbeerbäume.

Die Stadt Seide liegt an einem Abhang des Berges Libanon und ist der Hafen von Damaskus. Obwohl der Handel bedeutend ist, findet man hier nur französische Kaufleute, vierzehn an der Zahl. Diese Kaufleute wohnen zusammen mit ihrem Konsul in ein und demselben Haus.

Zwischen Seide und Damaskus befindet sich das Gebiet der Drusen, deren Emir, wenngleich er alljährlich einen Tribut entrichten muss, sich um den Pascha wenig bekümmert.

Als ich in Seide fragte, wann eine Karawane nach Damaskus aufbrechen würde, gab man mir die Auskunft, ich brauche nicht auf eine Karawane zu warten, da man im Gebiet der Drusen mit völliger Sicherheit reise. Man riet mir, mich an einen Bauern vom Berg Libanon zu wenden, der vor Kurzem Öl nach Seide gebracht hatte und vor der Rückreise stand. An diesen Bauern, einen Mohammedaner, wandte ich mich. Ich reiste mit ihm nach Eschhîm, blieb dort eine Nacht und einen Tag und zog dann mit einem anderen Bauern, der Früchte nach Damaskus brachte, weiter.

Auf diesem Weg erkennt man, wie viel eine gute Regierung zum Wohl ihrer Untertanen beitragen kann. Sieht man häufig genug, dass in den Dörfern, die unter der Herrschaft der Paschas stehen, die Felder brachliegen, findet man im Gebiet der Drusen nur gut bestellte Äcker. Auch die Häuser sind hier in einem viel besseren Zustand.

In Damaskus

Die Stadt Damaskus (die Araber nennen sie Schâm) liegt in einer großen Ebene, die Überfluss an Wasser hat und daher sehr fruchtbar ist. Als Mohammed diese Stadt vom Gipfel eines in der Nähe gelegenen Hügels sah, war er von ihr so entzückt, dass er sie mit dem Paradies verglich. Aber nicht nur die Stadt selbst muss einen Araber, der aus dem dürren Hedschas kommt, begeistern, auch die bebauten Ebenen und Gärten rings um sie müssen sein Entzücken erregen. Zudem ist die Luft hier sehr würzig.

Karawanserei in Damaskus (Gemälde von Albert Janesch)

Die Ebene wird von zwei Flüssen, die sich in sieben Arme teilen und in einen Binnensee münden, reich bewässert. Das Wasser ist vortrefflich, und da die Araber nichts außer Wasser trinken und außerdem fleißig baden, wussten Mohammed und sein Gefolge die Menge und Güte desselben mehr zu schätzen als die meisten Europäer, die fast nie Wasser trinken und selten baden. Außerdem fand Mohammed hier einen Überfluss an Weizen und die herrlichsten Baumfrüchte. Ich selbst war angenehm überrascht, als ich, aus einer gebirgigen Gegend kommend, bei schönem Wetter die Stadt von einem Hügel aus erblickte. Vielleicht war es der Hügel, auf dem Mohammed damals stand.

Damaskus ist noch jetzt eine große Stadt, ja vielleicht sogar größer und bevölkerter als zu der Zeit, da sie noch unter christlicher Herrschaft stand. Dasselbe kann man von mehreren Städten des Osmanischen Reiches behaupten. Aber daraus darf man nicht den Schluss ziehen, dass diese Städte unter den Türken zu größerer Blüte gelangt sind. Es haben sich vielmehr die Bewohner des Reiches in den großen Städten zusammengedrängt, weil sie hier sicherer sind.

Die alte Stadt ist von zwei Mauern umgeben gewesen, von welchen man jetzt nur Überreste sieht. Die heutige Stadt ist zu zwei guten Dritteln offen. Mein Führer, ein Christ, zeigte mir auch noch die Stelle, wo Paulus über die Stadtmauer entfloh. Die Häuser in Damaskus sehen nicht schön aus, da sie größtenteils nur aus in der Sonne getrockneten Ziegelsteinen erbaut sind. Dies ist eine Folge der Willkürherrschaft im Osmanischen Reich. Denn ließe sich jemand ein prächtiges Haus erbauen, könnte er sicher sein, dass der Pascha von ihm, einem Mann, der seinen Reichtum zeigt, eine ansehnliche Summe Geld leihen würde, die er nie zurückbekäme. Jeder will daher für arm gehalten werden. Die Reichen verzichten indes nicht darauf, ihren Reichtum innerhalb ihrer Häuser zu zeigen. Man erzählte mir von prachtvollen Innenhöfen, von marmorverkleideten Wänden, ja sogar von Fußböden aus Zedernholz.

Die ehemalige Johannis-Kirche, jetzt Hauptmoschee, ist ohne Zweifel das prächtigste Gebäude in Damaskus. Obwohl sie schon viel von ihrer alten Schönheit verloren hat, ist sie noch immer eine der schönsten Moscheen im ganzen Osmanischen Reich. Über einem mit Kupferplatten belegten Dach wölbt sich eine hohe Kuppel, und an den vier Ecken des Daches ragen schlanke Minarette in die Höhe. Die Christen behaupten, dass der Heilige, von dem die Kirche ihren Namen erhielt, in derselben begraben sei und dass die Mohammedaner das Grab nicht öffnen *können.* Es ist aber unwahrscheinlich, dass die Mohammedaner den Versuch unternommen haben, das Grab zu öffnen, da sie Verstorbene immer in Ruhe lassen. Und was sollte die Mohammedaner bewegen, das Grab eines christlichen Heiligen zu öffnen, in dem sie keine Schätze erwarten können? Außerdem wird diese Moschee von den Mohammedanern deswegen besonders in Ehren gehalten, weil sie glauben, dass Christus am Tag des Jüngsten Gerichts auf ihrem Dach erscheinen werde. Daraus glauben sie schließen zu dürfen, dass Damaskus niemals zur Gänze zerstört werden wird. Da es Christen verboten ist, selbst den Vorhof dieser Moschee zu betreten, habe ich sie nur im Vorbeigehen gesehen.

Der öffentliche Chân (Karawanserei), in dem ich wohnte, war groß, sehr dauerhaft gebaut und bequem eingerichtet. Die bedeutendsten Marktstraßen der Stadt sind breit und überdacht. Die anderen Straßen hingegen sind schmal, weil man hier Schatten sucht und keine Wagen hat, derentwillen man in Europa breite Straßen bauen muss. Viele Straßen werden, wie in Kairo, Jerusalem und Haleb, des Nachts wegen der Sicherheit der Einwohner abgeschlossen. In keiner anderen Stadt traf ich so anmutige Kaffeeschenken wie hier an. Eine besonders schöne Schenke liegt beim Bâb es-salâm. Sie hat einen Vorplatz, auf dem Bäume stehen, und liegt vor einem kleinen Wasserfall. Noch schöner ist das Kaffeehaus nahe der Hauptmoschee. Vor ihm befindet sich ein großer Springbrunnen, der die Luft kühl und angenehm macht. Überhaupt trifft man wohl nicht leicht eine Stadt an, die so großen Überfluss an vortrefflichem Wasser hat und deren Einwohner das Wasser so gut verwenden können wie die von Damaskus. Die Reichen und Vornehmen haben Springbrunnen nicht nur in den Höfen ihrer Häuser, es gibt auch fließendes Wasser in den Küchen.

So angenehm aber die kalte, feuchte Luft in den Sommermonaten auch sein mag, ist sie doch häufig der Grund für Erkältungen. Ihrethalben tragen wohl die Kaufleute selbst im August Pelze.

Das Gouvernement von Damaskus war immer eines der wichtigsten im ganzen Türkischen Reich. Es besteht aus vielen sehr fruchtbaren Distrikten, und die umherwandernden Stämme müssen Tribut an den hiesigen Pascha bezahlen. Jerusalem und zahlreiche andere Städte Palästinas gehören gleichfalls zu diesem Paschalîk. Es grenzt nach Norden an das Paschalîk Haleb, nach Osten an die Wüste des Gouvernements Bagdad, nach Süden an die Arabische Wüste und nach Westen an das Mittelländische Meer, also an die Paschalîks Seide und Tripolis.

Die Untertanen des Paschas von Damaskus sind keine ruhigen Untertanen. Die Drusen, die Turkmenen, Kurden und Araber, welche in der Wüste umherziehen, widersetzen sich ihm sehr oft und plündern Städte, Dörfer und Karawanen.

Man findet in Damaskus Jesuiten, Franziskaner und Kapuziner, doch keine europäischen Kaufleute, obwohl es genug Fabriken gibt und der Handel blüht. Man behauptet, dass vor allem die Franzosen wegen ihrer Religion vertrieben worden seien. Die Christen und Juden werden hier ebenso verächtlich wie in Kairo behandelt. Ich durfte weder bei meiner Ankunft noch bei meiner Abreise auf einem Maulesel reiten, außer ich hätte mich der Gefahr ausgesetzt, geprügelt zu werden.

Damaskus ist eines der Tore zu den heiligen Stätten Mekka und Medina. Alljährlich versammelt sich hier eine große Karawane, deren Ziel Mekka ist. Bei ihrem Auszug wird sehr viel Pracht entfaltet, und es ist für einen Christen ratsam, sich dann nicht auf der Straße zu zeigen. Denn der Hass der Mohammedaner gegen die Christen ist hier noch sehr groß. Die Mohammedaner haben den Europäern die Kreuzzüge noch nicht verziehen und werden daran außerdem noch von Zeit zu Zeit von den Malteser-Rittern erinnert. Diese setzen nämlich die Kreuzzüge regelmäßig fort, wohl nicht mehr mit der Absicht, die mohammedanische Religion auszurotten, sondern um den Handel der Mohammedaner zu stören, damit die Europäer, vor allem die Franzosen, den ganzen Frachthandel in der Levante behalten können.

Damaskus war die erste und einzige Stadt im ganzen Osmanischen Reich, in der man von mir eine Aufenthaltssteuer verlangte. Kaum war ich angekommen, wurde ich zu einem vornehmen Türken geführt, der, wie es sich erwies, der Sekretär des Steuereinnehmers war. Er verlangte von mir eine

Gegend auf dem Libanon

ansehnliche Summe. Als ich ihm das Empfehlungsschreiben zeigte, das man für meine Reisegefährten und mich in Konstantinopel ausgestellt hatte (es enthielt den Befehl, von uns keine Steuern zu verlangen), erklärte er mir, dieses Schreiben habe keine Bedeutung, da darin der Name Damaskus nicht enthalten sei. Meine Erfahrung hatte mich gelehrt, dass ein Christ bei einer Auseinandersetzung mit einem Türken immer am besten davonkommt, wenn er sogleich bezahlt. Also erklärte ich mich bereit, die Steuer zu entrichten, unter der Bedingung allerdings, dass ich auf der Bestätigung Sekretär des dänischen Gesandten zu Konstantinopel genannt würde. Dies machte den Türken stutzig, und er sagte zu mir, ich solle am nächsten Morgen wiederkommen. Er müsse nämlich meinen Fall mit seinem Herrn besprechen. Darauf wartete ich jedoch nicht. Ich verließ Damaskus im Morgengrauen zusammen mit mehreren Bauern vom Berg Libanon, deren Ziel Seide war.

Bald nach unserer Abreise gelangten wir in die große und fruchtbare Ebene B'kaa, die durch den Fluss Litane bewässert wird, der sich unter dem Namen Kasemie ins Meer ergießt. Diese Ebene gehört wohl zum Gouvernement Damaskus, doch hat sie der Pascha an die Kurden verpachtet. Da diese nichts anderes im Sinn hatten, als sich auf Kosten der Bewohner zu bereichern, wurde dieses schöne Land immer mehr von Einwohnern entblößt.

Auf der Ebene B'kaa zeigte man mir an der Ostseite des Libanon das wegen seines prächtigen Tempels berühmte Baalbek[78]. Wir ritten so nahe vorüber, dass wir die Häuser deutlich sehen konnten. Baalbek gehört zu keinem Paschalîk, sondern wird von einem Emir der Drusen regiert, der den Pachtzins unmittelbar nach Konstantinopel bezahlt. Ich bedauerte es sehr, dass ich Baalbek nicht besuchen konnte, doch blieb mir hierzu keine Zeit.

Am Nachmittag des 27. August erreichte ich Seide, und am Abend desselben Tages begab ich mich an Bord eines kleinen Schiffes, dessen Ziel Tripolis war. Hier kam ich am 28. nachmittags an.

Die Stadt Tripolis[79] (arabisch Trablos) liegt unter der Polhöhe 34°27' Sie ist viel größer als Seide, hat aber auch keine Stadtmauer. Der Überfluss an Wasser ist ebenso groß wie der in Damaskus. Die Luft jedoch ist ungesund, sodass hier besonders bösartige Fieber herrschen. Der Handel ist beträchtlich. Er liegt vor allem in den Händen französischer und englischer Kaufleute.

Der Pascha von Tripolis residiert nicht ständig hier, sondern einige Monate im Jahr in Ladakia. Er hat den Großteil seines weitläufigen, bergigen Gouvernements verpachtet. Zwischen

78 Baalbek (griechisch Heliopolis), großartige Ruinenstadt des Orients.

79 Hafenstadt in Libanon, in fruchtbarer Ebene am Fuß des Libanon gelegen. Heute über 196 000 Einwohner (2010), Endpunkt der Ölleitung aus dem Irak, Ölraffinerien.

Volksszene in Aleppo (Gemälde von Albert Janesch)

den Pächtern gibt es ständig Zänkereien, die häufig genug in einen Krieg ausarten. Darum kümmert sich der Pascha wenig, ihm kommt es nur darauf an, dass er den Pachtzins erhält.

In Tripolis bestieg ich abermals ein Schiff, um nach Ladakia zu fahren. Ich hatte nämlich die Nachricht erhalten, dass ich dort meinen Freund, den holländischen Konsul Herrn van Masseyk, antreffen würde. Ich erreichte Ladakia am 29. August knapp vor Sonnenuntergang und hatte das Vergnügen, von Herrn van Masseyk erwartet zu werden.

Die Stadt Ladakia liegt, etwa eine Viertelmeile vom Hafen entfernt, auf einer Anhöhe in einer sehr schönen Gegend. Die Anzahl der Häuser beträgt etwa 1200. Der Hafen ist zum Teil versandet.

Dennoch ist der Handel beträchtlich. Der bedeutendste Ausfuhrartikel ist Tabak.

Zusammen mit Herrn van Masseyk reiste ich nun nach Haleb, das wir wohlbehalten erreichten.

Die Reise von Haleb nach Konje

In Haleb erfuhr ich, dass vor wenigen Wochen eine Karawane nach Anatolien aufgebrochen war, was bedeutete, dass sich die nächste erst in etwa zwei Monaten versammeln würde. Es bot sich mir aber die Möglichkeit, mich einem Kurier anzuvertrauen, dessen Abreise bevorstand. Es gehen nämlich von hier in regelmäßigen Intervallen Kuriere (die man Tataren nennt, weil sie sich wie Tataren kleiden) nach Konstantinopel. Jeder Europäer kann solch einen Tataren mieten. Dieser verschafft ihm überall zu einem billigen Preis Pferde und erspart ihm viele Unannehmlichkeiten, vor allem hat keiner, der mit einem Tataren reist, zu befürchten, dass er von den Kapsis (Straßenräubern) überfallen wird. Auch braucht er sich nicht um Lebensmittel zu kümmern. Denn die Bauern, welche die Peitsche der Tataren oft genug zu spüren bekommen haben, bringen freiwillig alles, was der Reisende benötigt, herbei, nur damit der Tatar rasch weiterreist. Doch wenn man einen Tataren als Führer hat, darf man nur wenig Gepäck mit sich führen und unterwegs nur selten Station machen. Dies war mir nicht möglich.

Also blieb ich bis zum Aufbruch der nächsten Karawane in Haleb.

Endlich, im November 1766, versammelte sich eine Karawane, die größtenteils aus griechischen Kaufleuten bestand. Diese waren nach Haleb gekommen, um Waren einzukaufen, welche sie in Anatolien Weiterverkäufen wollten. Mit dieser Karawane verließ ich am 20. November Haleb.

Unsere Reiseroute war folgende:

	Stunden	Meilen
Am 20. November über Chân Tumân nach Maad Masrîn, etwa	9	6 ½
am 21. von Maad Masrîn bis Salchhîn	6 ½	3 ½
am 22. von Salchhîn bis Antâki	8	4
am 24. von Antâki bis Beilân	9	5
am 25. über Scanderone bis Pajâs, etwa	7	4
am 26. von Pajâs bis Kurkulâg Chân	9	5 ½
am 27. von Kurkulâg bis Messîs	6	4
am 28. von Messîs bis Adene	6	4

am 1. Dezember von Adene bis Tschakket Chân	9	5
am 2. von Tschakket Chân bis Jailah	9	4 ½
am 3. von Jailah bis Tschufta Chân	8	4 ½
am 4. von Tschufta Chân bis Ulugischla	6	3 ½
am 5. von Ulugischla bis Erâgle	8	5
am 8. von Erâgle bis Karabungâr	12	7
am 9. von Karabungâr bis Ismîl	9	6
am 11. von Ismîl bis Konje	12	7

Den Weg von Haleb nach Scanderone habe ich bereits beschrieben. Von Scanderone bis Damir Kapu reist man teils entlang der See, teils auf schlechten Wegen über Hügel. Auf dem Weiterweg nach Pajâs erblickt man ein kleines Kastell und die Überreste einiger Säulen, die den Namen Jonas-Säulen tragen. Die morgenländischen Christen behaupten, dass der Walfisch den Propheten Jonas hier an Land geworfen habe.

Die Stadt Pajâs liegt in einer fruchtbaren Ebene an der See und hat etwa 800 Häuser. Ich sah hier eine prachtvolle Moschee, schöne Basare und ein kleines Kastell. Mehr kann ich über die Stadt nicht sagen, da wir nicht von den Pferden stiegen, sondern, nachdem wir durchgeritten waren, außerhalb unter freiem Himmel lagerten. Hier blieben wir nicht lange unbehelligt. Die Charâdsch-Eintreiber von Pajâs, als unverschämt bekannt, waren uns auf dem Fuße gefolgt und erklärten, untersuchen zu müssen, ob alle der Karawane angehörenden morgenländischen Christen das Weggeld entrichtet hätten. Sie gaben sich aber mit vier Dukaten zufrieden, ohne eine Untersuchung angestellt zu haben. Bald nach ihnen kamen jedoch andere, die ihre Kameraden beschuldigten, sie hätten sich bestechen lassen. Sie versicherten mir, dass sie, treue Diener des Sultans, uns alle einer scharfen Kontrolle unterziehen würden, und – ließen sich mit zwei Dukaten bestechen.

Als Europäer war ich nicht verpflichtet, das Weggeld zu entrichten. Doch ich zahlte meinen Anteil, um zu vermeiden, dass man von mir verlangte, meine Kisten zu öffnen. Auf diese und mein anderes Gepäck waren die Augen der Charâdsch-Eintreiber nämlich bereits gefallen. Als ich dann noch einen Dukaten dazulegte, zogen sie sichtlich befriedigt ab.

Die Kurden, welche das Gebirge von Suedie an bis Damir Kapu bewohnen, beunruhigen die Reisenden auch nicht selten. Man findet deshalb an vielen Stellen Ghafâre, das sind Männer, welche die Landstraßen von Räubern rein halten sollen und dafür ein Entgelt von den Reisenden verlangen dürfen. Diese Abgabe ist klein und muss sowohl von Mohammedanern als auch morgenländischen Christen bezahlt werden. Sie ist auch gerechtfertigt, wenn die Ghafâre ihre Schuldigkeit tun.

Es soll aber vorkommen, dass sie die Reisenden ausplündern, dass also jene zu Räubern werden, welche die Reisenden schützen sollen.

Es ist gewiss unangenehm, wenn man auf Reisen in den Morgenländern da und dort genötigt wird zu zahlen, obwohl man hierzu nicht verpflichtet wäre. Dennoch, glaube ich, sollte sich kein Europäer hierüber beschweren. Ich musste von Haleb bis Konje, also auf einem Weg von beinahe 80 deutschen Meilen, die Pferde nicht wechseln, nirgends wurden meine Reisesäcke geöffnet und von Zollbediensteten visitiert. Wie viel Trinkgeld muss man in Europa auf einer so langen Route bloß für den Wechsel der Pferde geben! Und wie viel an die Zöllner! Sicher reist man in den Morgenländern nicht so bequem wie in Europa. Denn im Orient muss der Reisende alles mitnehmen, was er unterwegs braucht, selbst die Matratze, auf der er bei Tag sitzt und des Nachts schläft; er muss sein Essen selbst kochen, wenn er keinen Diener hat (was ihm den Ärger mit dem Wirt erspart). Aber wenn man davon absieht, ist das Reisen in den Morgenländern vergnüglicher als in Europa. Denn man findet in einer Karawane immer Leute, mit welchen man sich über mehr und besser unterhalten kann als in Europa mit einem Postkutscher.

In unserer Gesellschaft befand sich auch ein Kaffeewirt, ein Türke, der schon acht Mal Karawanen nach Mekka begleitet hatte. Da nicht immer Karawanen nach Mekka reisen, begleitete er in der Zwischenzeit kleinere Karawanen von einer Stadt zur anderen. War der Weg sicher, ritt er voraus, kochte bei einer Brücke oder einer Quelle Kaffee, und wenn wir ihn dann eingeholt hatten, konnten wir bei ihm ein Schälchen trinken, wie man in Europa vor einem Wirtshaus ein Glas Branntwein trinkt. Lagerten wir, erhielten wir gleichfalls Kaffee. Und später, in Konje, errichtete er eine kleine Kaffeebude und wartete dort auf eine Karawane, deren Ziel Konstantinopel war. Von Konstantinopel wollte er zum neunten Mal, Kaffee kochend, nach Mekka wallfahrten.

Am folgenden Morgen ritten wir über eine fruchtbare, aber unbewohnte Ebene mit dem Namen Tschokarova. Dann gelangten wir über einen kleinen Berg und wieder durch eine Ebene nach Messîs[80], einem großen Dorf. Hier sah ich eine schöne, erst vor wenigen Jahren erbaute Brücke, die hundert doppelte Schritte lang ist. Die Karawanserei in Messîs ist schön und bequem.

Am 28. November erreichten wir Adene[81], die Residenz eines Paschas mit drei Rossschweifen, der aber nur ein kleines Gebiet regiert, das ehemals zum Paschalîk Haleb gehörte. Die Stadt Adene liegt unter der Polhöhe 36°59' am Ufer des Flusses Urmagk[82], der hier etwa 150 doppelte Schritte breit ist. Die Häuser sind aus ungebrannten Ziegelsteinen und sehen verwahrlost aus. Nicht einmal eine bequeme Karawanserei findet man in dieser Stadt. Die Luft von Adene ist im Sommer drückend heiß und ungesund, weshalb sich in dieser Jahreszeit viele Bewohner ins Gebirge begeben. Der Boden ist sehr fruchtbar, vor allem wird Baumwolle von hier in großer Menge ausgeführt.

Man zählt in Adene etwa 9000 Häuser. Die Zahl der Armenier wird auf 1400, die der Griechen auf 100 geschätzt. Ob es in dieser Stadt auch Christen gibt, konnte ich nicht in Erfahrung bringen.

Am 1. Dezember gelangten wir durch eine unbewohnte Gegend bis Tschakket Chân, einer großen, bequemen Karawanserei. Kaum waren wir von unseren Pferden gestiegen, langte der Harem des Paschas von Adene gleichfalls hier ein, und man

---

80 Heute Misis.
81 Heute Adana, Provinzhauptstadt in Südanatolien (1,5 Mio. Einwohner).
82 Heute Seyhan.

forderte uns auf, unser Quartier zu räumen. Wir wandten ein, dass kein Dorf in der Nähe sei, dass es regne und kalt sei und dass wir keine Zelte mithätten. Doch das half uns nichts, man jagte uns fort, und wir mussten die Nacht unter freiem Himmel zubringen. Damit, dass sie uns vertrieben hatten, waren die Bedienten des Paschas aber noch nicht zufrieden. Sie verlangten von den griechischen Kaufleuten Butter, Reis und Holz, und diese gaben alles willig her. Den Mohammedanern in unserer Karawane, die weniger furchtsam als die Griechen waren, nahmen sie das Futter für ihre Pferde und Maulesel mit Gewalt weg.

Ich nahm dies alles mit Ruhe hin, da ich dachte, dass es gewiss sehr selten ist, wenn man von der Gemahlin eines Paschas aus dem Nachtquartier vertrieben wird.

In dieser Karawanserei lernte ich den wahren Charakter der griechischen Kaufleute kennen. Obwohl man sie aus dem Chân vertrieben und gezwungen hatte, sich von Reis und Butter zu trennen, benahmen sie sich den Türken gegenüber kriecherisch. Wollte ein Diener des Paschas sein Pferd besteigen, eilte sofort ein griechischer Kaufmann hinzu, um ihm den Steigbügel zu halten. Die Diener des Paschas, wahrscheinlich gekaufte Sklaven, ließen sich von den Griechen sogar die Stiefel ausziehen und sahen dabei mit Verachtung auf sie herab. Mit einem Wort, die Griechen benahmen sich so, als wären sie nur deshalb auf die Welt gekommen, um den Mohammedanern zu dienen. Waren sie aber allein, konnten sie nicht genug davon haben, die Mohammedaner zu beschimpfen.

Am 2. Dezember erreichten wir ein Gebirge, dessen Namen ich nicht erfahren konnte[83]. Der Weg führte steil in die Höhe und wand sich bald zwischen Felsen hindurch. Die Türken nennen diesen Pfad Bogas. Wahrscheinlich befanden wir uns auf dem ehemals berühmten Pass von Cilicien[84]. Hier liegt auf dem Gipfel eines hohen Berges ein altes Kastell. Dieser Weg könnte von einer feindlichen Armee auch jetzt noch so schwer passiert

83 Es war der Mittlere Taurus.

84 Die Kilikische Pforte, der Pass über den Mittleren Taurus, ist seit der Antike ein ständig umstrittenes Durchzugsland.

werden, wie dies Xenophon[85] und Quintus Curtius Rufus[86] beschrieben haben. Denn er ist nur schmal und der Fels an beiden Seiten so steil wie eine Hauswand. Auch ist der Zugang zu diesem Pass im Winter wegen des vom Gebirge herabstürzenden Wassers oft sehr beschwerlich und gefährlich. Da aber der Sultan diese schmale Straße wegen der Pilger, die jährlich nach Mekka wallfahrten, ständig ausbessern lässt, passierte sie unsere Karawane ohne Beschwernis.

Am Abend lagerten wir in Jailah, einem Dorf, das im Winter, wenn alles mit Schnee bedeckt ist, nur wenige Einwohner hat. Im Sommer jedoch kommen die Vornehmen aus Adene nach Jailah, um hier einige Monate zuzubringen und die gesunde Luft zu genießen.

Ich hatte mich so lange in heißen Ländern aufgehalten, dass mir die Kälte hier, nämlich in einer Gegend, wo der Winter nicht weniger streng als in Deutschland ist, empfindlich zusetzte. Doch ich hatte von den Türken gelernt, die es besser als wir verstehen, sich gegen Kälte und schlechtes Wetter zu schützen. Meine Unterkleider aus Tuch trug ich in großen, weiten Beinkleidern. Darüber hatte ich einen Pelz und darüber wieder einen Reiserock aus festem venezianischem Leinen. Eine große Kappe aus demselben Material bedeckte meinen Kopf, darüber trug ich eine armenische Mütze, die mein Gesicht, meinen Hals und meine Schultern vor dem Wind schützte. Die Ärmelaufschläge hatte ich über die Handschuhe heruntergeschlagen. In Europa, wo man Strümpfe trägt und in enge Stiefel schlüpft, ist es, vor allem dann, wenn man zu Pferde ist, schwer, die Füße warm zu halten. Denn die Strümpfe wärmen nicht mehr, sind sie einmal nass geworden. Hier bindet man um die Füße Wolltücher, die

---

85 Athenischer Geschichtsschreiber (* 355 v. Chr.), nahm am Kriegszug des jüngeren Kyros gegen Artaxerxes II. teil und leitete nach der Schlacht bei Kunaxa den Rückzug der 10 000 griechischen Söldner zum Schwarzen Meer, der über die Kilikische Pforte führte. Er beschrieb dies in seiner »Anabasis«.

86 Römischer Rhetor im 1. Jh. nach Christus, der eine »Geschichte Alexanders des Großen« schrieb, der gleichfalls über die Kilikische Pforte zog.

man des Morgens über das Feuer hält. Diese Tücher halten die Füße in den weiten Stiefeln sehr warm. Gewiss sieht man plump aus, wenn man so gekleidet ist, aber Erfrierungen hat man keine zu fürchten.

Am 3. kamen wir zu einer hohen Brücke, welche die Grenze zwischen den Paschalîks Adene und Konje ist. Am 4. erreichten wir Ulugischla. Die Karawanserei hier ist die größte im ganzen Osmanischen Reich. Das Hauptgebäude ist über 250 Fuß lang, die Seitengebäude nehmen nicht weniger Platz als das Hauptgebäude ein. In allen Teilen des Gebäudes gibt es größere und kleinere Wohnzimmer sowie Buden, in welchen man nahezu alles kaufen kann. Sogar Bäder und ein eigenes Gebetshaus findet man in dieser Karawanserei, die vor allem für Pilger erbaut wurde. Außerdem wird hier alljährlich ein großer Jahrmarkt abgehalten.

Hier blieben wir eine Nacht und erholten uns gründlich. Dann reisten wir nach Erâgle weiter, wo wir am 5. ankamen. Auf dem Weg dorthin erblickten wir kein einziges Dorf, ja nicht einmal Bauernhäuser.

Die Stadt Erâgle[87] liegt in einer fruchtbaren Ebene, die von mehreren kleinen Flüssen bewässert wird, von welchen keiner das Meer erreicht. Ihre Polhöhe bestimmte ich mit 37°30', die Anzahl der Häuser schätzte ich auf 1700. Am 6. und 7. fiel so viel Schnee und der Wind wurde so stark, dass wir nicht aufbrechen konnten. Das machte mir nichts aus, da ich von der langen Reise schon sehr müde war und wir in einem großen, bequemen Chân wohnten.

Bisher hatte ich immer einen Barbier zu mir kommen lassen, wenn dies notwendig war, und ich muss gestehen, dass die morgenländischen Barbiere wahre Künstler sind. Sie tragen immer einen Spiegel, Ohrlöffel, Scheren und andere Instrumente mit sich und barbieren nicht nur, sondern reinigen auch die Nase und die Ohren. Zuletzt dehnen sie einem alle Finger und die Arme, bis sie krachen, und wenn man es haben will, massieren

87 Heute Ereğli.

sie auch das Genick. In Erâgle ging ich zu einem Barbier ins Haus und sah hier mit Verwunderung, dass der kleine Zopf, den die Türken mitten auf dem Kopf wachsen lassen, auch seinen Nutzen hat. Der Barbier war nämlich damit beschäftigt, einem alten Mann den Kopf zu scheren. Der Alte saß auf einem großen hölzernen Lehnstuhl und musste den Kopf vornüber halten. Damit ihm diese Stellung nicht zu beschwerlich würde, hatte der Barbier den Zopf an einem von der Decke herunterhängenden Bindfaden festgebunden.

Ich sah in Erâgle auch Dromedare mit zwei Höckern, die man aber nur gegen Bezahlung besichtigen durfte. Es waren schwerfällige Tiere, die keinen Vergleich mit ägyptischen oder arabischen Dromedaren aushielten. Der Eigentümer sagte zu mir, dass diese Tiere in der Krim zu Hause seien.

Von Erâgle reisten wir nach Karabungâr und dann weiter nach Ismîl. Ismîl ist ein kleines Dorf mit einer sehr schlechten Karawanserei. Von dort bis Konje sind es etwa 7 deutsche Meilen. Hierzu brauchten wir einen ganzen Tag. Denn alles war so hoch mit Schnee bedeckt, dass die Tragtiere nur mühsam weiterkamen.

In Konje

In Konje[88] zerstreuten sich die Mitglieder der Karawane, mit welcher ich gereist war. So hatte ich Zeit, mich von den Strapazen des langen Rittes zu erholen und die Stadt näher kennenzulernen.

Die Zahl der Häuser in Konje beträgt etwa 11 000. Mitten in der Stadt befindet sich eine prächtige, aber schon verfallende Moschee, die früher eine Kirche gewesen sein soll, daneben liegen die Ruinen des Palastes der Sultane, die in Konstantinopel residiert haben. Ein kleines Kastell wird heute als Gefängnis verwendet.

88 Heute Konya, Hauptstadt der türkischen Provinz Konya. Konya hat ca. 1 Mio. Einwohner (2010). Auf dem Plateau von Konya wurde 1961–1964 eine Stadt mit bedeutenden Kulturdenkmälern ausgegraben, die dreimal so groß wie Jericho war.

Die Stadtmauer ist verfallen, der Graben, der sie umgeben hat, verschüttet. Da und dort findet man in der Stadtmauer Steine mit griechischen, aber auch arabischen und türkischen Inschriften. Dass nicht die ganze Mauer von den Mohammedanern aufgeführt wurde, beweisen ein großer Adler, der auf einer Schlange steht, und ein lebensgroßer Herkules mit einer Keule.

Die Polhöhe der Stadt Konje (Iconium, Apostelgeschichte 14) ist nach meinen Beobachtungen 37°52'.

Das große Kloster der Mevlavie, das in der Vorstadt liegt, besteht aus vielen Gebäuden, die weder regelmäßig noch schön sind. Der Stifter dieses Ordens hieß Mevlava und war mit der Tochter des Ala ed-dîn, des letzten seldschukischen Sultans, verheiratet. Auch er wäre gerne Sultan geworden, doch Osman, der erste Sultan des jetzt regierenden Geschlechtes[89], war für ihn zu mächtig. Um zu verhindern, dass Osman argwöhnte, er sei für ihn ein Nebenbuhler, stiftete Mevlava einen geistlichen Orden, der allerdings keine strengen Regeln hatte und ein durchaus vergnügliches Leben möglich machte. Osman hatte dagegen nichts einzuwenden, ja er erließ sogar ein Gesetz, demzufolge immer der General dieses Ordens die Ehre hatte, einen neuen Sultan zu umgürten. Der Sultan wird nämlich nicht gekrönt. Bei seinem Regierungsantritt begibt er sich zu der Moschee von Ejûb, einem Vorort von Konstantinopel, und hier wird ihm der Gürtel umgebunden, an dem der »Säbel Mohammeds« hängt.

Der General im Kloster der Mevlavie ist auch jetzt noch ein Nachkömmling des Mevlava. Das Kloster ist ein Asyl für Missetäter, und das Ansehen des Generals ist so groß, dass der Pascha es nicht wagen darf, jemanden hinrichten zu lassen, wenn jener sich für ihn eingesetzt hat.

Ich besuchte das Kloster, und zwei Mevlavie machten mir einen Gegenbesuch. Sie rühmten das Leben in ihrem Kloster und erzählten mir, dass ihnen der Umgang mit Weibern durch-

89 955 begründete der türk. Fürst Seldschuk ein Reich, das weite Teile Vorderasiens umfasste. 1299 wurden die Seldschuken von den Osmanen abgelöst. Osman I. (1259–1326) gilt als der Gründer des Türkischen Reiches.

aus nicht verboten sei. Während sie mit mir etwa eine Stunde lang zusammensaßen, tranken sie vier Bouteillen Wein.

Der Pascha von Konje hat drei Rossschweife, ist also vom ersten Range. Sein Paschalîk ist aber nicht einträglich, er ist auch nicht sehr gefürchtet. Die Begs (Befehlshaber von kleinen Städten und Distrikten in seinem Gouvernement) widersetzen sich ihm häufig, und auf dem freien Feld rauben und plündern die Kapsis oder entlaufene Soldaten des Paschas, die sich mit dem Gesindel, das auch nicht arbeiten will, verbinden und Karawanen auflauern.

Die meisten Paschas regieren ebenso despotisch wie der Sultan über die Paschas. Brauchen sie Geld, erpressen sie es von reichen Einwohnern oder – sie leihen es, ohne es jemals zurückzugeben. Der Pascha von Konje aber muss dabei sehr vorsichtig sein. Denn die Mevlavie haben den Pöbel in seiner Residenz ganz in ihrer Gewalt, und wenn jemand bei diesen Mönchen Schutz gegen die Erpressungen des Paschas sucht und sich die Mönche auf seine Seite stellen, ist der Pascha sogar in seinem Palast seines Lebens nicht mehr sicher.

Ich hatte seit langer Zeit kein Räderfuhrwerk gesehen und nicht erwartet, dass ich in Anatolien eines antreffen würde. Zu meiner Verwunderung sah ich in Konje ein Gefährt, das wohl ein Fuhrwerk sein sollte. Dieser Wagen hatte nur zwei Räder, und die Räder hatten keine Speichen. Diese waren durch dicke Bretter ersetzt. Und da der Bauer sein Fuhrwerk wohl seit Langem nicht geschmiert hatte, hörte man es schon von Weitem. Es wurde von zwei Büffelochsen gezogen, und man kann sich leicht vorstellen, mit welcher Geschwindigkeit es sich bewegte. Erst in Brusa sah ich wieder eine Kutsche, nämlich eine türkische Kutsche, in welche man mittels einer Leiter durchs Fenster einsteigt. Man sieht dieses Fuhrwerk nur selten, selbst in der Residenz des Sultans, und es ist sonderbar, dass die vornehmen Türken die europäischen Kutschen nicht nachbauen lassen, die sie täglich vor Augen haben. Allerdings ahmen die Mohammedaner die Europäer nicht gerne nach. Außerdem fährt ein Osmane nicht in einer Kutsche, er bedient sich eines Pferdes. Die Kutsche ist vornehmen Weibern und Geistlichen vorbehalten, welchen das Reiten schon zu beschwerlich ist.

Die Reise von Konje nach Karahissar

Etwa eine deutsche Meile von Konje entfernt liegt Zille, ein ansehnlicher Flecken, der ausschließlich von Anhängern der griechischen Kirche bewohnt wird. Solche nur von Christen besiedelten Orte nennen die Mohammedaner Dsjaur Koi, das heißt Dorf der Ungläubigen. In Zille sind sehr viele Kaufleute zu Hause, die in Anatolien von Markt zu Markt ziehen, um Waren einzukaufen und zu verkaufen. Einer Karawane solcher Kaufleute, deren erstes Ziel Karahissar war, schloss ich mich an. Wir brachen am 22. auf.

Vorher besuchte ich in Zille einen jungen Kaufmann, der mir auf dem Weg von Haleb nach Konje viele freundliche Dienste erwiesen hatte. Es war sein Wunsch, dass ich seinem alten Vater meine Aufwartung machte. Ich wurde von der Familie dieses Kaufmanns (nämlich von der männlichen, die Weiber zeigten sich überhaupt nicht) sehr höflich aufgenommen und würde hier, in der Gesellschaft mehrerer griechischer Kaufleute, ein paar vergnügliche Stunden zugebracht haben, wäre später nicht auch ein Mohammedaner dazugekommen. Dieser, obwohl ein Gast, dachte nicht daran, seinen unbändigen Stolz zu verbergen, und ließ uns deutlich spüren, wie sehr er sich über uns Christen erhaben dünkte. Dabei war dieser Mann nichts weiter als ein Katerdsji, ein Lasttiervermieter. Gleich nach seinem Eintritt setzte er sich, ohne zu grüßen, auf das bequemste Sofa. Und als dann der Herr des Hauses, ein alter, ehrwürdiger Greis, ins Zimmer trat, um seine Gäste zu bewillkommnen, blieb er, während alle anderen aufstanden, sitzen und grüßte nur knapp. Hierauf ließ er sich gut bewirten. Wenn er den Mund öffnete, sprach er nur mit dem alten Kaufmann, und auch dies nur wenig. Die übrige Gesellschaft war für ihn sozusagen nicht vorhanden. Ich fand, dass das Benehmen dieses Mauleselvermieters höchst beleidigend war. Die Griechen, an das Joch der Türken längst gewöhnt, schienen dies gar nicht zu empfinden.

Die Mohammedaner scheinen es überhaupt für erniedrigend zu halten, vor einem Christen aufzustehen. Abderrachman

Aga, der Gesandte des Paschas von Tripolis in Kopenhagen, ein gesitteter Mann, der schon an mehreren europäischen Höfen Gesandter gewesen war, blieb sogar sitzen, wenn ein königlicher Minister sein Zimmer betrat. Da ich mit ihm sehr vertraut war, gab ich ihm zu verstehen, dass sich dies nicht schicke. Er antwortete: »Es ist für einen Mohammedaner erniedrigend, vor einem Christen, also einem Ungläubigen, aufzustehen. Und für mich schickt sich das am allerwenigsten. Denn ich bin ein Seiid[90].« Ich erwiderte ihm: »Die vornehmen Herren, die Sie besuchen, sind hier in Europa ebenso viel wie Sie zu Hause. Sie bekümmern sich nicht um die Religion ihrer Gäste, also dürfen Mohammedaner nicht anders verfahren.« Abderrachman Aga nahm mir meinen Rat nicht übel, und da er ein kluger Mann war, wollte er nicht als ungesittet gelten. Wenn nachher ein angesehener Besucher bei ihm angemeldet wurde, stand er sofort auf und stellte sich zum Fenster. Auf diese Weise empfing er den Besucher *stehend,* und er ersparte es sich, vor einem Christen aufzustehen.

Doch zurück zu meiner Reise. Über Giriâd und Ilgun kamen wir am 26. nach Akschaher[91] (das heißt: Die weiße Stadt), der Residenz eines Paschas mit zwei Rossschweifen. Hier sah ich zum ersten Mal in Anatolien mit Marmor verkleidete Häuser. Auch in den Straßen lagen da und dort kleine Marmorblöcke. Woher der Marmor stammte, konnte ich nicht in Erfahrung bringen.

Der Flecken Tschai, wo wir am Abend des 27. einkehrten, hat etwa 500 Häuser und eine Karawanserei mit einer Kuppel und einem Säulengang. Es ist also wahrscheinlich, dass diese Karawanserei früher einmal eine Kirche war. Auf dem Totenacker von Tschai sah ich sehr schöne Leichensteine. Sie waren aus weißem Marmor.

Am 29. Dezember erreichten wir die Stadt Karahissar. Hier löste sich unsere Gesellschaft auf.

---

90 Abkömmling Mohammeds.

91 Heute Akşehir.

In Karahissar

Die Stadt Karahissar[92] liegt unter der Polhöhe 38°46' und hat rund 10000 Häuser, von welchen etwa 400 von Armeniern bewohnt werden. Die Anzahl der hier wohnenden Griechen ist hingegen gering. Ich zählte hier 14 Minarette und sah zahlreiche Moscheen, deren Kuppeln mit Bleiplatten verziert waren. Die schönste und größte Moschee soll von Osman, dem Stammvater der jetzt regierenden Dynastie, erbaut worden sein. Osman residierte eine Zeit lang in Karahissar und nahm hier den Titel Sultan an.

Karahissar (das heißt: Das schwarze Kastell) ist eine offene Stadt. Ihre Lage ist so interessant, dass ich sie gezeichnet habe. Sie liegt nämlich an der einen Seite am Fuß eines sehr hohen, nackten, seltsam geformten Felsens und auf der anderen Seite am Abhang eines hohen, fruchtbaren Gebirges mit vielen Weingärten. Ein Fluss, der im Frühjahr stark anwächst, fließt zwischen dem steilen Felsen und dem Gebirge durch die Stadt.

In Karahissar findet man mehr Häuser aus Mauersteinen als in den meisten anderen Städten des Türkischen Reiches, Brusa ausgenommen. Die Ursache ist wohl die große Betriebsamkeit der hiesigen Einwohner, die als sehr arbeitsam gelten. Sättel, Zäume und Steigbügel werden hier so gut gemacht, dass sie im ganzen Osmanischen Reich gesucht sind. Die Gewehrfabriken liefern ebenfalls ausgezeichnete Waffen, des Weiteren wird rot gefärbtes Leder überallhin verkauft. Den größten Handel jedoch treibt Karahissar mit Opium. Hiervon wird in dieser Gegend so viel gebaut, dass alljährlich 100 Mauleselladungen ausgeführt werden können.

Man färbt in Karahissar (noch mehr in Ismîl) Baumwollgarn. Hierzu braucht man Krapp[93], Alaun und Galläpfel. Der beste

---

92 Heute Afyonkarahisar. Die Stadt, ein Verkehrsknotenpunkt, war durch ihren Opiumhandel von Bedeutung (Afyon ist das türkische Wort für Opium).

93 Eine den roten Farbstoff Alizarin liefernde Pflanze (Rutia tinctorum), die heute nicht mehr angebaut wird, da Alizarin künstlich hergestellt werden kann.

Grundriss und Ansicht der Stadt Karahissar

Krapp wächst in der Gegend von Damaskus. Auch auf die Qualität des Wassers kommt es beim Färben an.

Auf dem steilen Felsen, dessen Gestein schwarz ist (daher der Name der Stadt), liegt ein Kastell, das von einem mohammedanischen Ritter, der die Landstraßen unsicher machte, erbaut worden sein soll. Der Weg, der zu dem Kastell führt, ist steil, beschwerlich und nicht ungefährlich. Dennoch kletterte ich hinauf und fand oben nichts weiter als eine Mauer mit Türmen, in welchen sich einige alte Kanonen befanden.

Die Reise von Karahissar nach Brusa

Wir reisten zuerst über eine große Ebene. Hier war das Wetter so schlecht, dass wir nur mit Mühe vorwärtskamen. Ein Sturm drohte uns und unsere Tragtiere umzuwerfen, und es schneite so dicht, dass man überhaupt nichts sehen konnte. Ich war auf meiner Reise durch Anatolien oft schlechtem Wetter ausgesetzt, Regen, Frost und Schnee hinderten mein Weiterkommen. Doch war das Wetter nie schlechter als in Deutschland, nur die Wege waren viel schlechter.

Knapp vor Kutahja, unserem ersten größeren Reiseziel, stießen wir auf drei heiße Quellen, in deren Nähe viele geborstene Marmorblöcke lagen. Das lässt die Vermutung zu, dass hier früher einmal prächtige Gebäude standen.

Am 7. Januar erreichten wir Kutahja, die Residenz eines Paschas mit drei Rossschweifen, der noch jetzt den Titel eines Sâr Askar (das ist Generals) von Anatolien führt. Sein Palast ist einer der schönsten im Osmanischen Reich. Die Häuser der Bewohner hingegen sind schäbig und in einem schlechten Zustand. Es sind etwa 11 000. Eine Fabrik ist es, die Kutahja berühmt gemacht hat. In ihr werden besonders schöne Kaffeetassen aus Fayence[94] hergestellt, die in nahezu alle Morgenländer geliefert werden.

Die Stadt Kutahja liegt nach meinen Beobachtungen unter der Polhöhe 39°25'. Mein Aufenthalt hier war zu kurz, als dass ich sie genauer beschreiben könnte. Bemerkenswert ist noch ein Kastell mit zwei Toren, das von einer starken Mauer umgeben ist.

Wir wechselten in Kutahja die Pferde nicht, sondern traten bereits am 9. Januar unsere Reise mit denselben Katerdsjis an,

94 Fayence (Majolika) ist eine Tonware mit einer ornamental oder figural bemalten Zinnglasur. Der Name stammt von der italienischen Stadt Faenza, wo die keramische Industrie schon im 15. Jahrhundert eine hohe Blüte erreichte.

mit welchen wir von Karahissar gekommen waren. Wir ritten durch eine dicht besiedelte Ebene, in der sich eine Waldung an die andere reihte. Da die Häuser hier schräge, mit Ziegeln bedeckte Dächer hatten, konnte ich beinahe glauben, in Europa zu sein. In den erwähnten Waldungen finden die Bauern so viel Holz, dass sie ihre Häuser ganz aus diesem Material bauen können. Man sieht in dieser Gegend auch hölzerne Brücken, und in Seiid Omar ist sogar das Minarett ganz aus Holz.

Seiid Omar besteht aus zwei Dörfern, die dicht beieinanderliegen, und hat seinen Namen von einem in dieser Gegend berühmten mohammedanischen Heiligen, über dessen Grabstätte ein pompöses Gebäude errichtet wurde. Die Bewohner des Dorfes führten mich zu diesem Heiligtum. Es war ein wohl großes, aber sonst gewöhnliches Grab. Auf einem Pfeiler davor hingen, wie bei allen Gräbern der Mohammedaner, ein Turban und ein Rosenkranz.

Am 10. verließen wir Seiid Omar und gelangten über mit Tannen und Fichten bewachsene Berge nach Hamamlu. Diese Reise war sehr beschwerlich, da es heftig regnete und auf dem Weg hoher Schnee lag. Die Bewohner von Hamamlu waren vor einiger Zeit beschuldigt worden, sie hätten in ihrer Karawanserei einen Reisenden erschlagen, und hatten dafür eine harte Strafe erdulden müssen. Seither erhielten die Reisenden von ihnen weder Holz noch Lebensmittel. So verbrachten wir, durchnässt und durchfroren, wie wir es waren, in diesem Dorf eine schlechte Nacht.

Es befremdete mich, zu hören, dass hier in der Karawanserei schon öfter Reisende erschlagen worden waren. Dann erfuhr ich, dass die Menschen in dieser Gegend besonders arm sind und, wenn der Hunger zu arg geworden war, einem, der allein reist und bei dem sie Geld vermuten, das Leben nehmen. Das ist wohl in der ganzen Welt so. Hunger macht Menschen zu allem fähig.

Die Morgenländer, die nur Wasser trinken, gehen sehr sorgsam mit dem für sie kostbaren Nass um. Auf dem Weg nach Brusa sahen wir immer häufiger steinerne Tröge, in die das Wasser mittels Röhren geleitet wurde. Hier konnten sich Menschen und das Vieh laben. Die Morgenländer sorgen auch dafür, dass das Wasser rein bleibt.

Von Hamamlu bis Brusa reisten wir durch fruchtbare Ebenen, die mit Dörfern und Maulbeerbäumen geradezu bedeckt sind. Kastanien und andere Früchte findet man hier nicht nur in den Gärten, sondern auch in den Wäldern.

Wir erreichten die Stadt Brusa am 13. Januar.

In Brusa

Die Stadt Brusa[95] wurde schon in den ältesten uns bekannten Zeiten Prusa genannt, hat also ihren Namen nicht verändert. Sie liegt unter der Polhöhe 40°12' am nördlichen Fuß eines hohen Gebirges, das von den Türken Kaschis Dag (Priester-Gebirge) genannt wird, in den alten Zeiten aber Olymp hieß. Von dort hat man eine herrliche Aussicht auf die im Norden liegende fruchtbare Ebene. Die großen, von den Sultanen, die hier residiert haben, gestifteten Moscheen sind aus Marmor und haben, wie die öffentlichen Bäder und die Karawansereien, prächtige, mit Bleiplatten bedeckte Kuppeln. Die Häuser sind aus Steinen und Kalk, ihre Dächer sind schräg und mit Ziegeln bedeckt. An großen Basaren ist kein Mangel, an herrlichen Waren auch nicht. Die Straßen sind gepflastert.

An Wasser ist in Brusa solch ein Überfluss, dass alle Moscheen, Karawansereien und Häuser fließendes Wasser haben. Dieses Wasser entstammt aber nicht dem Fluss, der vom Olymp kommt und durch die Stadt fließt, sondern Quellen, die in Röhren geleitet werden. Diese Röhren liegen auf Mauern. Man kann also sagen, dass Brusa über einen Aquädukt verfügt.

Der Handel in Brusa ist bedeutend. Vor allem werden Rohseide und seidene Stoffe ausgeführt. Auch an Lebensmitteln und Früchten ist kein Mangel. Ich sage offen, dass mir Brusa

95 Heute Bursa. Die 184 v. Chr. gegründete Stadt hat heute knapp 2 Mio. Einwohner (2011).

besser als Damaskus gefallen hat und dass Sana, das oft mit Damaskus verglichen wird, mit Brusa überhaupt keinen Vergleich aushalten kann.

Die Stadt ist nicht befestigt, wird aber durch ein großes Kastell geschützt, das wahrscheinlich den ganzen Platz einnimmt, den das alte Prusa eingenommen hat. Osman belagerte dieses Kastell lange vergebens. Sein Sohn Orchân eroberte es endlich im Jahre 726 der Hedschra[96].

Der Pascha von Brusa hat wenig Macht, obwohl sein Distrikt groß und stärker besiedelt ist als jeder andere im Osmanischen Reich. Denn die Ajâle, die Häupter der großen Familien Brusas, sind alle reich und verstehen es, die maßgeblichen Beamten der Pforte durch Geldspenden dahin zu bringen, dass ein Pascha abberufen wird, wenn sie mit ihm nicht zufrieden sind. Zur Zeit meiner Anwesenheit war der Pascha kaum zwei Monate in Brusa gewesen, als sich die Ajâle schon beim Sultan beschwerten, er habe von den Christen unrechtmäßigerweise Geld erpresst, und seine Abberufung forderten. Dieser Forderung wurde stattgegeben. Der Pascha schickte zwar einen Kurier nach Konstantinopel, mit der Bitte, ihm für seine Abreise Zeit zu lassen, bis eines seiner Kinder, das er für krank ausgab, wiederhergestellt sein würde. Doch die Ajâle zwangen ihn, die Stadt zu verlassen.

Die bedeutendsten Sehenswürdigkeiten Brusas sind:

- Das bereits erwähnte Kastell, das Seroj Kapu heißt. Hier haben die Sultane von Brusa residiert. Jetzt wird das Kastell als Zeughaus verwendet;
- eine ehemalige Kirche, die jetzt Monaster heißt. Hier sieht man eine erstaunlich große Trommel von der Form einer Biertonne, die an zwei eisernen Ketten an der Decke hängt. Auf dem früheren Chor befinden sich die Gräber des Sultans Orchân und seiner Familie. Das beweist, dass schon der Eroberer Brusas den Griechen diese Kirche genommen hat. Die steinernen Särge sind mit kostbaren Tüchern bedeckt,

96 1326 nach Christus.

und bei einem jeden steht ein steinerner Pfeiler, um den ein Turban gewickelt ist. Nur der Turban des Sultans wird von Zeit zu Zeit gewaschen oder erneuert;
- mehrere große Häuser, in welchen den Armen täglich Essen gereicht wird. Solche Häuser habe ich anderswo nicht gesehen;
- Ulu Dsjamea, die Hauptmoschee. Sie ist über 200 Fuß lang und ungefähr 160 Fuß breit, sehr hoch und außen mit Marmor verkleidet. Ihre Kuppeln sind mit Bleiplatten bedeckt;
- ein Hospital für Wahnsinnige.

Brusa hat etwa 19000 Häuser, die von Mohammedanern bewohnt werden. Die Armenier bewohnen etwa 1200 Häuser und haben eine schöne Kirche. Die Griechen dürften an die 700 Häuser haben. Ihnen stehen nur drei kleine Kirchen zur Verfügung. Die Juden wohnen an der Nordseite des Kastells und besitzen 400 Häuser. Diese Nation genießt in Brusa sehr viel Freiheit, es ist ihr die Ausübung jedes Handwerks erlaubt. Europäische Kaufleute oder Missionare gibt es nicht.

Man sagt, Brusa habe so viele Minarette, als das Jahr Tage hat. Ein Armenier aber, der sich die Mühe gemacht hatte, sie zu zählen, fand nur achtzig. Auch das ist sehr viel. Außerdem gibt es in Brusa außer den großen Moscheen auch noch viele kleine. Selbst in den Karawansereien findet man kleine Kapellen.

In Kairo, Haleb und anderen Städten muss ein Christ, der eine Hauptmoschee betritt, befürchten, dass er von einem Mohammedaner bemerkt und genötigt wird, sich beschneiden zu lassen oder eine saftige Geldbuße zu entrichten. In Brusa ist man in dieser Hinsicht nicht so streng. Mein Begleiter, ein Armenier, führte mich zum Beispiel in die Moschee Tschellebi Mohammed (eine der größten in Brusa), und dies kostete mich nichts weiter als ein kleines Trinkgeld für den Pförtner, der noch dazu alle meine Fragen höflich beantwortete. Ich hörte unter anderem von ihm, dass es in dieser Moschee fünf Mullahs gab. Das sind Leute, die zu bestimmten Stunden auf die Minarette steigen und die Bewohner an das Gebet erinnern. Diese Moschee ist in der

Form eines Kreuzes gebaut und hat einen prächtigen Eingang aus Marmor, auf dem arabische Inschriften zu lesen sind. Auch der mit kostbaren Teppichen belegte Fußboden ist aus Marmor. An den Wänden befinden sich Sprüche aus dem Koran. Die Buchstaben sind sehr groß und aus purem Gold.

An einem anderen Tag führte mich mein Armenier in eine Moschee, in der gerade hundert Türken beteten. Als ich rasch zurücktrat, sagte mein Begleiter zu mir, ich könne ruhig weitergehen, denn die Türken würden mich gar nicht bemerken. Ich wollte die Nachsicht der Mohammedaner aber nicht auf die Probe stellen und kein Ärgernis geben. Also verließ ich die Moschee.

Ich wohnte in Brusa in einem großen Chân, der auf einem viereckigen Platz stand, in dessen Mitte sich eine kleine Kapelle befand. Hier wurde an jedem Freitag Betstunde gehalten. Um die Zeit des Gebets anzukündigen, rührte der Pförtner des Châns, ein Armenier (also ein Christ), eine Trommel. Dies erheiterte mich, da sich die Türken anderswo mir gegenüber darüber lustig gemacht hatten, dass wir Christen nicht durch die Stimme eines Menschen, sondern durch eine Glocke zum Gebet gerufen werden.

Es ist allerdings selten, dass die Mohammedaner zum Gebet zusammengetrommelt werden. Dies war hier wohl deshalb Mode geworden, weil eine Trommel vorhanden war, die zu keinem anderen Zweck gebraucht wurde.

Der Pförtner dieses Châns erinnerte nämlich täglich frühmorgens die Gäste daran, nach ihren Sachen zu sehen. Meldete jemand, dass ihm etwas gestohlen worden war, blieb die Pforte so lange geschlossen, bis das gestohlene Gut wieder zum Vorschein gekommen war. Meldete niemand einen Diebstahl, wurde die Pforte geöffnet. Nun konnte sich keiner mehr beschweren, wenn ihm etwas fehlte.

Am Abend des 30. Januar zwischen 5 und 6 Uhr hatten wir ein Erdbeben, welches die ganze Stadt in Schrecken versetzte und in Bewegung brachte. Da der Chân, in dem ich wohnte, schon alt war, bestand für mich die Gefahr, unter seinen Trümmern begraben zu werden. Ich versuchte also zu flüchten. Pausenlose Stöße verursachten, dass ich das Tor nur taumelnd erreichen konnte. Hier prasselten schon die Dachziegel auf den Boden. Im Nu hatten sich alle Bewohner des Châns unter freiem Himmel versammelt und warteten dort auf den Einsturz des Gebäudes. Es blieb jedoch beim Schrecken. Die Erdstöße wurden immer schwächer, und als wir nach einer Stunde nichts mehr spürten, kehrten wir in den Chân zurück. Auch am 8. Februar bebte die Erde. Die Stöße waren aber nur schwach.

Die türkischen Gelehrten in Konstantinopel verfertigen Jahr für Jahr einen Kalender, von dem Abschriften auch in die einzelnen Provinzen gelangen. Dieser Kalender ist aber noch so unvollständig, dass man daraus nicht einmal ersehen kann, wann die Festtage zu feiern sind. So wusste man zum Beispiel in Brusa am 31. Januar noch nicht, ob der Ramadan bereits angefangen hatte oder erst am nächsten Tag anfangen würde. Viele besonders glaubenseifrige Mohammedaner fasteten bereits am 31., andere wieder noch nicht. Trotz Kalender wird also der Beginn des Monats Ramadân jetzt noch so bestimmt wie zu Mohammeds Zeiten. Wenn nämlich von dem Monat Schabân 29 Tage verflossen sind, lässt der Kadi bei Sonnenuntergang sorgfältig nach dem Neumond sehen, und wenn ihn seine Leute entdeckt haben, wird der Anfang des Ramadâns durch einen Kanonenschuss bekannt gegeben. Haben die Leute des Kadis den Neumond aber nicht gesehen, wird der Anfang des Festes erst für den folgenden Abend angekündigt. Einen längeren Aufschub gibt es nicht.

Vor einigen Jahren, als man an dem erwähnten Tag den Kanonenschuss nicht hörte, führten die Bewohner Brusas drei Männer zum Kadi, die den Neumond gesehen hatten. Als dieser das Zeugnis dieser Männer nicht anerkannte und sich weigerte, den Beginn des Festes ankündigen zu lassen, schrie man, er wolle die Muslemin (Rechtgläubigen) davon abhalten, den Pflichten ihrer Religion nachzukommen. Der Kadi musste sich schmähen lassen, bis er erfuhr, dass in Konstantinopel der Ramadân an dem von ihm bestimmten Tag angefangen hatte. Nun sandte er die drei Männer, die behauptet hatten, den Neumond früher als seine Leute gesehen zu haben, zu den Ulemas, den Gelehrten, in der Hauptstadt. Diese bezeichneten die drei Männer als Aufrührer und Lügner und verurteilten sie zu lebenslänglicher Arbeit auf den Galeeren. Seither hat es in Brusa niemand mehr gewagt, dem Kadi bei der Bestimmung der Festtage zu widersprechen.

Der Ramadân ist bekanntlich ein Fastenmonat. Die Mohammedaner sollen während dieses Monats an allen Tagen ohne Ausnahme vom Anbruch des Tages bis Sonnenuntergang weder essen noch trinken noch Tabak rauchen. Ihre Gelehrten haben viele Regeln bekannt gegeben, wie dieses Fasten beobachtet werden soll und wie man Gott versöhnen kann, wenn man einen Fehler begangen hat. Doch an diese Regeln, die keine Gesetze sind, halten sich nur jene, die sich durch ihre Frömmigkeit vor anderen auszeichnen wollen. Ich reiste im Monat Ramadân mehrmals mit Mohammedanern, die nicht fasteten, und wenn ich sie daran erinnerte, gaben sie vor, sie würden dies in einem anderen Monat zu Hause nachholen. Sicher haben sie das nicht getan. Die Reichen allerdings müssen sehr darauf achten, weder beim Essen noch beim Trinken noch beim Rauchen ertappt zu werden. Geschieht dies, werden sie vom Pascha gehörig erpresst. Dem gewöhnlichen Volk bleibt es freigestellt, ob es seinen religiösen Pflichten nachkommt oder nicht. Ein Türke, der in demselben Chân wie ich wohnte, setzte sich in den ersten Tagen des Ramadân, wie er es vorher getan hatte, auf die Bank vor der Pforte und rauchte dort seine Pfeife. Die Vorübergehenden stellten ihn nicht zur Rede, doch sie warfen ihm Blicke zu, die deutlich werden ließen, dass sie ihn verachteten, weil er *öffentlich* das tat, was sie nur *zu Hause* taten.

Für jene Mohammedaner, welche die Regeln befolgen, ist das Fasten von Tagesanbruch bis Sonnenuntergang sehr beschwerlich. Sie halten sich aber dafür während der ganzen Nacht schadlos. Die meisten setzen im Ramadân alles, was sie in den vorhergegangenen 11 Monaten erspart haben, in Essen um. Kann man sonst des Nachts nicht ohne Leuchte auf die

Straße gehen, ist im Ramadân alles festlich beleuchtet. Die Kaffeehäuser sind zum Bersten voll und in den Marktstraßen alle Kaufmannsläden (vor allem die Buden, wo man Esswaren erhält) offen. Mir gefiel es sehr gut, dass die Türken in dieser Zeit die Minarette erleuchten und an Stricken, die von einer Hauswand zur anderen gespannt sind, Lampen aufhängen. Da und dort hängt sogar eine Galeere, ein Kamel oder ein Pferd.

Herrscht im Ramadân des Nachts überall ein lebhaftes Treiben, ist es bei Tag umso stiller. Denn dann schlafen alle, die nur einigermaßen ohne Arbeit leben können. Dies kam mir sehr zustatten, da ich nun meine Beobachtungen anstellen konnte, ohne selbst beobachtet oder behelligt zu. werden.

Westlich von Brusa, am Fuß des Olymps, entspringen mehrere heiße Quellen, deren mineralhaltiges Wasser, wie man behauptet, Heilung von vielen Krankheiten bringt. Über diesen Quellen haben die Türken prachtvolle Gebäude aufgeführt, von welchen das der Stadt am nächsten gelegene Neu-Kabludja heißt. Die Einrichtung dieses Bades ist ausgezeichnet. Gleich nach dem Eintritt gelangt man in einen Raum, in dem sich ein großer Wasserbehälter aus Marmor befindet. Hier können sich Gäste, die über wenig Geld verfügen, für eine Kleinigkeit selber waschen und baden. In diesem Behälter sah ich auch Leute, die das Schwimmen erlernen wollten. Sie waren aber nicht sehr geschickt und benötigten große ausgehöhlte Kürbisse, um sich über dem Wasser zu halten. An den erwähnten Raum grenzen größere und kleinere Kammern, in welchen die Vornehmen allein baden können. Überall sind in der Wand Hähne aus Messing, sodass der Badende, ganz wie er will, heißes oder kaltes Wasser in seine Wanne leiten kann. Der Fußboden ist überall mit Marmor belegt. Die Fenster, durch welche das Tageslicht eindringt, befinden sich hoch oben in Kuppeln. Man muss also hier keine Angst vor einem Zugwind haben. In diesem großen Gebäude baden nur Männer. Ein öffentliches Bad für das andere Geschlecht befindet sich in der Nähe. Man benötigt vom Mittelpunkt Brusas bis Neu-Kabludja etwa zehn Minuten. Der Weg führt immer durch Gärten.

Zwanzig Minuten weiter westlich gelangt man zu dem Dorf Tsche Kirdsje. Auch dort befindet sich ein öffentliches, bequem eingerichtetes Bad. Man nennt es Alt-Kabludja. In diesem Dorf gibt es fast in jedem Haus heißes Wasser. Deshalb mieten reiche Bewohner Brusas oft solch ein Haus für mehrere Monate, um bequem und allein baden zu können. In der Nähe von Alt-Kabludja liegt eine große Moschee, in welcher sich das Grabmal des Sultans Murad II.[97] befindet.

Man erzählte mir, dass es auf dem Olymp mehrere Seen gibt, in welchen sich übergroße Fische mit riesigen Schädeln tummeln. Ich hätte diese Fische gerne gesehen. Doch ist der Olymp so hoch, dass auf seinem Gipfel sogar im Sommer Schnee liegt. Jetzt, im Winter, war nicht daran zu denken, dass ich ihn ersteigen konnte.

Die Reise von Brusa nach Konstantinopel

Wenn das Wetter gut ist, gehen häufig Karawanen von Brusa nach Konstantinopel ab. Von gutem Wetter war jetzt keine Rede. Man kann von Brusa aber auch nach Jallowa reisen und von dort den Rest des Weges zu der Hauptstadt des Osmanischen Reiches auf dem Wasser zurücklegen. Ich wählte den Weg über Mudan, einen Hafen, der nur 6½ Stunden oder ungefähr 3½ deutsche Meilen entfernt ist und in einer fruchtbaren Gegend liegt, wo man überall Gärten mit Maulbeer- und Olivenbäumen antrifft. Mudan liegt unter der Polhöhe 40°23' an einem Meerbusen, den die Türken Indjir Liman nennen. Der Hafen hier ist so schlecht, dass die Schiffer gleich nach ihrer Ankunft die Schiffe an Land ziehen und erst wieder ins Wasser bringen, wenn sie sich zu einer neuen Fahrt vorbereiten. Die Anzahl der Häuser in dieser Stadt beträgt etwa 1500. Man sagte mir, dass sie fast ausschließlich von Griechen bewohnt werden. Ich sah aber in Mudan sechs Moscheen. Also müssen hier doch viele Mohammedaner zu Hause sein.

---

97 Murad II. regierte von 1421 bis 1451. Er erweiterte das Türkische Reich auf dem Balkan und belagerte als Erster Konstantinopel.

Ich hatte Brusa am 13. Februar verlassen. Am 15. blieb ich in Mudan. Am 16. bestieg ich ein kleines Schiff, das einem Griechen gehörte, und erreichte Konstantinopel am 16. des Abends. Hier besorgte, in Abwesenheit des Gesandten, Herr Legationssekretär Horn die Geschäfte des Königs von Dänemark. Ich begab mich sofort nach meiner Ankunft zu ihm nach Pera und wurde freundlich aufgenommen.

In Konstantinopel

In keiner Stadt der ganzen Türkei ist es für einen Europäer so schwierig wie in Konstantinopel, unbeobachtet zu bleiben. In anderen Städten kann man sich nach Landesmanier kleiden und wird dann vom Pöbel nicht bemerkt. In der Hauptstadt hingegen müssen sich die Europäer europäisch kleiden. Denn sie wohnen fast ohne Ausnahme im Stadtteil Pera und haben in den anderen Bezirken selten zu tun. Kommen sie dorthin, vermeiden sie es, die Hauptstraßen zu verlassen. Um einen Grundriss entwerfen zu können, musste ich alle Quartiere der Stadt besuchen, und in abgelegenen Gegenden, wo man es nicht gewöhnt ist, Europäer zu sehen, wird man bisweilen von Weibern und Kindern verspottet, ja sogar noch schlimmer behandelt.

Ich traf zufällig einen Arzt, der sich wie ein Türke kleidete, und nahm sofort diese Maskerade an. So gelang es mir, einen Grundriss der Stadt zu entwerfen, ohne allzu oft behelligt zu werden. Ich unternahm auch eine Reise nach Fanaraki, einem Dorf am Schwarzen Meer, und nach Terapia, wo die europäischen Gesandten ihre Landhäuser haben.

Die Stadt Konstantinopel ist sehr groß. Doch wenn man Karagadsch, Galata, Pera und die übrigen Bezirke, die auf der anderen Seite des Meeres, also in Asien liegen, als eigene Städte und Dörfer ansieht, ist Konstantinopel, was die Größe betrifft, weder London noch Paris gleichzusetzen. Über die Einwohnerzahl kann man in Konstantinopel, wie in allen Städten des Morgenlandes, wenig erfahren, da es hier nicht üblich ist, Listen der Geborenen und Verstorbenen anzulegen. Will man

Ansicht von Konstantinopel mit Hafen (Lithographie von C. G. Hammer)

die Einwohnerzahl einer Stadt einigermaßen bestimmen, muss man beobachten, wie stark sie bevölkert ist, und man muss ferner beachten, dass in den Städten bei uns viel mehr Menschen wohnen als in ebenso großen des Morgenlandes. Des Weiteren muss man daran denken, dass die Häuser im Orient viel niedriger als in Europa sind, also auch weniger Menschen beherbergen.

Konstantinopel hat die Form eines Dreiecks, dessen Seiten weder gerade noch gleich lang sind. Der Umfang beträgt nach meiner Messung an die 13 000 doppelte Schritte. Die Stadt ist von einer Mauer umgeben, die bei einem Angriff nur wenig helfen würde. Die Türken verlassen sich auf die vier kleinen Kastelle am Kanal nach dem Archipel und auf vier andere, deren Kanonen auf das Schwarze Meer gerichtet sind. Ich glaube aber, dass auch diese Kastelle gegen einen Feind wenig nützen könnten. Am Hafen gibt es von der Vorstadt Ejûb bis zum Seroj (Serail oder Palast des Sultans) nur eine durchgehende

Straße, und nur an wenigen Stellen erheben sich Häuser schon hintereinander. Viele dieser Häuser stehen zum Teil noch im Wasser. An manchen Stellen schüttet man Erde ins Wasser, um zum Bauen mehr Platz zu erhalten.

Der Teil Konstantinopels, der am Hafen liegt, ist am meisten besiedelt. Viele Häuser stehen auf Anhöhen. Man sieht hier innerhalb der Mauer aber auch viele Gärten. Das dortige Seroj des Sultans, das sogenannte alte Seroj, in dem die Frauen des verstorbenen Sultans wohnen, und vier große Moscheen nehmen ebenfalls viel Platz weg. Moscheen werden immer noch gebaut. Ich glaube aber nicht, dass sich die Zahl der Einwohner mit der Zunahme der Moscheen vermehren wird.

Auch die nahen Städte und Dörfer liegen zum Großteil auf Anhöhen. Dort stehen auch prächtige Moscheen und die Paläste der Vornehmen, umsäumt von herrlichen Gärten. Dies verleitet zu der Ansicht, dass Konstantinopel eine besonders schöne Stadt ist. Aber die Straßen sind eng und die Häuser aus ungebrannten Ziegelsteinen oder sogar nur aus dünnem Holz. Durch diese Bauweise ist die Gefahr bei Erdbeben und Feuersbrünsten besonders groß. Vor allem Feuersbrünste sind in der Stadt nicht selten.

Der Hafen von Konstantinopel ist einer der schönsten der Welt. Er ist sehr groß, und die Schiffe können nicht nur überall ankern, sondern auch dicht ans Ufer heranfahren und laden. So sieht man auf dem Wasser ständig große und kleine Schiffe, und das ergibt einen prachtvollen Anblick.

An der Ostecke der Stadt liegt auf einer Anhöhe das Seroj des Sultans. Von dort hat man nach allen Seiten eine sehr schöne Aussicht. Das Seroj ist von einer hohen, starken Mauer umgeben. Diese könnte den Sultan vielleicht bei einem Aufruhr gegen seine Untertanen schützen, aber sicher nicht gegen einen äußeren Feind. Das Seroj ist sehr groß und von riesigen Gärten umgeben. Die Dächer aller Gebäude sind mit Bleiplätten bedeckt. Ich durfte nur den äußeren Vorhof betreten, dort sah ich nur das Münzamt und die Pferdestallungen.

Die bedeutendsten Moscheen (man nennt sie Moscheen des Sultans) sind folgende:

- St. Sophia, eine Kirche, die von Kaiser Justinian erbaut und von den Türken in eine Moschee umgewandelt wurde;
- Sultan Achmed;
- Waliche, eine Moschee, die von der Mutter eines Sultans erbaut wurde;
- Sultan Osman;
- Sultan Bajazet;
- Sultan Soliman;
- Schad Zade. Diese Moschee wurde unter der Regierung des Sultans Soliman errichtet;
- Sultan Mohammed. Sie wurde von Mohammed II., der Konstantinopel eroberte, errichtet und stürzte 1766 bei einem heftigen Erdbeben ein.

Keine dieser Moscheen kann sich mit St. Sophia[98] vergleichen. Aber alle gereichen ihren Stiftern zur Ehre und der Stadt zur Zierde.

Die meisten stehen auf den Höhen der Stadt, ihre Kuppeln und Minarette sind mit Bleiplatten bedeckt. Sie liegen auf großen freien Plätzen und sind entweder von einer Mauer oder von den Gebäuden für Bedienstete und die Armen umgeben. Bei jeder Moschee befindet sich eine Schule und bei jeder wird tagtäglich Essen ausgeteilt. In einigen sind die Stifter begraben. Der jetzt regierende Sultan hat schon zwei Moscheen erbauen lassen, eine in Scudar (Skutari) und eine in der Stadt selbst. Letztere ist aber nur klein.

Die großen öffentlichen Herbergen, die überdachten Marktstraßen und die prächtigen Bäder sind gleichfalls eine Zierde der Stadt. In den Marktstraßen findet man Häuser, in welchen ständig umsonst Wasser ausgeteilt wird. Solch ein Haus steht auch vor dem Seroj. Es ist nach allen Seiten offen, die eisernen

98 Die Hagia Sophia gilt auch heute noch als das schönste Bauwerk Konstantinopels und als das bedeutendste der byzantinischen Kultur.

Gitter sind vergoldet, und in dem Gebäude verteilen Sklaven in vergoldeten Schalen Wasser an das durstige Volk.

Die Stadt erhält ihr frisches Wasser aus drei Bents (das sind große Wasserbehälter), die etwa drei deutsche Meilen entfernt sind. Was die Mauern vor diesen Bents gekostet haben, ist nur sehr wenig im Vergleich zu den Summen, welche die Sultane aufgewendet haben, ihre Residenz mit gutem Wasser zu versorgen. Denn da der Boden in dieser Gegend sehr ungleich ist, muss man das Wasser bald durch, bald um die Hügel leiten, und wo sich Täler befinden, hat man starke, hohe Mauern bauen müssen. All dies wird auf Kosten des Sultans instand gehalten. Man könnte glauben, dass die Türken diese prächtigen Anlagen den griechischen Kaisern verdanken. Doch man hat mir versichert, dass einer der drei erwähnten Bents erst von dem jetzt regierenden Sultan gebaut wurde und dass die beiden anderen aus der Zeit des Sultans Mahmud[99] stammen, also noch nicht alt sind. Dass sich die Sultane das Wohl ihrer Untertanen bisweilen auch angelegen sein lassen, ist dadurch bewiesen, dass der derzeitige Sultan auf der asiatischen Seite der Stadt entlang des Kanals (Bosporus) gepflasterte Wege anlegen ließ, was den Schiffern ihre Arbeit bedeutend erleichtert. Man wundert sich jetzt, dass dies nicht schon vor tausend Jahren geschehen ist.

Auf dem großen Platz bei der Moschee Sultan Achmed steht ein hoher Obelisk, den eine Schlange krönt. Am Sockel befinden sich griechische Inschriften, die ich kopierte, wobei mir an die hundert Türken zusahen. Ich hatte aber keine Angst. Man findet in Konstantinopel auch noch große unterirdische Wohnungen, die früher Wasserbehälter gewesen sein dürften und jetzt von Webern bewohnt werden. In solch einer Wohnung stieß ich auf 32 korinthische Säulen.

Galata ist zur Gänze von einer Mauer umgeben. Hier wohnen die meisten europäischen Kaufleute und auch mehr morgenländische Christen als in der Hauptstadt. In Pera, das man eine Vorstadt von Galata nennen kann, wohnen die euro-

---

99 1696–1754.

päischen Gesandten, und zwar: die dänischen, schwedischen, neapolitanischen und preußischen Gesandten; die Botschafter des französischen und des englischen Hofes und der Republik Holland; der Botschafter Venedigs; der russische Botschafter und der kaiserliche Internuntius. Die Deputierten von Ragusa, Algier, Tunis und Tripolis wohnen in Konstantinopel und werden von den Türken nicht als Gesandte behandelt.

In Ters châna liegt die Flotte des Sultans am Ufer. Dies ergibt ein sehr schönes Bild, wenn man nicht genauer hinsieht. Denn die Flotte befindet sich in einem sehr schlechten Zustand. In Top châna steht ein großes Gebäude, in dem Kanonen gegossen werden. Scudar[100] liegt teils in einem Tal, teils auf Hügeln. In dieser Stadt findet man viele Gärten und große Totenäcker, die mit Zypressen bepflanzt sind. Kadi Koj, das frühere Chalkedon, ist jetzt nur ein großes Dorf, in dem man die Kirche sehen kann, in der im Jahre 451 das berühmte ökumenische Konzil abgehalten wurde.[101]

Der Sultan besitzt sehr viele Landhäuser, hält sich aber nur in einem auf, das bei Kara agâdsch in einer einsamen, melancholischen Gegend liegt. Es passt zur Gemütsart seines Herrn. Die übrigen Besitzungen verfallen, einige hat der Sultan sogar niederreißen lassen, um Material für den Bau von Moscheen und Bädern zu gewinnen.

Die Griechen haben in der Stadt Konstantinopel noch 23, die Armenier 3 Kirchen. In Pera wohnt ein Geistlicher, dem der Papst den Titel Erzbischof verliehen hat. Die Mönche sechs verschiedener Orden sind teils in der Hauptstadt, teils in Galata zu Hause. Jeder dieser Orden besitzt seine eigene Kirche. Diese Kirchen stehen unter dem Schutz eines europäischen Gesandten. Die Juden haben in Konstantinopel und den übrigen erwähnten Städten und Dörfern zahlreiche Synagogen. Da es

100 Heute Üsküdar (der auf dem asiatischen Ufer des Bosporus liegende Stadtteil von Istanbul).

101 Chalkedon war seit 300 n. Chr. römischer Bischofssitz. Auf dem ökumenischen Konzil wurde das Dogma von den zwei Naturen Christi (göttlich und menschlich) verkündet.

nur den Mohammedanern erlaubt ist, öffentliche Gebetshäuser zu bauen, halten manche Religionsgemeinschaften ihre Zusammenkünfte heimlich ab. Darum kümmert sich die Regierung überhaupt nicht.

Die Reise von Konstantinopel nach Adrianopel

Man kann von Konstantinopel verschiedene Wege zurück ins Land der Christenheit nehmen. Am bequemsten und sichersten reist man mit einem Schiff, das einen französischen oder italienischen Hafen anläuft. Doch so eine Fahrt dauert unendlich lange. Wer nicht viel Zeit hat, kann zu Lande nach Venedig oder über Belgrad nach Wien oder durch die Bulgarey und Moldau nach Polen reisen. Ich nahm den mir vorgeschriebenen Weg über Choczim nach Polen. Dieser Weg hat den Vorteil, dass man an der Grenze der Quarantäne entgeht.

Weil ich es schon gewohnt war, nach morgenländischer Art zu reisen, versuchte ich, den Weg durch die europäische Türkei mit einer Karawane zurückzulegen. Europäer reisen gewöhnlich mit Postpferden. Aber in diesem Fall muss man einen Janitscharen mitnehmen, der nicht nur viel kostet, sondern auch ein unangenehmer Gesellschafter ist. Denn die Janitscharen misshandeln die armen Bauern, vor allem die christlichen, sodass sie überall gefürchtet sind. Reist man hingegen mit einer Karawane von Kaufleuten, wissen die Bauern, dass niemand etwas ohne Bezahlung verlangt, und dann ist man überall willkommen.

Mein erstes Ziel war Adrianopel. Dorthin geht zweimal wöchentlich von Konstantinopel eine Karawane ab. Nachdem ich mich von meinen Freunden verabschiedet hatte, begab ich mich am 8. Juni nach Kutsjuk tschekmese, wo sich die Karawane am Abend versammelte. Dort hatte ich vor einem der Stadttore einen Anblick, wie ich ihn auf meiner ganzen langen Reise noch nicht gehabt hatte: Auf beiden Seiten des Weges standen Pfähle, und auf jedem war ein Mensch aufgespießt. Es waren fünf Pfähle und fünf Menschen. Ich erfuhr, dass man sie aufgespießt hatte, weil sie auf dem Balkan Straßenräuberei getrieben und Reisende ermordet hatten. *Diesen* Weg wollte ich nehmen! Aber es war mir lieber, die Räuber hier als auf dem Berg Balkan anzutreffen.

Der Weg von Konstantinopel nach Adrianopel ist ausgezeichnet. Die Fuhrleute und Pferdevermieter rechnen, dass man 44 ½ Stunden braucht, ihn zurückzulegen.

Da das Wetter in dieser Gegend schön war und wir überall auf satte Wiesen stießen, lagerten wir selten in einem Dorf, sondern im Freien. Die Bauern versorgten uns gerne mit Lebensmitteln. Ich sah hier große Pflüge, die von 6 Ochsen gezogen werden. Eggen habe ich in den Morgenländern nirgends angetroffen.

Kutsjuk tschekmese, unsere zweite Station, werde ich nicht leicht vergessen. In diesem Dorf musste ich es mir gefallen lassen, dass ich alles, was ich bei mir hatte, Stück für Stück auspacken und von den Zöllnern betasten lassen musste. Als dann dies alles vorüber war, hatte ich fast nichts zu bezahlen.

In Selleri (früher Sclymbria) erlebte ich die nächste Überraschung. In dieser kleinen Stadt, die sowohl griechische als auch türkische Einwohner hat, leben an die hundert Juden, die zwei Synagogen haben. Die Mohammedaner legen ihnen nichts in den Weg.

In Karistrân befindet sich ein Landhaus des Sultans. Hier sah ich eine unter der Erde liegende Wasserleitung.

Burgas ist eine kleine Stadt mit einer prächtigen Moschee und überdachten Marktstraßen. Hier wohnten wir in einem bequemen Chân, der von einem frommen Türken erbaut worden war. Spätabends hörten wir, dass sich Viehräuber in der Nähe befanden. Also nahmen wir unsere Tiere mit in den Chân. Da es dort erbärmlich stank, zog ich es vor, im Freien zu schlafen. Burgas liegt an der Straße, die von Konstantinopel nach der Moldau und der Krim führt. Wir hielten uns mehr westlich, und jene, die nach Wien wollten, nahmen den Weg über Belgrad.

Man findet an dieser Hauptstraße viele kegelförmige Hügel. Solch ein Hügel wird immer dann errichtet, wenn ein Sultan diese Gegend mit seinem Besuch geehrt hat.

Baba ist ein großes Dorf mit einer prächtigen Moschee, die unter dem Sultan Selim erbaut wurde. Hier lag in der Umgebung viel totes Hornvieh, das an einer ansteckenden Krankheit gestorben war. Ich wunderte mich, dass die Mohammedaner die Kadaver nicht eingescharrt hatten, denn sie lassen nicht einmal die hingerichteten Missetäter lange auf den Spießen stecken. Es stank hier entsetzlich, und ich glaube, dass durch diese Pestilenz neuerdings Vieh angesteckt wurde.

Sonst bemerkte ich auf dieser Reise nichts von Bedeutung. Wir erreichten Adrianopel am 12. Juni.

In Adrianopel

Adrianopel liegt unter der Polhöhe 41°41'. Die Stadt, welche von den Türken Eddrene[102] genannt wird, liegt in einer fruchtbaren Gegend am Ufer des Flusses Maritza, der vom Rila-Gebirge zum Ägäischen Meer fließt. Adrianopel wurde im Jahre 1630 von Sultan Murad erobert und war Residenz der türkischen Monarchen, bis Mohammed II. auch Konstantinopel einnahm. Noch jetzt hat der Sultan hier einen großen Palast, die Moscheen werden gut instand gehalten. Die Moschee Sultan Selim Dsjamasi, die auf einem Hügel liegt und vier Minarette hat, ist von allen die prächtigste. Man sieht in ihr Säulen aus Marmor, Granit und Serpentin. Neben der Moschee liegen eine Schule und ein Hospital für Menschen, die den Verstand verloren haben.

Nur ein kleiner Teil der Stadt ist von einer Mauer umgeben. Diese stammt, wie aus Inschriften zu ersehen ist, noch aus der Zeit der Griechen. Man sieht in der Stadt viele schöne Gebäude, sie hat gepflasterte Straßen und einen großen Markt, auf dem man schlechthin alles wohlfeil kaufen kann. Über den Fluss Maritza führen nicht weniger als 7 Brücken.

Der Handel Adrianopels ist ansehnlich. In der Karawanserei, in der ich wohnte, befanden sich viele Kaufleute aus Smyrna,

---

102 Heute Edirne (138000 Einwohner, Stand 2008), berühmt durch die Ausfuhr von Rosenöl. Adrianopel wurde von Kaiser Hadrian (117–138) gegründet.

Brusa und anderen Städten Anatoliens. Ständig halten sich hier vier französische Kaufleute auf. Es gibt auch einen römisch-katholischen Geistlichen, dem allerdings keine Kirche zur Verfügung steht.

Die Reise von Adrianopel bis zur Donau

Ich war bisher in den Morgenländern immer mit Karawanen gereist und hatte diese Art zu reisen für die beste gefunden. Man legt mit einer Karawane kurze Wegstrecken zurück, kann unterwegs astronomische Beobachtungen machen und heimlich nach dem Kompass sehen. Des Weiteren trifft man in Karawanen häufig Menschen an, die stark genug sind, sich zu verteidigen, oder Gegenden meiden, in welchen man Überfälle befürchten muss. Mit einem Wort, man reist mit einer Karawane ziemlich sicher.

Auf dem Weg von Adrianopel nach Ungarn und Polen jedoch trifft man überaus selten Reisegefährten an, und hier sind die Wege, besonders in den bergigen und waldigen Gegenden, gefährlicher als in Asien. Denn während man sich dort damit begnügt, Reisende um ihr Hab und Gut zu bringen, schlägt man sie in der europäischen Türkei vorerst tot und nimmt nachher ihr Eigentum an sich. Es gab in Adrianopel Fuhrleute, die mir versicherten, dass ich gar nichts zu befürchten hätte, wenn ich mit ihnen reiste. Doch ich traute ihnen nicht (sie wollten ja nur Geld verdienen) und wartete lieber auf eine bessere Gelegenheit. Sehr bald hatte ich Glück. Denn am 14. Juni kam in Adrianopel ein Herr aus Konstantinopel an, dessen Ziel Rusjuk[103] war. Er hatte einen Effendi (Sekretär) und 16 Diener mit, die alle Janitscharen waren. Eine bessere Gelegenheit konnte ich nicht finden. Ich bat den Aga, mich mitzunehmen, was er mir gewährte. Wir brachen schon am 15. auf.

Der Aga war etwa 70 Jahre alt und reiste in einer sehr schlechten türkischen Kutsche. Ein zweiter Wagen war ganz

103 Heute Russe, auch Rustschuk. Bulgarische Bezirkshauptstadt und bedeutender Donauhafen.

mit Weibern beladen. Die Janitscharen waren zu Pferd und gut bewaffnet. Mir wurde ein Wagen zur Verfügung gestellt, der, wie unsere Postkutschen, oben mit einem Segeltuch überspannt und für mich, meinen Diener, meine Bagage und den Fuhrmann groß genug war.

Wir fuhren an dem erwähnten Tag bis zu dem in einer fruchtbaren Gegend liegenden Dorf Jennidsje Koi und am 16. bis Bujuk Dewrend[104]. Dort erblickten wir auf freiem Feld einen türkischen Landjunker mit seinen Dienern, der sich, wie man mir versicherte, täglich hier für ein paar Stunden einfand, um Reisenden unentgeltlich dienlich zu sein. Er fragte uns sehr höflich, ob wir bei ihm essen und trinken wollten. Als wir erklärten, nur durstig zu sein, ließ er uns in sauberen Schüsseln Wasser reichen. Die Mohammedaner sind oft sehr gastfreundlich. Im glücklichen Arabien kam ich häufig genug in Herbergen, wo Reisende umsonst bewirtet wurden. Dass sich aber ein vornehmer Herr auf die Landstraße begibt, um Reisenden Essen und Wasser verabreichen zu lassen, das habe ich nirgends angetroffen.

Von hier bis zur Donau kommt man durch viele Dörfer, die nur von Christen bewohnt werden. In diesen Dörfern versteht keiner Türkisch, einige wenige Kaufleute ausgenommen. Die anderen bedienen sich der bulgarischen Sprache. Ihre Häuser sind mit Stroh gedeckt und ärmlich. Der bulgarische Bauer lebt auch nicht besser als der arabische. Sein Brot ist aus Mais und der Wein sein Getränk. Dass er Wein trinken darf, hat er also den Mohammedanern gegenüber voraus. Die Bulgaren trinken sehr viel Wein, und ich glaube, dass sie nur des Weines wegen keine Mohammedaner werden. Um ihre Religion kümmern sie sich nämlich überhaupt nicht.

Die Bulgaren tragen alle Mützen aus Schaffell. Die Schuhe werden durch Sohlen aus unverarbeitetem Leder und die Strümpfe durch ein grobes Tuch ersetzt, das mit Schnüren zusammengehalten wird. Diese Art Schuhe scheint für die eu-

104 Heute Derwent.

ropäischen Maler der Anlass gewesen zu sein, alle Heiligen mit solchen Sohlen darzustellen. Die Weiber der Bulgaren tragen keine Beinkleider (wie die Mohammedanerinnen) und bedecken ihr Gesicht nicht. Die Hemden sowohl der Männer als auch der Weiber sind mit bunter Wolle verziert. Manche Weiber tragen Münzen in den Ohren, um den Hals oder auf der Brust.

Am 17. reisten wir, meistens durch Wälder, bis Jengi Koi. In der Nähe dieses Dorfes liegt Selimia, ein Flecken, wo am Himmelfahrtstag ein großer Jahrmarkt abgehalten wird. An diesem Tag versammeln sich hier Kaufleute aus der ganzen europäischen Türkei, ja sogar aus Anatolien, Polen und Ungarn.

Am 18. gelangten wir nach Isetly, einem kleinen Dorf mit einer Moschee. Isetly liegt in einer großen Ebene, in der sich viele andere Dörfer befinden. In dieser Gegend gibt es so viele Gänse, dass ihrethalben Händler aus Konstantinopel kommen, um sie aufzukaufen. Sie werden in ganzen Herden nach der Hauptstadt getrieben. Der Bauer hier pflügt nur mit einem Haken und erntet dennoch mindestens fünfmal im Jahr. Man erzählte mir, dass es in Bulgarien Gegenden gibt, wo sogar zehnmal jährlich geerntet wird.

Zwischen Adrianopel und dem Balkan-Gebirge findet man viele Herren der Familie Gerai, die man hier Sultane nennt. Ihnen müssen die Bauern ein Fünftel der Ernte abliefern. Einen Hofstaat haben diese kleinen Sultane nicht, sie essen und wohnen meistens nicht besser als die bulgarischen Bauern. Doch sie verstehen es gut, die Bauern zum Ackerbau und zur Viehzucht anzutreiben. Meistens ernennt der Sultan einen dieser Landjunker zum Regenten der Krim, wenn dort ein Khan[105] gestorben ist oder abgesetzt wurde.

Wir hatten auf der ganzen Reise von Adrianopel bis Rusjuk täglich etwas Regen, wodurch die Wege durch die Wälder und in den morastigen Gegenden sehr schlecht wurden. Am 19. war der Regen so heftig, dass wir nur sehr langsam weiterkamen. Mehrmals blieben unsere Fahrzeuge im Schlamm stecken.

---

105 Statthalter. Die Krim war bis 1783 türkischer Vasallenstaat.

Am 20. passierten wir den schlimmsten Teil des Balkan-Gebirges, den die meisten Reisenden als eine einzige Kette von Gefahren schildern. Ich fand, dass der Balkan, mit anderen Bergen verglichen, weder hoch noch gefährlich ist. Dennoch hätte ich hier beinahe mein Leben verloren, allerdings durch meine eigene Unachtsamkeit. Ich hatte mich zu dem Fuhrmann gesetzt, um ihm beim Lenken der Pferde behilflich zu sein, und fiel von meinem Sitz, als der Wagen plötzlich über einen Felsbrocken holperte. Zu meinem Glück verfehlte ich die Deichsel nicht und konnte von dort auf den Rücken eines Pferdes springen. Wäre mir das nicht gelungen, hätte ich wohl den Hals gebrochen. Der Wagen des Aga, auf dem sich die Weiber befanden, fiel einmal um und der, in dem der Aga selbst saß, wurde beschädigt. Der Weg über den Balkan ist wirklich sehr schlecht, wahrscheinlich würde man hier auf dem Rücken eines Pferdes besser und sicherer vorwärtskommen. Mehrmals mussten wir auch Bäche durchqueren, die durch den anhaltenden Regen reißend geworden waren. So brauchten wir von Dobrâl bis zum Tschalükawak-Pass 12 Stunden. Diesen Weg legt man bei gutem Wetter in 4 Stunden zurück.

Vom Tschalükawak-Pass gelangten wir nach Tschalükawa, einem großen Dorf auf einem Abhang des Balkan-Gebirges. Hier konnte ich endlich wieder die Polhöhe bestimmen. Ich fand sie mit 42°59'.

Am 21. Juni kamen wir vom Balkan herunter. In einem Wald stießen wir auf zwei türkische Wächter. Der Weg war nicht sehr schlecht, denn dort, wo er am steilsten ist, hatte ihn der Sultan kürzlich pflastern lassen. Die Nacht verbrachten wir in Eski Stambul.

Eski Stambul[106] liegt auf einer Anhöhe am Nordufer des Flusses Kamsche[107]. Der Ort ist groß und von Gärten umgeben. Die Zahl der Häuser, die von Christen bewohnt werden, schätzt man auf 120, die der Mohammedaner auf 100. An der Südseite

106 Heute Preslav.
107 Heute Kamtschija.

der Stadt sieht man noch ein Stück der alten Stadtmauer. Die und der türkische Name Eski Stambul (Alt-Konstantinopel) lassen mich vermuten, dass sich hier die Residenz der ehemaligen bulgarischen Könige befand. Weil ich hoffte, hierüber mehr erfahren zu können, begab ich mich zu dem Oberhaupt der hiesigen christlichen Kirche.

Doch der Geistliche ließ sich verleugnen. Da ich zusammen mit einem türkischen Aga gekommen war, fürchtete er wohl, wir würden uns bei ihm einquartieren und von ihm Geld verlangen. Man erzählte mir in Eski Stambul, dass sich in dem nahe gelegenen Dorf Sfetta troiza auf einem großen Felsen eiserne Ringe befänden, wie man sie zum Festmachen von Schiffen verwendet. Vielleicht lag dieser Ort an einem Arm des Schwarzen Meeres, der später austrocknete.

In den Dörfern an der Nordseite des Balkans wohnen mehr Türken als in den Siedlungen an der Südseite. Wohl deshalb tragen hier die bulgarischen Bauern türkische Kleidung. Die Weiber jedoch haben auch hier keine Beinkleider und denken nicht daran, ihr Gesicht zu bedecken.

Am 22. Juni gelangten wir nach Razgrad, einer kleinen, in einer fruchtbaren Gegend gelegenen Stadt. Es gibt in Razgrad mehrere Moscheen und eine gute Karawanserei. Weder in Ägypten, Arabien, Indien und Persien noch in der ganzen Türkei von Basra bis zum Balkan hatte ich eine Turmuhr gesehen. Hier, in Razgrad, sah ich endlich wieder eine. In Razgrad wohnen außer Bulgaren auch Griechen und Armenier. Die Mohammedaner Razgrads sind als so aufrührerisch bekannt, dass in der Stadt ständig Janitscharen liegen müssen. Dennoch kommt es häufig zu blutigen Unruhen.

In der folgenden Nacht blieben wir in Schranoviza, einem Dorf, in dem es viel mehr Hühner als Bewohner gibt. Das Federvieh wird von hier nach Konstantinopel gebracht, was 104 Stunden dauert. Denn die Hühner müssen diesen weiten Weg zu Fuß zurücklegen.

Am 23. Juni gelangten wir bis Vetova. Es ist dies ein Dorf, in dem nur Mohammedaner wohnen. Der Aga hatte sich auf der ganzen Reise mit allen seinen Leuten bei Christen einquartiert, selbst dann, wenn die mohammedanischen Einwohner überwogen. Die armen christlichen Bauern mussten ihm umsonst Schafe, Hühner und alles geben, was sonst benötigt wurde. Machten sie zu diesem bösen Spiel keine gute Miene, bezogen sie Prügel. In Vetova – dies geschah zum ersten Mal – nahmen die Bauern eine so drohende Haltung an, dass die Türken in einer öffentlichen Herberge einkehren mussten. Hatten sie auf Kosten der Bauern in Saus und Braus gelebt, waren sie in der Herberge äußerst sparsam.

Unser nächster Aufenthaltsort war Tschernovoda, wo viele Bulgaren, Walachen und Griechen wohnen. Hier fraßen sich der Aga und die Janitscharen auf Kosten der Bewohner wieder die Bäuche voll. Ich schlug mein Nachtlager in einer Weinschenke auf, wo ich aber wenig Ruhe hatte. Denn nach Sonnenuntergang versammelten sich hier sowohl Mohammedaner als auch Christen, um Unmengen Wein zu vertilgen. Manche waren bald so betrunken, dass sie nach Hause getragen werden mussten. Der Wein ist in dieser Gegend wohlfeil, aber schlecht, und es gibt hier kein Dorf ohne Weinschenke. Nicht nur die Erwachsenen trinken, sondern auch Kinder, welche noch nicht einmal laufen können.

Würde ich dem Aga oder seinem Effendi ein Geschenk gemacht haben, hätte ich während dieser ganzen Reise auf Kosten der christlichen Bauern leben können. Ich hielt es aber für besser, mit den Türken nicht einmal in ein und demselben Quartier abzusteigen und alles zu bezahlen, was ich verzehrte. Überhaupt kümmerte ich mich um meine Reisegefährten nur wenig. Dies war mir möglich, ohne sie zu beleidigen, da keiner von ihnen Arabisch oder eine europäische Sprache beherrschte und ich das Türkische nur wenig verstand. Sprach ich mit ihnen ein paar Worte, mussten wir uns eines Dolmetschers bedienen. Der alte Aga ließ mich hier und da rufen. Dann wurde ich nach morgenländischer Sitte mit Kaffee bewirtet.

Als der Aga hörte, dass ich nach Polen wollte, erzählte er mir mit der größten Ernsthaftigkeit, es sei dort jetzt sehr gefährlich

Frau in Tatarentracht (Stich von J. Dadley)

zu reisen. Denn die Kaiserin Russlands habe von dem König Polens verlangt, ihre Tochter zu heiraten. Da der König diesen ihren Wunsch nicht erfüllt habe, hätte sie eine große Armee nach Polen gesandt, die dort alles verwüstete. Solch ein Histörchen erzählte ein Aga, der als Kommandant nach einer Grenzfestung ging! Die mit Regierungsgeschäften betrauten Türken in Konstantinopel wissen von dem, was in den christlichen Ländern geschieht, mehr, aber letzten Endes doch nur das, was sie von den europäischen Gesandten hören. Die türkische Regierung hatte schon zu der Zeit, da ich mich in den Morgenländern aufhielt, große Angst vor den Russen. Das gewöhnliche Volk hingegen hielt wenig von einem Reich, das von einem Weib regiert wurde. Später sollten die Türken die Macht der Kaiserin von Russland besser kennenlernen, als ihnen lieb war.

In Rusjuk

Wir erreichten Rusjuk am 24. Diese Stadt hat ein kleines Kastell, das an der Donau liegt. Durch eine Mauer ist sie nicht geschützt. Die Anzahl der Häuser beträgt 2200, noch größer ist die Zahl der Gärten. Rusjuk hat einen starken Handel und ein Zollhaus. Die Donau ist hier etwa 1000 doppelte Schritte breit. Man erzählte mir, dass das Wasser in dem Fluss im Vorjahr so niedrig war, dass er zufror und man mit einem Wagen in die Walachei hinüberfahren konnte. Zur Zeit meiner Ankunft war der Wasserstand sehr hoch, da es in den vergangenen Wochen heftig geregnet hatte.

Rusjuk gehört zum Gouvernement des Paschas, der in dem gleichfalls an der Donau gelegenen Widin residiert. Man braucht bis dorthin etwa 50 Stunden.

Die Einwohner der Stadt sind teils Türken, teils Bulgaren, teils Walachen. Die beiden letztgenannten Nationen bekennen sich zur griechischen Religion und werden von den Ungarn Raizen (das heißt Ketzer) genannt. Es gibt hier auch einen römisch-katholischen Geistlichen, der den Titel Bischof von Nikopolis trägt. Als ich mich nach ihm erkundigte, weil ich ihm meine Aufwartung machen wollte, erfuhr ich, dass er der kinderlosen jungen Frau eines Armeniers, die nicht länger unfruchtbarer Baum genannt werden wollte, mehr mit der Tat als mit einem Rat beigestanden hatte, das heißt, er hatte alles in seiner Macht Stehende getan, ihr zu einem Erben zu verhelfen. Als dies ruchbar geworden war, war er von dem Armenier verprügelt worden und hatte die Stadt fluchtartig verlassen müssen, da er von der türkischen Obrigkeit keine Hilfe erwarten konnte.

Die Reise von Rusjuk nach Bukarest

Am 25. ging ich über die Donau nach Agru. Die Schiffe, die einen von einem Ufer zum anderen bringen, sind zwar nicht groß, aber bei gutem Wind bequem. Sie sind im Verhältnis zu ihrer Länge nur schmal. In der Mitte des Verdecks befindet sich eine kleine, hübsch bemalte Kammer mit einem Dach, in der man sitzen kann, ohne von den Matrosen gestört zu werden. Das Ruder hingegen ist unbequem. Es ist so lang wie das halbe Schiff und sitzt nur auf einem Zapfen. Sicher ist es bei Sturm unbrauchbar.

Ich mietete solch ein Schiff, das in der Gegend von Bukarest gegrabenes Steinsalz hierher gebracht hatte, und musste warten, bis das Salz ausgeladen worden war. Nachher waren die Matrosen so betrunken, dass wir die Fahrt erst am späten Nachmittag antreten konnten. So erreichten wir unser Ziel erst nach Sonnenuntergang.

Agru ist der türkische Name einer Stadt, die von den Walachen Tschorschu[108] genannt wird. Sie liegt am Nordufer der Donau und hat etwa 1100 Häuser, viele Gärten, ein kleines Kastell mit einer türkischen Besatzung und einige Tuchfabriken. Das Tuch, das man hier verfertigt, ist aber sehr schlecht.

Am 27. reiste ich allein mit meinem Diener nach Kopatschin[109]. Als ich mich 1½ Stunden von der Donau entfernt hatte, gelangte ich zu der Grenze des Hospodaren der Walachei. Kaum hat man dieses Land betreten, sieht man überall Holzkreuze mit walachischen Inschriften (Christus hängt aber auf keinem). Die meisten Kreuze findet man bei öffentlichen Brunnen und am Beginn von Brücken.

---

108 Giurgiu.
109 Heute Comaha.

Kopatschin ist ein großes, verwahrlostes Dorf, das unter der Polhöhe 44°16' am Ufer des Flusses Argesul liegt. Hier trifft man Zollbeamte aus Bukarest an, die alles, was ein Reisender bei sich hat, auf ein Blatt schreiben, das man in Bukarest im Zollhaus abliefern muss. Ich benötigte von Kopatschin bis Bukarest 7 Stunden, da wir auf mehrere überschwemmte Wege stießen und mithin einen Umweg machen mussten.

In Bukarest

Bukarest ist die Residenz eines Statthalters, der Woda, Woiwode, Beg oder Fürst der Walachei heißt. Die Stadt liegt in einer flachen Gegend inmitten vieler Gärten. Ihre Polhöhe beträgt nach der hier beobachteten Höhe eines Sterns 40°26'11". Wie viele Häuser es in Bukarest gibt, konnte ich nicht in Erfahrung bringen. Die Zahl der Kirchen nannte man mir mit 200. Die Châns sind hier wie die türkischen gebaut.

Was einen aus den südlichen Ländern kommenden Reisenden in dieser Stadt am meisten wundert, ist der große Überfluss an Holz. Nicht nur die Häuser deckt man mit Brettern, man belegt sogar die Straßen damit. Auch die Brücken sind alle aus Holz.

Die Luft in Bukarest ist sehr ungesund. Man sagte mir, dass hier die Pest schon seit vielen Jahren wüte und dass auch jetzt sehr viele Menschen an dieser Krankheit stürben. Deshalb ging ich nur wenig aus und verließ Bukarest früher, als es meine Absicht gewesen war. Es war nach meiner Meinung aber gar nicht die Pest, welche so viele dahinraffte, sondern ein hohes Fieber, das von den Bewohnern selbst verursacht wurde. Denn man ist hier überhaupt nicht darauf bedacht, dem verschmutzten Wasser einen Abzug zu verschaffen. Es steht hoch unter den Brücken und quillt zwischen den Brettern hervor, wenn man darauf fährt oder geht. Dies verursacht, besonders im Sommer, einen üblen Gestank und vermutlich auch das tödliche Fieber. In den anderen Städten der Walachei hörte ich überhaupt nichts von der Pest.

Über die Walachei

Der Woiwode der Walachei bekennt sich zur griechischen Religion und ist nicht weniger angesehen als ein Pascha. Bei seiner Ernennung werden ihm in Konstantinopel sogar mehr Ehrenbezeigungen erwiesen als einem Pascha mit drei Rossschweifen. Aber er muss für alles bar bezahlen[110]. Sobald ihn der Sultan zum Woiwoden gemacht hat, erhält er eine Audienz beim Wesir, der ihm einen Kaftan (Ehrenkleid) und ein prachtvolles Pferd übergibt. Auf diesem Pferd reitet er, begleitet von vielen türkischen Vornehmen, zur Patriarchalkirche, wo er mit großem Pomp gekrönt wird. Am folgenden Tag schickt ihm der Wesir den Rossschweif, das Zeichen seiner Würde. Knapp vor seiner Abreise erhält er dann noch eine Audienz beim Sultan.

Hat er nun seine Regierung angetreten, herrscht er über alle seine Untertanen, die Christen und Juden sind, mit derselben Macht wie ein türkischer Beg in seiner Provinz. Seine Armee ist zwar nur klein, aber doch stark genug, um die Ruhe aufrechtzuerhalten und die Steuern einzutreiben. Hat er einflussreiche Freunde am Hofe, darf er es wagen, von seinen Untertanen außerordentliche Abgaben zu erpressen, ja Reiche, die wie er selbst Christen sind, hinrichten zu lassen. Des Weiteren steht es ihm zu, Familien in den Adelsstand zu erheben. Trotz all dieser Macht ist kein Woiwode auch nur einen Tag davor sicher, vom Sultan abgesetzt und gezwungen zu werden, wieder eine Privatperson zu sein. Unter seinen Untertanen befinden sich nämlich immer abgesetzte oder unzufriedene Bojaren (Edelleute ersten Ranges), welchen ein Regent lieber wäre, der ihnen ein einträgliches Amt verleiht. Diese Bojaren berichten ihren Freunden in Konstantinopel sofort, wenn der Woiwode etwas schlecht macht, manche wenden sich sogar an den Wesir selbst. Der Woiwode hat zwar in der Hauptstadt einen Kapu

110 Der Woiwode muss für seine Ernennung folgende Zahlungen leisten: An den Sultan 25 000 Taler, an die Mutter des Sultans 5000 Taler, an den Wesir 15 000 und an andere hohe Beamte 40 000 Taler. Seine Krönung kostet ihn außerdem noch 2500 Taler.

Kiahja (Geheimagenten), doch kann er sich auf ihn nicht immer verlassen. Denn manchmal werden die Intrigen so heimlich gesponnen, dass der Geheimagent von der Absetzung seines Herrn erst erfährt, wenn diese schon beschlossene Sache ist.

Dass ein abgesetzter Woiwode in seiner Provinz einen Aufstand anzetteln könnte, haben die Türken erst gar nicht zu befürchten. Denn fast nie hat der neue Fürst Geld. Er muss also Geld leihen, manchmal zu 25, manchmal sogar zu 40 Prozent. Nachher ist er gezwungen, die Abgaben an den Sultan zu leisten und außerdem noch Geschenke nach Konstantinopel zu senden, um sich die Freundschaft der Großen zu erhalten und zu verhindern, dass ihn ein Freigebigerer vertreibt. All dies schwächt ihn und seine Untertanen so sehr, dass er nicht daran denken kann, sich einem Befehl des Sultans zu widersetzen. Überdies hat er keine Festungen. Ich habe in Bukarest weder eine Stadtmauer noch ein Kastell gesehen. Ist ihm nun mitgeteilt worden, dass an seiner Stelle ein anderer ernannt wurde, bleibt ihm keine andere Möglichkeit, als sich nach Konstantinopel zu begeben. Verliert er dort seinen Kopf nicht, muss er wieder so lange als Privatperson leben, bis er durch Geld imstande ist, die Gunst des Wesirs zu erlangen und abermals zum Woiwoden ernannt zu werden. Kein Woiwode bleibt länger als zwei Jahre in seinem Amt, was für die Türken ein einträgliches Geschäft bedeutet.

Kein Geschäft der Griechen in Konstantinopel bringt mehr Geld als das des Kapu Kiahja. Diese Agenten müssen bei Hofe versuchen, alles zu erfahren und vor allem zu verhindern, dass ein anderer zum Woiwoden ernannt wird. Dafür werden sie von ihren Herren sehr gut bezahlt. Da alle Geschenke, welche die Woiwoden den Türken heimlich oder öffentlich geben müssen, durch ihre Hände gehen, verdienen sie dabei auch noch eine Menge. Hat der Kapu Kiahja viel Verstand und einen schlechten Charakter, lässt er seinen Herrn ständig befürchten, abgesetzt zu werden. Dann schickt der Woiwode neuerdings Geschenke nach Konstantinopel, die der Agent meistens für sich behält. Es gibt Beispiele dafür, dass ein ehrgeiziger Agent versucht hat, selbst Woiwode zu werden.

Die vornehmsten Räte des Woiwoden der Walachei sind:

- der Logofit mare oder Kanzler;
- der Wornik mare oder oberste Landrichter;
- der Wistir mare oder Schatzmeister;
- der Baharnik mare oder Obermundschenk;
- der Portar mare, der für die Verpflegung der vornehmen Türken, welche nach dieser Provinz kommen, sorgen muss;
- der Postelnik mare oder Oberhofmarschall;
- der Spartar mare oder Schwertträger.

Alle diese Herren sind Bojaren und wohnen in Bukarest. Manche sind auch Statthalter eines Distrikts. Der Woiwode kann sie nach Belieben absetzen und an ihrer Stelle andere ernennen. Doch sitzen auch die ihres Amtes enthobenen Bojaren in dem großen Diwân (Ratsversammlung), den der Woiwode an gewissen Tagen einberufen muss, und dürfen dort ihre Meinung äußern. Die walachischen Bojaren leben sehr gut und behandeln ihre Bauern als Leibeigene. Zu ihren Untertanen gehören auch viele Zigeuner, die meistens Schmiede oder Musikanten sind. Diese Zigeuner haben noch ihre eigene Sprache, bekennen sich aber zur griechischen Religion. Ich sah in den Hütten der Zigeuner häufig das Bild eines griechischen Heiligen.

Außer einigen Mohammedanern, Armeniern, Katholiken und Juden, die in den Städten wohnen, bekennen sich alle Untertanen des Woiwoden zur griechischen Kirche. Sie genießen, obwohl sie schon so viele Jahre unter dem Joch der Türken leben, völlige Religionsfreiheit, die es ihnen sogar erlaubt, in ihren Kirchtürmen Glocken zu haben. Diese gibt es im ganzen Türkischen Reich nur auf dem Berg Athos. Außerdem ist es ihnen gestattet, alle Farben, auch Hellgrün, zu tragen, was in anderen Provinzen nur den Mohammedanern zusteht. Des Weiteren dürfen sie sich hier betrinken, ohne von den Mohammedanern hierfür bestraft zu werden. Bei all dieser Freiheit sind die Bewohner der Walachei unglücklicher als selbst die Christen in den Ländern, die von Paschas regiert werden. Ich glaube, dass sie früher oder später das türkische Joch abschütteln werden.[111]

Die Zahl der Mohammedaner, die in den walachischen Städten wohnen, ist nur klein. Sie kümmern sich, so wie die reisenden Türken, wenig um den Woiwoden und die Bojaren und dürfen von ihnen weder verurteilt noch bestraft werden, wenn sie ein Verbrechen begangen haben. Um zu erreichen, dass sie sich an die Gesetze halten, muss der Woiwode in jeder Stadt einen Mohammedaner halten, der meistens ein Janitschar ist. Überdies hat er einen türkischen Schreiber (Diwân Effendesi) und türkische Diener. Alle diese Leute werden gut bezahlt. Die Mohammedaner sind so stolz, dass sie sich nicht als Bediente, sondern als wichtige Personen ansehen und glauben, es sei für den Woiwoden eine Ehre, dass sie ihm dienen. Dies sieht man daraus, dass sich diese Türken in Gegenwart ihres Fürsten setzen, während die Bojaren und andere christliche Edelleute stehen.

Ich wunderte mich, dass die Türken, obwohl sie schon viele Jahre Herren der Walachei sind, bis jetzt in Bukarest noch kein eigenes Gebetshaus besitzen, während sie anderswo, auch in Polen und Ungarn, in den eroberten Städten sofort Moscheen erbauten. Doch gegen den Bau von Moscheen haben die Walachen immer rebelliert. Jedes Mal kam es zu Unruhen, wenn die Türken darangingen, eine Moschee zu errichten. So gaben die Türken dieses Vorhaben schließlich auf. Das beweist, dass sie, was die Religion betrifft, gar nicht so fanatisch sind, wie man in Europa allgemein glaubt. In Bukarest versammeln sie sich an Festtagen im Haus ihres Oberhaupts und verrichten dort ihre Andacht.

Es ist für einen Reisenden sehr unangenehm, sich in Ländern aufzuhalten, wo er die Sprache nicht versteht. Alle Sprachen zu erlernen ist unmöglich. Doch braucht ein Reisender nicht alle Sprachen zu beherrschen, die man in dem riesigen Türkischen Reich spricht. In der Walachei und in der Provinz Moldau

111 Im Jahre 1859 schüttelten die Fürstentümer Moldau und Walachei das türkische Joch ab, 1862 wurden sie zu einem Staat zusammengefügt, der den Namen Rumänien erhielt.

spricht man eine Sprache, die man nur in diesen beiden Provinzen und einem Teil Siebenbürgens versteht. Sie heißt Romanisch und wurde von den Römern nach dem alten Dazien[112] gebracht, die meisten Vokabeln stammen aus dem Lateinischen. Doch hat sich das Romanische im Laufe der Jahre so sehr mit anderen Wörtern vermischt, dass es eine eigene Sprache wurde, so wie Portugiesisch, Spanisch und Französisch. Es gibt mehrere Dialekte des Romanischen, an der polnischen Grenze ist es mit polnischen, an der Donau mit tatarischen, türkischen und griechischen Wörtern durchsetzt.

Bei dieser Gelegenheit will ich auch die übrigen lebenden Sprachen erwähnen, die man im Türkischen Reich antrifft. In Ägypten und vom Persischen Meerbusen an bis Mosul ist das Arabische die Hauptsprache. In Syrien und im Gelobten Land spricht man einen arabischen Dialekt. Überhaupt sind die Dialekte sehr verschieden, doch wenn man einen versteht, versteht man allmählich auch die anderen. Von Diarbekr und Antiochia bis Konstantinopel und in vielen Städten der europäischen Türkei ist das Türkische die Hauptsprache. Andere Sprachen haben die Tataren (sie sprechen noch Tatarisch) und die meisten Griechen (sie sprechen noch Griechisch). Die Sprachen der Bulgaren, Serben, Bosnier und Illyrer sind wie das Russische, Polnische und Böhmische Mundarten des Slawischen. Das Arnautische oder Albanische ist mehr mit dem Griechischen verwandt (man findet in Albanien in den Kirchen nur griechische Bücher). Die Kirchenbücher der Bulgaren, Serben und Bosnier sind in der alten slowenischen Sprache abgefasst und werden in Russland gedruckt. Manche dieser Völker bedienen sich schon der lateinischen Schrift, manche aber auch noch der kyrillischen Buchstaben[113]. Da ich in Bulgarien, der Walachei und in Polen genug Gelegenheit hatte, mit den Bewohnern zu

---

112 Dazien (Dakien), das Land zwischen Theiß und Dnjestr, wurde 107 n. Chr. römische Provinz (Dacia). Das Romanische entwickelte sich aus dem Vulgärlatein.

113 Die kyrillische Schrift wird heute noch von den Russen, Ukrainern, Weißrussen, Bulgaren, Serben, Mongolen und anderen verwendet.

sprechen, und dort auch mit Leuten aus Serbien und Albanien zusammentraf, will ich dem Leser im Folgenden aufzeigen, wie sehr diese Sprachen voneinander verschieden sind.

Wörter der	Walachen	Albaner	Serben	Bulgaren	Polen
Brot	Paine	Buuk	Lab	Hlâb	Chlab
Wasser	Åb	Uje	Woda	Oda	Woda
Salz	Sare	Krupe	Sol	Sôl	Sul
Feuer	Fôk	Siar	Watra	Ogen	Oghian
Holz	Lemne	Dru	Derwa	Drawa	Drwa
Mädchen	Fat	Tschub	Muma	Mumitsch	Panna
Mann	Uhôm	Jeri	Tschoak	Tschelak	Tschlowiek
Weib	Newast	Nigroa	Naschena	Tschena	Kobieta
Kirschen	Tschires	Kirschi	Tscheresne	Tschires	Czeresznie
Milch	Labde	Kumist	Melekko	Presnak	Mleko
Käse	Brinz	Diâth	Sira	Sirren	Sir
Tabak	Tuttun	Dohân	Tuttun	Tuttun	Tiutiun
Beutel	Punge	Kasse	Kasse	Kasse	Wur
Baum	Poim	–	–	–	–
Katze	Mutza	Maze	Matzka	Kutke	Kot
Wein	Wien	Wera	Wino	Wino	Wino
Branntwein	Rakkie	Rakki	Rakki	Rakkie	Wudka
Hund	Kine	Kien	Pes	Kutsch	Pies
Huhn	Gaîna	Pute	–	–	Kura
Hahn	–	–	Kokosch	Kokosch	Kokosz
Pferd	Kal	Kaie	Koina	Kône	Koin
Wagen	Karotz	Kerre	Kola	Kola	Wuz
Wagenrad	–	–	–	–	Kola
die Sonne	Soare	Dial	Senze	Slunz	Slontze
der Mond	Luna	Hana	Mesedschina	Mesdz	Miascionc
ein Stern	Stelle	Uel	Swesda	Swasda	Gwiazda
der Berg	Monht	Mâl	Stara	Gora	Gura
der Weg	Drum	Outho	Pot	Potd	Droga

Die Walachei ist ein sehr fruchtbares Flachland, das wie die meisten Provinzen des Türkischen Reiches nur wenig bevölkert ist. So liegen da und dort die schönsten Felder brach. Man trifft aber auch saftige Wiesen an, auf welchen Pferde, Hornvieh, Schafe und Schweine weiden. Der Großteil dieser Tiere wird nach Konstantinopel verkauft. Wein gibt es in Hülle und Fülle, nirgendwo anders wird wohl auch mehr Wein getrunken. Die bedeutendsten Ausfuhrprodukte sind: Korn, Leder, Butter, Honig, Wachs und Salz. Von den Tuchfabriken in Bukarest habe ich schon gesprochen. Das dort verfertigte Tuch ist grob und nicht viel wert. Es soll aber vor einigen Jahren in Jasch[114] eine Fabrik errichtet worden sein, in der lauter Deutsche arbeiten, die feines Tuch herstellen.

Freut es einen aus Asien kommenden Europäer, in Bukarest wieder Kirchenglocken zu hören, staunt er, wenn er in dieser Stadt viele schöne Kutschen sieht, in welchen prächtig gekleidete Frauen sitzen, die ihr Gesicht nicht bedecken. Daran ist er schon gar nicht mehr gewöhnt. Nur die Kleidung ist hier noch morgenländisch, und auch das nicht mehr so ganz und gar. Ich sah Walachen, die einen europäischen Hut trugen, der ihnen wohl bequemer erschien als ihre mit Baumwolle gefütterte Lammfellmütze. Des Weiteren stieß ich sowohl auf Mohammedaner als auch auf Christen, die europäische Schuhe mit Schnallen trugen. Der walachische Bauer trägt einen Regenschutz aus grobem Leinen so wie der Indianer einen aus Kokosnussblättern. Ist das Wetter schön, bekleidet er sich mit einem Baumwollhemd. Dass die Morgenländer ihren Kopf nicht entblößen, wenn sie grüßen, ist bekannt. Bei den Walachen aber sieht man oft, dass einer seine Mütze (Kalpak) abnimmt, wenn er jemanden begrüßt. In der Provinz Moldau sah ich das noch öfter. Man merkt hier an dieser Sitte und anderen Gebräuchen, dass man sich der Grenze der Türkei nähert.

Die Reise von Bukarest nach Jasch

Da man in Bukarest soviel von der Pest sprach und ich selber sah, wie auf der Straße immer wieder Leichen vorübergetragen wurden, hielt ich es nicht für ratsam, mich in dieser Stadt lange aufzuhalten. Von Karawanen hört man hier nichts mehr, jeder reist, wann immer er hierzu Zeit und Lust hat.

Ich verließ Bukarest am 1. Juli 1767 nur in der Gesellschaft meines Dieners und des Fuhrmanns, mit dem ich von Adrianopel gekommen war. Nach und nach holte ich mehrere Kaufleute ein, die nach Bozu[115] wollten, wo in Kürze ein großer Jahrmarkt

114 Jassy.
115 Buzău.

stattfinden sollte. Da der Weg ganz sicher war, reisten diese Kaufleute alle allein.

Am ersten Tag fuhren wir 6 Stunden bis Struest, einem Dorf am Ufer des Flusses Jalomicz[116]. In dieser Gegend findet man in Abständen von rund einer Stunde kleine schäbige Häuser, wo Wein verkauft wird. In allen diesen Stationen kehren die Fuhrleute ein und saufen rechtschaffen, was sowohl für die Christen als auch die Mohammedaner gilt. Ich erinnerte mich hier der Kaffeehütten im glücklichen Arabien, in welchen ich meinen Durst mit einem aus Kaffeeschalen zubereiteten Getränk löschte. Dort hatte ich den Wein vermisst, hier ekelte es mich schon derart vor diesem Getränk, dass ich mich lieber zu einem Brunnen begab. Da es stark regnete, blieben mehrere Kaufleute in dem erwähnten Dorf. Die es eilig hatten, setzten ihre Reise fort.

Hier erlebte ich zum ersten Mal, dass sich ein morgenländischer Christ einem Mohammedaner widersetzte. Vier türkische Kaufleute kehrten nach mir bei dem Bauern ein, zu dem mich mein Fuhrmann gebracht hatte. Da sie kein Küchengerät bei sich hatten, verlangten sie in barschem Ton etwas Essen. Doch der Bauer weigerte sich, sie umsonst zu verpflegen, und – am Ende mussten sie bezahlen. Ich kann nicht verhehlen, dass ich mich darüber freute. Gegen Abend gab der Bauer den Türken zu verstehen, dass sie als Mohammedaner wegen seiner Frau und seiner Tochter nicht in seiner Hütte bleiben könnten, und wies ihnen einen Platz in einem feuchten Verschlag an, dessen Dach so schadhaft war, dass es durchregnete. Die Türken schimpften arg, doch der Bauer blieb bei seinem Entschluss. Mir hatte noch kein christlicher Bauer in der Walachei derlei zugemutet. War sonst kein Platz im Haus, schlief ich mit dem Bauern und seiner Frau in ein und demselben Zimmer. Die Ehre hatte ich zuletzt in Struest.

Ein anderer Türke, der spätabends von Choczim gekommen war, setzte sich zu den Gästen, die sich bei unserem Bauern

116 Jalomiţa.

versammelt hatten, und begann sofort zu saufen. Auch ihm gab der Bauer nichts, bevor er bezahlt hatte. Als wir uns schlafen legen wollten und dem Türken sagten, er solle sich zu seinen Glaubensgenossen begeben, begann er wüst zu schimpfen, griff nach einem Stock und wollte den Bauern schlagen. Doch dieser entriss ihm den Stock und verprügelte ihn tüchtig. Um Mitternacht kam das ganze Haus wieder in Bewegung. Der betrunkene Türke, nicht daran gewöhnt, Weiber in der Gesellschaft von Männern und ohne Beinkleider zu sehen, war beim Anblick der bloßen Beine der Bäuerin und ihrer Tochter nicht gleichgültig geblieben. Um Letztere, ein Mädchen von 11 Jahren, aufzusuchen, hatte er sich ins Haus geschlichen und – stolperte über den Wirt, der in der Nähe des Eingangs schlief. Nun wurde er noch einmal verprügelt.

Am 2. Juli reiste ich 6 Stunden bis Mardsjinân, einem kleinen Dorf unter der Polhöhe 44°57'. Vorher hatten wir den Fluss Jalomicz überquert. Dieser ist breit und reißend. Die Überfahrt besorgt man hier mit einem Floß, das mit einem starken Tau von einem Ufer zum anderen gezogen wird. Vor wenigen Tagen war dieses Tau gerissen und das Fahrzeug den Strom hinuntergetrieben worden. Dabei waren drei Reisende ertrunken.

Diesseits von Bukarest ist das Land viel besser behaut als zwischen Bukarest und der Donau. Man sieht hier und da Dörfer mit schönen Kirchen. Auch die Häuser der Bojaren sehen gut aus.

Am Nachmittag lagerten wir auf einer Wiese in der Gesellschaft von Walachen, die alle Christen waren. Hier gesellte sich ein Musikant zu uns, der nach Bozu wollte, um dort auf dem Jahrmarkt etwas zu verdienen. Seine ganze Kunst bestand darin, dass er auf einem Dudelsack spielen und dazu singen konnte. Ich weiß nicht, wieso mir der junge Musikant hier auf freiem Feld ebenso gut gefiel wie die schönste Oper. Vielleicht kam dies daher, dass ich seit Jahren nichts Besseres gehört hatte, es konnte aber auch sein, dass der junge Mann ein Künstler war. Ich gab ihm Geld für das Vergnügen, das er mir gemacht hatte, aber damit war noch nicht das Ende da. Er spielte aufs Neue, die Kaufleute fingen zu tanzen an, ich stellte mich in ihre Reihe, und nun tanzten wir walachisch und bulgarisch.

Ein Reisender tut immer gut daran, wenn er sich den Sitten und der Denkungsart einer Nation anpasst. Kommt er in die Gesellschaft von Türken, soll er mit ernsthafter Miene seine Pfeife rauchen, seinen Kaffee trinken und möglichst wenig sprechen; einem Araber muss er erzählen, was er auf seinen Reisen gesehen hat; befindet er sich in der Gesellschaft von Persern, muss er viele Komplimente machen; und wenn er auf Christen stößt, die tanzen wollen, muss er eben tanzen.

Am 3. Juli gelangte ich nach Bozu, der Residenz eines Bischofs und bedeutendster Stadt im gleichnamigen Gouvernement, das von einem Bojaren regiert wird, der ein besonderer Günstling des Sultans ist. Bozu liegt unter der Polhöhe 45°9'. Es hat drei große und zwei kleine Kirchen. Ich besuchte die Bischofskirche und gewahrte im Innern außer vielen Vergoldungen auch zahlreiche Gemälde, auf welchen Christen, die Jungfrau Maria, Bischöfe und Heilige sowie Kaiser Konstantin abgebildet waren. Konstantin der Große (Flavius Valerius Constantinus), der durch das Edikt von Mailand die christliche Religion anerkannt und Konstantinopel gegründet hatte, genießt hier eine besondere Verehrung und wird den Heiligen gleichgesetzt.

Der Jahrmarkt von Bozu dauert drei Tage. Ich war am ersten Tag angekommen, und die Kaufleute bauten noch ihre Buden auf, die sie mit Reisig bedeckten. Am folgenden Tag sollte der Viehmarkt abgehalten werden. Man sieht dann hier eine große Menge von Pferden, Hornvieh, Schafen und Schweinen. Esel und Kamele gibt es in dieser Gegend nicht. Diese Tiere würden den Walachen auch nicht viel nützen, da es hier häufig regnet und vor allem die Kamele bei tiefem Boden nicht vom Fleck kommen. Die Walachen kaufen das, was sie für ihren Haushalt brauchen, erst am letzten Markttag ein, nachdem sie nämlich ihr Vieh verkauft haben. Haben sie nichts verkauft, kaufen sie auch nichts ein.

Am 4. reiste ich von Bozu nach Revnik. Auf diesem Weg, den ich in 5½ Stunden zurücklegte, sah ich nur ein einziges Haus.

Allerdings erblickte ich in der Ferne einige Dörfer und Kirchtürme. Revnik[117] ist ein großer Flecken und der bedeutendste Ort im gleichnamigen Gouvernement. Von Revnik fuhr ich noch an demselben Tag bis Keiâd weiter.

Am 5. gelangte ich nach Focsani, einer sehr großen Stadt unter der Polhöhe 45°41'22". Man zählt hier sieben große und mehrere kleine Kirchen. Focsani liegt am Ufer eines kleinen Flusses, der die Grenze zwischen den Fürstentümern Walachei und Moldau bildet. Daher findet man an beiden Ufern einen Statthalter und Zöllner, die die Interessen ihrer Fürsten wahrnehmen. Man hatte mir in Bukarest geraten, einen Pass des dortigen Woiwoden und eine Bestätigung des Zollamtes mitzunehmen, wollte ich an der Grenze keine Schwierigkeiten haben. Ich hatte mich mit beidem versehen, und beides war notwendig. Schon in Revnik hatte man von mir meinen Pass verlangt, und als ich den Firmân (in Konstantinopel ausgestelltes Empfehlungsschreiben) zeigte, war man damit nicht zufrieden. Es konnte ihn auch niemand lesen. In Focsani fragte man gleichfalls nur nach dem vom Woiwoden ausgestellten Pass. Als ich ihn vorgezeigt hatte, brachte mich ein Diener ans andere Ufer des Flusses zu dem Starost (Statthalter) des Woiwoden der Moldau, der mir einen neuen Pass ausstellen sollte. Dieser ließ mir jedoch sagen, er habe gestern den Befehl erhalten, alle von Bukarest kommenden Reisenden sieben Tage lang aufzuhalten, dies wegen der Pest, die in Bukarest so grausam wüte. Diese Verzögerung meiner Reise gefiel mir ganz und gar nicht, ja ich hatte sogar Angst, man würde mich nach Konstantinopel zurückschicken. Deshalb erklärte ich, es gebe in Bukarest gar keine Pest und ich hätte mich dort überdies nur ganz kurz aufgehalten. Des Weiteren sagte ich, ich sei der Sekretär des Königlich Dänischen Gesandten zu Konstantinopel und müsste so rasch wie möglich nach Dänemark zurück. Doch die Untergebenen des Statthalters beriefen sich auf den Befehl und verweigerten mir die Weiterreise. Nun verlangte ich, mit dem Starost selbst zu

117 Râmnicu Sărat.

sprechen. Dies wurde mir abgeschlagen. Als ich daraufhin grob wurde, brachten sie mich auf die andere Seite des Flusses zurück.

Am nächsten Tag setzte ich neuerdings über den Fluss und begab mich abermals zu dem Haus des Starosten. Wieder hatte ich nicht die Ehre, den Starost selbst zu sehen. Er ließ mich aber wissen, dass er die Quarantäne auf drei Tage herabgesetzt habe und ich also nach drei Tagen den gewünschten Pass erhalten würde.

Ich sah diesen Starost zufällig auf der Straße. Er saß in einer europäischen Kutsche und wurde von 20 Dienern begleitet, unter welchen sich ein Trommler, zwei Trompeter und ein türkischer Schalmeibläser befanden. Alle waren zu Pferde. Ein prächtiger Aufzug für einen morgenländischen Christen, der, sobald er nach Konstantinopel kommt, zu Fuß gehen und es dulden muss, wenn ihn die Türken einen ungläubigen Christenhund nennen. Am 7. nächtigte ich in dem kleinen Dorf Stovergi, das 4 Stunden von Focsani entfernt ist. Auf dem Weg dorthin kommt man über den Sereth, einen Nebenfluss der Donau, der zugleich der Hauptfluss der Provinz Moldau ist. Der Fluss war jetzt nur etwa 80 doppelte Schritte breit und nicht tief. Bisweilen jedoch wächst er plötzlich sehr stark an und ist dann sehr reißend. Ich sah hoch am Ufer Bäume, die von dem Strom umgerissen worden waren. Auf diesem Strom bringen die Moldauer viel Holz bis an die Donau und von dort weiter nach Konstantinopel.

Am 8. reiste ich bald durch kleine Wälder, bald über fruchtbare Ebenen bis Barlad. Auf dem ganzen Weg, den ich in 9 Stunden zurücklegte, stieß ich nur auf ein kleines Dorf. Man hatte mir versichert, dass es in dieser Gegend keine Räuber gebe. Daher reiste ich seit ein paar Tagen ganz allein. Nun jedoch wurde mir bewiesen, dass ein Fremder auch hier gut daran tut, wenn er sich nicht allein auf den Weg begibt. Zwischen Stovergi und Schipan waren vor vierzehn Tagen zwei Türken erschossen worden, und ein ungarischer Kaufmann, der vor zwei Tagen dasselbe Schicksal erlitten hatte, lag noch auf seinem Wagen. Wie sehr war ich jetzt dem Starost dankbar, dass er mir meinen Pass nicht sofort ausgestellt hatte! Hätte er dies nämlich getan, wäre ich zur selben Zeit durch diese Gegend gekommen und wohl kaum am Leben geblieben. Dem ungarischen Kaufmann waren bei dem Fluss Burhesch, wo der Weg durch einen Wald führt, zwei Männer entgegengekommen, von welchen sich der eine mit dem Fuhrmann in ein Gespräch einließ, während der andere den Reisenden erschoss. Der Fuhrmann flüchtete in den Wald. Die Räuber plünderten den Kaufmann aus, spannten ein Pferd vom Wagen ab, luden die Beute auf und ritten davon. Als der Fuhrmann dies sah, kam er aus seinem Versteck hervor. Er legte den Toten, dem man außer den ungarischen Unterkleidern nichts gelassen hatte, auf den Wagen und brachte ihn zu einem Haus in der Nähe von Schipan. Dort sah ich ihn noch in seinem Blut liegen.

Barlad ist ein großer Flecken und der bedeutendste Ort in diesem Gouvernement. Die meisten Einwohner sind Christen, daneben findet man auch einige Juden, Türken und Zigeuner.

Ich hatte nach dem Verlassen Adrianopels immer wieder mit Verwunderung gesehen, wie sehr in diesen Gegenden nicht nur erwachsene Christen, sondern auch ihre Weiber und Kinder dem Wein ergeben sind. In Barlad sah ich, dass diese Menschen auch ihre Hähne das Weintrinken lehren. Einer kam, seinen Hahn auf dem Arm, ins Wirtshaus, und beide gingen völlig betrunken fort. Der Mann rühmte seinen Hahn als den tapfersten in der ganzen Stadt. Auf dem Heimweg stieß er auf einen anderen Hahn, der gleichfalls betrunken war. Die Hähne begannen miteinander zu kämpfen, und als der Kampf zu Ende war, waren beide übel zugerichtet.

Am 9. reiste ich 7 starke Stunden lang von Barlad nach Vashu. Wieder sah ich auf dem ganzen Weg kein einziges Dorf. Am nächsten Tag war es nicht anders: Auf dem Weg nach Skinteh traf ich kein einziges Haus an. Das Fürstentum Moldau ist also bei Weitem nicht so stark bevölkert wie die Walachei. Man versicherte mir allerdings, dass die abgelegenen Gegenden besser bewohnt wären, weil dort die Bewohner nicht befürchten müssen, von den Türken und Tataren ihres Eigentums beraubt zu werden.

Vashu ist ein großer Ort, der unter der Polhöhe 46°37'48" liegt. Skinteh wurde vor zehn Jahren von den Tataren zur Gänze zerstört und von den Einwohnern verlassen. Jetzt stehen dort nur ein paar armselige Hütten. Am 11. Juli reiste ich von Skinteh nach Jasch. Da es stark regnete, war der Weg sehr schlecht.

Jasch, die Hauptstadt der Provinz Moldau (die Türken nennen sie Bogdan) und die Residenz des Woiwoden, liegt unter der Polhöhe 47°9'25". Sie ist, wie Bukarest, sehr groß, aber nicht stark bevölkert. Der Palast des Woiwoden liegt auf einer Anhöhe, von der man auf die Ebene hinunter sieht. Er ist von einer alten, schwachen Mauer umgeben, die vielleicht stark genug wäre, eine Räuberbande abzuhalten. Gegen den Angriff eines Feindes würde sie aber wenig nützen. Sonst sieht man hier keine Festungswerke. Unter den vielen Kirchen ist die vom Wasil Woda (Woiwoden Basilius) erbaute die schönste. Da und dort sieht man zwar ein hübsches Haus, das einem Bojaren gehört, sonst jedoch sind die Häuser dieser Stadt schlecht. Auch hier sind die meisten Straßen mit Brettern belegt.

Da ich seit einigen Tagen etwas unpässlich war, ging ich in Jasch nur wenig aus. Mein einziger Besuch galt einem römisch-katholischen Mönch, von dem ich dies und jenes über das Fürstentum Moldau zu erfahren hoffte. Doch der gute Mönch kannte das Land weniger als ich. Seine erste Frage war, ob ich dem Sekretär des Fürsten schon meine Aufwartung gemacht hätte. Dieser war ein Italiener und eine große Stütze der hiesigen Katholiken. Der Mönch beschrieb ihn mir überdies als einen Staatsminister und Liebling seines Herrn. Um also nicht unhöflich zu sein, musste ich auch ihn aufsuchen.

Der Italiener war sehr freundlich und dienstfertig. Als er sich erkundigte, ob ich schon einen Reisepass hätte, und ich verneinte, war er so gütig, mir einen vom Fürsten selbst unterschriebenen Pass zu besorgen. Dafür verlangte er 1 ½ Dukaten. Hätte ich den Pass durch meinen Diener besorgen lassen, würde ich nicht einmal die Hälfte bezahlt haben. Auskünfte erhielt ich auch von dem Sekretär nicht. Dafür erzählte er mir alles, was er in den letzten Wochen in den Zeitungen gelesen hatte.

Ich vermute, dass es seine Hauptbeschäftigung war, Zeitungen zu lesen und das, was er durch sie erfahren hatte, dem Fürsten mitzuteilen.

Ich wohnte in Jasch in einem Wirtshaus, wo ich unter anderen Fremden auch einen preußischen Offizier antraf, der in der Ukraine hatte Pferde kaufen wollen, aber von den Heidemaken aus geplündert worden war. Ich will im Folgenden etwas über diese Heidemaken berichten:

Heidemak heißt Räuber. Diese Nation nannte sich selber Saporoger Kosaken und wohnte an der Grenze zwischen Russland, Polen und der Türkei, wo sie eine Republik errichtet hatte, die ärger als die algerische war. Früher dienten die Saporoger den Polen. In den letzten Jahren standen sie unter russischem Schutz und kämpften im Krieg gegen die Türken auch auf Seite der Russen, dies gegen gute Bezahlung. Ihre bedeutendste Festung befand sich auf einer Insel im Dnjepr, auf der keine Frauensperson geduldet wurde. Wer heiraten wollte, musste sich aufs Festland begeben. Die Saporoger nahmen Männer aller Nationen und Religionen bei sich auf, und die ärgsten Verbrecher machten bei ihnen am raschesten ihr Glück. Sie trugen prächtige Gewehre und kostbare Kleider und ihr Hab und Gut immer mit sich, da einer dem anderen misstraute. Mitten im Frieden fielen sie bald in das Fürstentum Moldau, bald in Polen ein. Am Ende empörten sie sich gegen die Russen, doch ihr Hetman Iwan Stepanowitsch Masepa (deutsch Jan Mazeppa) wurde im Jahre 1709 bei Poltawa geschlagen und sein Heer fast zur Gänze aufgerieben. Die am Leben gebliebenen Kosaken verstreuten sich in alle Winde.

Die Reise von Jasch nach Dänemark

Ich verließ Jasch am 14. Juli. Auf dem Weg nach Tabor, für den ich 9 Stunden benötigte, sah ich ein Haus, auf dem Weg von Tabor nach Stefanesti, den ich in 5 Stunden zurücklegte, überhaupt keines. Dann kam ich nach Krasneiloka. Brunnen, wie man sie in der Walachei häufig antrifft, gibt es hier keine. Es ist für

Reisende also ratsam, Trinkwasser mitzunehmen. Krasneiloka ist das letzte Dorf im Gebiet des Fürsten der Moldau. Hier ließ ich mich über den Pruth setzen und erreichte nach einem Ritt von 8½ Stunden Choczin. Auch hier liegen viele unbebaute Felder.

Choczin (türkisch Hottun)[118] ist eine bekannte Grenzfestung am Ufer des Dnjestr und die Residenz eines Paschas mit drei Rossschweifen. Da ich hier nur durch die Vorstadt fuhr, kann ich über diese Stadt nichts weiter sagen, als dass die meisten Häuser und Moscheen aus Holz erbaut und die Straßen, wie in Bukarest und Jasch, mit Brettern belegt sind. Das Kastell liegt auf dem hohen Ufer des Dnjestr und schien mir von [keiner großen Bedeutung zu sein, sondern nur, wie viele andere türkische Festungen, aus einer Mauer und Türmen zu bestehen. Man erzählte mir, dass hier 16 Janitscharenregimenter liegen und dass sich diese Soldaten den Einwohnern gegenüber sehr anmaßend und unverschämt betragen.

Beim Durchfahren sah ich im Basar mehrere nach der Straße offene Kaffeebuden, welche voll von diesen Helden waren. Ihre Flinten, Pistolen und Säbel hatten sie an die Wand gehängt. Die meisten waren betrunken. Man schenkt nämlich hier in den Kaffeebuden auch Wein aus.

Choczin ist ein Zufluchtsort für Leute aus den Nachbarländern, welchen es dort nicht mehr gefiel oder die dort nicht bleiben konnten. Man erzählte mir, dass hier auch mehrere preußische Offiziere Mohammedaner geworden sind. Diese Preußen waren sehr zu bedauern. Sie waren hierhergekommen, weil sie hofften, bei den Türken ihr Glück zu finden, hatten sich aber dann damit bescheiden müssen, dass sie der Pascha unter seine Dienerschaft aufnahm.

Die Bewohner Choczins und des umliegenden Gebietes, das aus etwa 50 Dörfern besteht, sind moldauische Christen und Türken. Man findet hier aber auch Lipker Tataren und sehr viele Juden. Die Tataren dienten der Krone Polens lange unter dem Namen Ulanen. Sie erhielten dort für ihre Tapferkeit freie

---

118 Heute Chotin.

Religionsausübung und bauten, vor allem in Litauen, mehrere Moscheen. Nach und nach begaben sich einige nach Choczin, weil sie lieber unter der Regierung ihrer Glaubensgenossen leben wollten, und ihnen folgten in den letzten dreißig Jahren sehr viele nach. Unter den in Polen Zurückgebliebenen sollen schon viele sein, die nur noch die polnische Sprache beherrschen und sich um die mohammedanische Religion nicht mehr kümmern. Sehr viele Juden, die sich in Polen taufen ließen, sind hierher zu ihren alten Glaubensgenossen zurückgekehrt. Die Juden in Polen behaupten sogar, dass viele, die als Katholiken geboren wurden, nach Choczin abwandern, um daselbst Juden zu werden. Dies erzählte man auch von zwei Mönchen. Ich erfuhr aber dann, dass die beiden entwischt waren, nachdem sie in ihrem Kloster ein Verbrechen begangen und eine schwere Strafe zu gewärtigen hatten. Sie waren hier Juden geworden, weil sie wussten, dass sie weder von den Türken noch von den Juden bestraft werden würden.

Gleich nach meiner Abreise aus Jasch wurde ich krank. Hohes Fieber schüttelte mich, außerdem erbrach ich häufig. Da ich aber hoffte, bald wieder auf christlichen Boden zu gelangen, beachtete ich meine Krankheit nicht, sondern dankte Gott, dass er mich auf meiner so langen Reise vor Krankheiten bewahrt und aus vielen Gefahren errettet hatte. Die Grenze Polens war für mich schon die Grenze Dänemarks.

Ich beeilte mich also, sie zu erreichen, so sehr, dass ich in Choczin nicht einmal vom Wagen stieg, sondern bis zu der Fähre bei Otâk weiterfuhr. Hier verabschiedete ich mich von meinem Fuhrmann, dem ersten und letzten, mit dem ich durch die Morgenländer gereist war.

Bei der Fähre musste ich meine Reisesäcke öffnen und meinen Pass vorweisen. Ich hatte schon Angst, dass man mir Schwierigkeiten machen würde, doch dann erwies es sich, dass man ein Trinkgeld erwartete. Ich gab es gerne, nur um rasch weiterzukommen.

Am anderen Ufer des Dnjestr liegt Shwanez, ein Flecken mit einer polnischen Besatzung von etwa 60 Mann. Da ich auf dem ganzen Weg von Jasch bis hierher wegen des beständigen Regens und des trüben Wetters keine Polhöhe hatte nehmen können und das Wetter an diesem Abend klar war, wollte ich die Gelegenheit nicht versäumen und stellte gleich nach meiner Ankunft den Quadranten auf. Auf dem Platz hinter dem Haus meines Wirtes, eines Juden, war es so schmutzig, dass ich dort keinen einzigen reinen Fleck finden konnte. Ich stellte also das Instrument auf der Straße auf. In Arabien, Persien und in der Türkei hatte ich das oft getan, und die Morgenländer hatten sich darum wenig gekümmert. Hier, in einem christlichen Land, wurde mir sofort bewiesen, wie groß die Wissbegierde und auch Neugierde der Europäer ist. Denn es versammelten sich rings um mich in kurzer Zeit über hundert Christen und Juden, die mich erst verließen, als ich das Instrument ins Haus trug. Anfänglich hielt man mich für einen Armenier, weil ich wie ein Armenier gekleidet war, und konnte nicht begreifen, weshalb ein Untertan des Sultans nach Polen gekommen war, um hier nach den Sternen zu sehen, die in der Türkei ebenso gut zu sehen waren. Ich klärte diesen Irrtum auf, und zwar sagte ich den Juden, welche in Polen alle deutsch sprechen, ich sei ein Europäer. Nun jedoch hielt man mich für einen Astrologen und Wahrsager. Nicht nur hier, sondern auch in anderen polnischen Städten, in welchen ich Beobachtungen anstellte, wollten die Frauen der Juden wissen, wie viele Kinder sie noch bekommen und ob ihre Töchter bald heiraten würden. Auch andere Fragen stellte man mir. Als ich merkte, dass die Leute missvergnügt wurden, wenn ich ihre Fragen nicht beantwortete, erzählte ich ihnen genau das, was sie hören wollten.

Als ich in Pietrokow, einem Ort in der Nähe der schlesischen Grenze, meinen Quadranten aufgestellt hatte, fand sich auch ein gut gekleideter Pole unter den Zuschauern ein, der mir eine nette Geschichte von einem Geistlichen erzählte, die als Beweis dafür dienen kann, wie wenig hier selbst Geistliche bemüht sind, den Aberglauben auszurotten. Dieser Priester, den er in einem nahe gelegenen Dorf aufsuchte, führte ihn auf den Kirchturm, um ihm den Nutzen eines Sprachrohrs zu zeigen. Nicht weit von dem Dorf lag ein kleiner Landsee, in dem ein Bauer fischte. Diesen rief nun der Geistliche bei seinem Namen. Der Bauer sah verstört umher und hörte bald darauf wieder seinen Namen. Nun warf er sich auf die Knie, hob die Hände gegen den Himmel und hörte ganz deutlich: »Von den Fischen, die du vor Mittag fangen wirst, sollst du den Großteil deinem Pfarrer überbringen.« Der Bauer fing nun aufs Neue zu fischen an, brachte dem Pfarrer die besten Fische und erzählte ihm, er hätte das Glück gehabt, mit Gott selbst zu reden. Der Pfarrer nahm die Fische und ermahnte den Bauern, fleißig zu beten und zu arbeiten, damit er sich dieser Gnade würdig erweise.

Auch der Kommandant von Shwanez erkundigte sich bei mir, was ich auf der Straße triebe. Ich machte ihm sofort meine Aufwartung und musste mich zum ersten Mal auf meiner ganzen Reise der lateinischen Sprache bedienen. Denn der alte Mann sprach wie die meisten polnischen Edelleute außer seiner Muttersprache auch Latein. Die vornehmen Polen beherrschen überdies das Deutsche oder Französische, manchmal sogar beide Sprachen.

Ich fand die Polhöhe von Shwanez 48°33'. Choczin liegt ungefähr eine halbe deutsche Meile südlicher. Daher ist die Polhöhe dieser türkischen Grenzfestung 48°31'.

Am 18. Juli verließ ich Shwanez und reiste nach Kamenez Podolsk, der Hauptstadt Podoliens[119], die unter der Polhöhe 48°40'14" liegt. Die Stadt ist ringsum teils von tiefen Tälern, teils von Felsen umgeben. Die Besatzung besteht aus vier Regimentern, die deutsche Uniformen tragen. Auch die Kommandos werden in deutscher Sprache gegeben.

Die Anzahl der Häuser beträgt etwa 700. Die Straßen sind breit, einige Häuser recht hübsch. Es gibt viele Kirchen in der Stadt, die verschiedenen Mönchsorden gehören, nämlich den Jesuiten, Dominikanern und Karmelitern. Bei der Pfarrkirche steht noch – worüber ich mich sehr wunderte – ein türkisches

---

119 Landschaft in der Westukraine, im Süden der Wolynisch-Podolischen Platte. Der Hauptort ist auch heute noch Kamenez-Podolsk.

Minarett. Ich erfuhr, dass sich die Türken im Friedensvertrag mit den Polen ausbedungen hatten, dieser Turm dürfe nicht niedergerissen werden, zum Zeichen, dass die Stadt unter türkischer Botmäßigkeit gestanden habe. Aus demselben Grund soll man auch in einigen Städten Ungarns Minarette sehen. Die Geistlichen von Kamenez rächten sich auf ihre Art, nämlich dadurch, dass sie den Halbmond auf der Spitze des Minaretts durch ein großes Bild der Jungfrau Maria ersetzen ließen.

Man meint hier, dass Kamenez früher einmal zu Dazien gehörte. In der Nähe soll es noch die Ruinen eines großen Walls geben, den man Trajans-Wall nennt. Die Bauern finden dort manchmal alte römische Münzen.

Unter den Einwohnern der Stadt gibt es viele Armenier und Russen, die ihre eigenen Kirchen haben. Doch sie alle anerkennen den Papst als Oberhaupt der Kirche. Weshalb sie nicht lieber Polen und Katholiken sind, konnte ich nicht in Erfahrung bringen. Die meisten der hiesigen Armenier sprechen kein Wort Armenisch, und ihre Weiber sind so wenig Morgenländerinnen, dass sie, wie die polnischen Damen, französische Kleider tragen. Protestanten gibt es nur wenige. Sie werden so unterdrückt, dass schon viele von ihnen katholisch geworden sind, um Verfolgungen zu entgehen. In der Nähe von Kamenez befindet sich Zaleszczik, eine neue Stadt, die von dem Grafen Poniatowski, dem Vater des jetzt regierenden Königs, angelegt wurde. Dieser berief dorthin viele deutsche Fabrikanten und Arbeiter, die von ihrem Beschützer und Monarchen unterstützt und aufgemuntert werden, durch ihren Fleiß Waren zu erzeugen, die man sonst aus fremden Ländern beziehen muss. In dieser Stadt werden die Protestanten geduldet. Eine eigene Kirche durften sie allerdings bis jetzt nicht erbauen. Was nun den Protestanten von den Katholiken nicht vergönnt wurde, wurde ihnen von den Mohammedanern vergönnt. Diese ließen sie am anderen Ufer des Dnjestr eine lutherische Kirche errichten. Nun ist es so, dass die Deutschen für Polen arbeiten und in einem Land der Türken beten.

Juden gibt es in Kamenez schon seit Langem nicht mehr. Sonst jedoch wohnen sehr viele in Polen. Sie sind Kaufleute oder Pächter und besitzen die meisten Wirtshäuser. Sie haben viele Vorteile, wenn sie sich taufen lassen, bei der Krönung eines Königs wurden, wie man mir berichtete, 40 Juden, die Katholiken geworden waren, in den Adelsstand erhoben.

Die Einwohner vieler Dörfer in Podolien bekennen sich noch zur griechischen Religion. Diese wird aber von der Regierung kaum noch geduldet. Die Angehörigen dieser Religionsgemeinschaft müssen hohe Abgaben leisten und ein Zeichen tragen, das sie als Ketzer kennzeichnet. Sie essen nicht gern mit Andersgläubigen, und wenn ein Andersgläubiger in ihrem Haus auf einer Bank gesessen hat, scheuern sie diese, kaum dass er fortgegangen ist. Die Zigeuner in Podolien sind alle Katholiken. Man findet unter ihnen viele Schmiede, manche ziehen auch mit einem Tanzbären umher.

Sobald ich mich von meiner Krankheit erholt hatte, verließ ich Kamenez. Am 1. August erreichte ich Lemberg.

Brachliegenden Boden gibt es in Polen überhaupt nicht, im Gegenteil, die Äcker und bebauten Felder reichen fast überall bis an die Straße heran. Ich glaube, ich sah auf meiner kurzen Reise von Kamenez bis Lemberg mehr bearbeiteten Boden als auf dem langen Weg von Adrianopel bis Choczin. Die polnischen Dörfer sind alle groß. Und obwohl die Bauern Leibeigene sind, leben sie besser als die in der Moldau und der Walachei. Man findet hier viele kleine Flüsse, die, wie man mir versicherte, alle in den Dnjestr münden. Der Boden ist sehr fruchtbar, nur knapp vor Lemberg wird er etwas sandig. Vor dieser Stadt geriet ich in einen riesigen Schwarm von Pferdefliegen. Das war so arg, dass die Bauern Mist verbrennen mussten, um durch den Rauch das Vieh vor diesen Blutsaugern zu schützen. In einen nicht weniger großen Schwarm geriet ich am Orontes nicht weit von Antiochia.

Wenn ein vornehmer Pole reist, führt er sein Bett, Lebensmittel und Trinkwasser (oder auch Wein) mit sich. So können die Wirte durch ihn nicht viel verdienen. Sie müssen von der breiten Masse leben und sind dementsprechend eingerichtet. Ein Reisender darf sich daher nicht darüber wundern, dass die

Wirtshäuser in Polen schlecht sind. Da ich Matratzen mithatte und in den türkischen Karawansereien oft gezwungen gewesen war, bei Pferden zu schlafen, fand ich mich mit diesen Wirtshäusern aber ab. Ja, ich wäre sogar zufrieden gewesen, wenn ich meinen Diener, einen hervorragenden Koch, nicht zurückgeschickt hätte. So musste ich aber nun bei den Juden essen; denn die meisten Wirtshäuser befinden sich in den Händen der Juden, die auf Reinlichkeit wenig Wert legen. Die Juden sind übrigens sehr dienstfertig. Nicht einmal am Sabbat weisen sie einen Reisenden ab. Und wenn dieser essen will, werden ihm die Mahlzeiten von christlichen Dienstmädchen zubereitet. Geld dürfen die Juden an diesem Tag nicht berühren. Die Wirtin zieht sich da so aus der Affäre, dass sie eine Schürze um die Hand wickelt, das Geld in Empfang nimmt und dann in eine Schublade wirft.

Lemberg (polnisch Lwow, lateinisch Leopolis) liegt unter der Polhöhe 49°50'42" am Ufer eines kleinen Flusses, der sechs Minuten von hier in den Bug mündet. Die Stadt ist sehr klein.[120] Früher war sie durch eine doppelte Mauer, einen Graben, einen Wall und mehrere Festungswerke geschützt. Als ich hinkam, war das alles schon verfallen. Die Einwohner leiden sehr unter dem Joch der Geistlichkeit. Man nannte mir die Zahl der Kirchen und Klöster, von welchen einige sehr prunkvoll sind, mit siebzig. Fast der ganze Grund und Boden gehört den Geistlichen, auch die meisten Privathäuser und Gärten sind ihr Eigentum. Sie kassieren die Mieten, kümmern sich aber nicht um den Zustand der Häuser, von welchen viele baufällig sind oder sogar einstürzen. Knapp vor meiner Ankunft stürzte ein großes Haus ein, und dabei kamen 14 Menschen ums Leben. Wie die Klöster immer reicher wurden, wurden die Einwohner immer ärmer. Viele wanderten sogar ab. Nun soll aber, wie man mir erzählte, der König die Absicht haben, ein Gesetz zu erlassen, durch das es der Geistlichkeit verboten wird, neuen Besitz zu erwerben. Tritt dieses Gesetz tatsächlich in Kraft, wird Lemberg vielleicht eine neue Blüte erleben.

120 Heute hat Lemberg 734 000 Einwohner (2010).

Es gibt in Polen zwei Erzbischöfe. Der in Gnesen ist zugleich Primas des Reiches und, wenn der Thron leer steht, Reichsverweser. Der zweite residiert in Lemberg. Überdies findet man hier einen armenischen, einen russischen und einen griechischen Bischof. Alle drei sind Uniten (das heißt, sie anerkennen den Papst als Oberhaupt der Kirche). Dennoch haben sie bei der Krone keinen Einfluss.

Die Protestanten werden in Lemberg nicht weniger als in Polen verfolgt. Ich lernte hier einen englischen Kaufmann kennen, der unter der Regierung des vorigen Königs zweimal in Acht und Bann getan worden war, weil er sich geweigert hatte, sich an einem hohen kirchlichen Feiertag den anderen Kaufleuten anzuschließen, die, brennende Kerzen in der Hand, in die Kirche gingen. Niemand durfte mit ihm sprechen, sogar seine besten Freunde mussten ihn meiden. Und beide Male war er gezwungen, nach Warschau zu reisen, wo er dann durch die Vermittlung des englischen Ministers von Acht und Bann befreit wurde. Ich bin wahrhaftig für Religionsfreiheit, aber ich finde doch, dass der gute Mann sehr eigensinnig war. Schließlich verdiente er sein Brot durch die andersgläubigen Polen.

Am 8. August reiste ich bis Janow, am 9. bis Rawa[121], am 10. bis Labunic und am 11. bis Zamosc. Zamosc ist nur klein, aber für eine polnische Stadt sehr gut befestigt. Die Stadt gehört einem Adeligen, der über eine Armee von 400 Mann verfügt. Die Straßen sind gerade, die Häuser sehr hübsch. Vor allem der Palast des regierenden Grafen, das Rathaus und einige Kirchen und Klöster sehen gut aus. Zamosc hat zwei Stadttore und eine Pforte für Fußgänger. Die Polhöhe ist 50°44' Die Universität ist alt, aber allmählich in Verfall geraten.

Die berühmteste Universität Polens befindet sich in Krakau (polnisch Krakow). Sie wurde im Jahre 1364 gegründet. Doch man kann die polnischen Universitäten nicht mit den protestantischen vergleichen. Auf den polnischen Universitäten wird nur Latein, Philosophie, Theologie und das Ius Canonicum gelehrt.

121 Heute Rawa-Ruska.

Lemberg in Polen (Stich von Schmidt/Cyszkowski)

Um Geschichte, Mathematik, Experimentalphysik und andere Wissenschaften kümmert man sich überhaupt nicht. Auch in der Arzneiwissenschaft sind die Polen noch weit zurück.

Am 12. August reiste ich bis Olowskawulka, am 13. bis Lublin. Lublin ist die Hauptstadt der Woiwodschaft gleichen Namens. Sie liegt unter der Polhöhe 51°16'3" auf einem Berg. Hier wird alljährlich einige Monate hindurch das Krongericht abgehalten. Lublin ist aber auch wegen seiner prächtigen Kirchen und Klöster, wegen der im 16. Jahrhundert erbauten Kathedrale und wegen seiner Universität eine der berühmtesten Städte Polens. Die weltliche Bevölkerung scheint aber in großer Armut zu leben. Die Häuser sind schlecht, manche sind dem Einsturz nahe. In der Vorstadt war die Straße, als ich ankam, also im August, so morastig, dass die Pferde meinen Wagen kaum ziehen konnten.

Am 15. August fuhr ich von Lublin etwa 5½ deutsche Meilen bis Pulawy. Dieser Ort gehört dem Fürsten Czartorinski, der sich hier einen Palast erbaut hat, der wohl einer der prächtigsten in ganz Polen ist. Der Palast liegt am Ufer der Weichsel, die hier nicht sehr breit ist.

Am 17. kam ich nach Gura, einer kleinen Stadt mit prächtigen Klöstern, von welchen die meisten von König Johann III. Sobieski gestiftet wurden. Es ist dies jener König, der im Jahre 1683 das von den Türken belagerte Wien befreite.

Auf dem Weg von Lublin bis Gura trifft man viele Städte an. Es sind dies aber polnische Städte, die man anderswo, da die Einwohnerschaft nicht groß ist, nur kleine Flecken nennen würde. Diese Städte sind also Dörfer mit einem Platz in der Mitte, auf dem das Rathaus steht. Die Häuser sind fast alle aus Holz und die Wirtshäuser schlecht, da sie sich in dieser Gegend in den Händen von Polen befinden, die ihr Gewerbe nicht so gut wie die Juden verstehen.

Warschau, wo ich am 18. August eintraf, ist die Residenz des Königs von Polen. Die Stadt liegt am Westufer der Weichsel unter der Polhöhe 52°14'46". Die eigentliche Stadt ist nur klein, die Vorstädte hingegen sind sehr groß. Die meisten Häuser

Polnischer Bauernwagen

bestehen zur Gänze aus Holz, auch hier sind viele Straßen mit Brettern belegt. Da Holz in dem waldreichen Polen wohlfeil ist, darf man sich darüber nicht wundern. Auch hier sieht man viele schöne Kirchen und Klöster und des Weiteren prachtvolle Paläste reicher Edelleute, die sich des Hofes wegen in Warschau aufhalten und ihren Einkünften gemäß einen überaus großen Aufwand treiben.

Mein Aufenthalt in Warschau war nur kurz. Die vornehmen Polen sind Fremden gegenüber sehr gastfreundlich. So verging mir die Zeit wie im Fluge. Denn die Zerstreuungen, die man mir bot, waren mir nach einer so langen Abwesenheit von Europa wieder völlig neu. Der König verhält sich Ausländern gegenüber sehr wohlwollend, er spricht fast alle europäischen Sprachen mit großer Vollkommenheit. Wären seine Einkünfte und seine Macht so groß wie sein guter Wille, würde Polen bald wieder ein blühendes Reich sein.

Am 6. September verließ ich Warschau. Die weitere Reise führte mich zunächst nach Rawa. Rawa war früher eine große

Stadt. Sie litt viel durch die Pest und Feuersbrünste. Jetzt stehen hier nur noch ein paar Holzhäuser, ein Kloster der Augustiner und ein Collegium (Priesterseminar) der Jesuiten.

Von dort gelangte ich über Pietrokow und Wieruszow zur deutschen Grenze und dann nach Breslau. Den weiteren Verlauf meiner Reise zu schildern erübrigt sich. Denn diese Gegenden sind hinlänglich bekannt und oft genug beschrieben worden.

Am 20. November 1767 traf ich wohlbehalten in Kopenhagen ein. Ich war also nahezu sieben Jahre unterwegs gewesen.

Vierter Teil

Nachrichten über Abessinien, im Morgenland gesammelt

Während meines Aufenthaltes in den Morgenländern verabsäumte ich es nicht, auch über Abessinien Nachrichten zu sammeln.

Schon in Káhira hörte ich, dass der Negus (das ist der König von Abessinien, das die Morgenländer Habbesch nennen) es gerne sähe, wenn Fremde sein Land besuchen würden. Vor allem benötigt er, wie man mir versicherte, Europäer, die seine Untertanen das Gießen von Kanonen lehren. An Kanonen, die er braucht, um sich gegen seine mohammedanischen Nachbarn verteidigen zu können, mangelt es ihm nämlich sehr. Europäische Missionare jedoch duldet er in seinem Land nicht. Den Grund hierfür wissen wir aus den Berichten der Missionare selbst.

Die römisch-katholische Kirche duldet in den Ländern, in welchen sie herrscht, keine Angehörigen einer anderen Religion. *Sie* aber nimmt für sich das Recht in Anspruch, *überallhin* Missionare entsenden zu dürfen. So kam in der ersten Hälfte des 16. Jahrhunderts anstatt der portugiesischen Soldaten, um die der Negus oft flehentlich gebeten hatte, ein Heer von Missionaren nach Abessinien. Die Missionare verhielten sich anfangs sehr duldsam und warteten geduldig, bis sie einen Teil des Hofes und des Adels in den Provinzen auf ihre Seite gebracht hatten. Dies fiel ihnen nicht schwer, da sie weit mehr Menschenkenntnis als die unwissenden, ungebildeten inländischen Geistlichen besaßen, die alle Religionen duldeten. Als die Missionare aber dann so fest im Sattel saßen, dass Rom einen Geistlichen nach Abessinien entsenden konnte, der den hohen Titel eines Patriarchen trug, wollten sie nicht nur über alle Geistlichen, sondern auch über den Regenten selbst herrschen. Die Folge davon war, dass sie zum Großteil aus dem Land gejagt wurden.

Um diese Zeit[122] gründete Ignatius von Loyola seinen später berühmt gewordenen Orden. Der frühere spanische Offizier wollte selbst als Missionar nach Abessinien gehen, doch der Papst glaubte, diesen außerordentlichen Mann nicht entbehren zu können. Er behielt also den Stifter des Ordens der Jesuiten in Europa zurück, schickte aber Mitglieder dieses Ordens nach Abessinien und ernannte einen Italiener zum Patriarchen des Landes.

Aber auch diese Mission war nicht glücklich. Denn die abessinische Geistlichkeit wollte es nicht dulden, dass die Jesuiten die Anhänger der koptischen Kirche noch einmal tauften, nachdem sie diese an sich gezogen hatten, und dass die Landesreligion immer mehr verachtet und immer häufiger verspottet wurde. Bald war die ganze Nation gegen die Jesuiten aufgebracht: Verwandte des Königs wurden hingerichtet, weil sie sich den Missionaren entgegengestellt hatten; der europäische Patriarch tat vornehme Staatsbedienstete und schließlich den König selbst öffentlich in Acht und Bann, weil sie sich geweigert hatten, zu erklären, dass die römische Kirche die allein selig machende sei. Es sprach sich außerdem herum, dass der Patriarch die Absicht hatte, einige besonders Widerspenstige öffentlich verbrennen zu lassen. Die Abessinier hatten viele Jahre gegen Heiden und Mohammedaner kämpfen müssen. Nun wurden ihnen die europäischen Christen, von welchen sie Hilfe gegen die Ungläubigen erwartet hatten – wie Brüder waren sie von ihnen aufgenommen worden! –, noch verhasster als ihre Feinde.

Als die Unruhen ihren Höhepunkt erreicht hatten, tat der König von Abessinien das, was der König von Portugal 125 Jahre später tat. Er jagte alle Jesuiten aus dem Land, und von diesem Zeitpunkt an durfte sich kein europäischer Geistlicher in Abessinien sehen lassen. Gleichzeitig erließ der König ein Gesetz, demzufolge jeder Europäer, der nach Abessinien reisen wollte, an der Grenze um die Erlaubnis ansuchen musste.

122 1534.

Der am wenigsten beschwerliche Weg nach Abessinien führt über Sues, Dschidda und Massaua. Massaua ist eine kleine Insel im Arabischen Golf, die dem Sultan von Konstantinopel gehört. Sie soll der heißeste Ort der Erde sein.

Wenige Jahre vor meiner Ankunft in Ägypten war ein Dr. Höcker, welcher der Brüdergemeine von Herrnhut[123] angehörte, von Sues nach Dschidda gefahren, um von dort über Massaua nach Abessinien zu gelangen. Er hatte vorher nicht nur in Káhira, sondern auch in Oberägypten unter den Kopten gelebt, sodass er mit der Sprache und Lebensart dieser Nation wohlvertraut war und mithin für die Reise nach Abessinien die besten Voraussetzungen besaß. Außerdem hatte er ein Empfehlungsschreiben des koptischen Patriarchen von Konstantinopel in Händen. Doch seiner Reise war kein Glück beschieden. Das Schiff, das er in Sues bestiegen hatte, strandete an der Küste von Hedschas. So kehrte Dr. Höcker zuerst nach Káhira und dann nach Europa zurück. Als ich nach Káhira kam, erkundigte ich mich nach ihm und erfuhr, dass er schon wieder den Versuch unternommen hatte, nach Abessinien zu gelangen. Ob er dort angekommen ist, weiß wohl niemand.

Der Nächste, der versuchte, nach Abessinien zu reisen, war ein deutscher Uhrmacher und ebenfalls ein Herrnhuter. Er hieß Antes. Es scheint also, dass sich die Mitglieder dieser Gemeinde das Ziel gesetzt haben, die Kopten zu bekehren, und dass sie daran in aller Stille arbeiten. Wären die Herrnhuter so mächtig wie die Anhänger des Papstes, hätten sie ihr Vorhaben vielleicht erreicht. Auch der Uhrmacher kam nicht bis Abessi-

123 Herrnhut ist der nördlich von Zittau gelegene Stammort der Herrnhuter Brüdergemeine, einer evangelisch-pietistischen Gemeinschaft, die aus den Böhmischen Brüdern hervorging. Die Böhmischen Brüder waren Mitglieder einer Glaubensgemeinschaft, die sich von den Hussiten abgespalten hatte. Die Herrnhuter verwerfen Eigentum, Eid und Kriegsdienst und halten an der Ehelosigkeit der Priester fest (daher keine Annäherung an Luther). Als sie verfolgt wurden, wanderten sie nach Sachsen aus, wo sie der Graf Zinzendorf auf seinen Gütern ansiedelte. Heute ist der Hauptsitz der Herrnhuter Bad Boll (Württemberg) in der BRD. Sie verweigern auch jetzt den Kriegsdienst.

nien. Er wurde in Dschidda von fanatischen Mohammedanern erschlagen.

Der Erste, der Abessinien erreichte, war ein Venezianer namens Ferro, der lange Zeit im Dienste des venezianischen Konsuls in Káhira gestanden hatte. Ursprünglich hatte er die Absicht gehabt, in den Jemen zu reisen, um dort Kaffee einzukaufen. Doch auch sein Schiff war an der Küste von Hedschas gestrandet. Aber er schlug sich von dort über Massaua nach Abessinien durch. Da er es im Dienste seines Herrn gelernt hatte, mit Menschen umzugehen, und da er nun einmal ein Venezianer war, wurde er bald mit den Adeligen und dem Negus selbst bekannt. Innerhalb weniger Jahre erwarb er ein beträchtliches Vermögen, und als er sein Schäfchen im trockenen hatte, ließ er Verwandte, die auf einer griechischen Insel wohnten, wissen, wie glücklich er war und dass er beim Negus geradezu aus- und einging. Er behauptete auch, dass ihm der Rang eines Wesirs verliehen worden war.

Dies hatte zur Folge, dass viele Griechen auf den Gedanken kamen, in Abessinien gleichfalls ihr Glück zu versuchen. Ein jeder glaubte, er würde bei dieser rohen Nation in Kürze reich werden. Daher machten sich viele sofort auf den Weg, und einige erreichten sogar ihr Ziel.

Während sie unterwegs waren, machte Ferro dem Negus begreiflich, dass ihm der Handel mit Kaffee so wie den Bewohnern des Jemen große Einkünfte bringen würde. Der Negus sah dies ein und ging daran, am Arabischen Meerbusen ein Kastell und Häuser erbauen zu lassen, in welchen der Kaffee gelagert werden konnte. Doch vorher starb er, und gleich nach ihm segnete der Venezianer das Zeitliche.

Als die Griechen ankamen, war der Negus also nicht mehr am Leben. Auch Ferro konnte ihnen nicht mehr helfen. Die Mutter des Negus, die inzwischen die Regierungsgeschäfte übernommen hatte, mochte die Griechen nicht. So konnten nur jene Geld erwerben, die ein nützliches Handwerk gelernt hatten, einige wurden Soldaten oder Diener, der Großteil jedoch hungerte und wollte in die Heimat zurück. Doch hierzu fehlte diesen Griechen das Geld. Also war der Versuch der Europäer, in Abessinien festen Fuß zu fassen, im Großen und Ganzen gescheitert. Ich bedauerte es sehr, dass ich, als ich mich in Dschidda befand, keine Möglichkeit besaß, dieses seltsame Land kennenzulernen.

Die kleine Insel Suaken, etwa unter 18° Polhöhe, sowie die Inseln Massaua und Dahlak gehören zum Paschalîk Dschidda. Der Pascha schickt Statthalter dorthin, doch sein Vorteil ist nicht groß. Denn seine Agas plündern die Kaufleute aus, anstatt Zoll einzuheben. Die Perlenfischerei an der Küste Dahlaks, einst in großer Blüte, hat unter den Türken kaum noch Bedeutung. Massaua ist der bedeutendste Hafen des Königreichs Abessinien.

Zwischen der Insel Dahlak und Bâb el-mándeb liegen an der abessinischen Küste die zwei großen Landschaften Tigre und Afar. Sie werden von Mohammedanern regiert, die sich wenig um den Negus kümmern. Von dort werden viele Waren ausgeführt, nämlich Holz, Butter, Wachs und Häute. Diese Waren werden nach Mochha und Hodeida gebracht.

Ysa, eine sehr fruchtbare Landschaft, liegt südlich von Bâb el-mándeb. Die bedeutendste Stadt ist das von einer Mauer umgebene Seila oder Zeila. Sie gehört zum Gouvernement Mochha, untersteht also der Regierung des Imâms des Jemen. Ein Araber, der dort zwei Jahre gewohnt hatte, erzählte mir, die Kaffeebohnen seien dort ebenso gut wie die im Jemen.

Berbera ist eine schöne, überaus fruchtbare Gegend südlich von Ysa. Von hier werden alljährlich viele weiße Schafe, die schwarze Köpfe haben, in das Königreich Jemen gebracht. Die Hauptstadt heißt gleichfalls Berbera und ist ein Seehafen. Der dortige Handel ist bedeutend.

An der Küste nördlich von Ysa wird viel Kaffee angebaut. Die Hauptstadt dieses Landes heißt Beilul[124]. Die Einwohner erschlugen einige Jahre vor meiner Ankunft ihren Scheich, dessen Sohn den Imâm um Hilfe gegen die Rebellen bat. Doch auch der Imâm konnte ihm nicht helfen.

124 Heute Djibuti.

In dieser Gegend wurden im Jahre 1762, also ein Jahr vor meiner Ankunft, zwei Engländer ermordet, die an Land gegangen waren, um Wildschweine zu schießen. Sie wurden, kaum dass sie sich von der Küste entfernt hatten, von mit Lanzen bewaffneten Eingeborenen umringt und getötet. Die Barbaren näherten sich dann dem Schiff, mit welchem die Engländer gekommen waren, und versuchten, die Matrosen an Land zu locken. Doch damit hatten sie kein Glück. Die Engländer eröffneten auf sie das Feuer und jagten sie in die Flucht. Nachher verließen sie ihr Schiff und fanden bald die Leichen ihrer in Stücke gerissenen Kameraden, ihre Taschenuhren und ihr Geld. Weshalb diese Unmenschen zu Mördern geworden waren, konnten sie nicht ergründen.

Die größte am Meer liegende Landschaft Abessiniens heißt Bar es-somâl. Die Einwohner nennt man Somalis. Diese sind prachtvoll gewachsen und schwärzlich oder ganz schwarz und haben krause Haare. Ein langes, schmales Messer und ein Wurfspieß sind ihre Waffen. Das Land ist bergig und überaus waldreich. Sein Überfluss an Vieh und Früchten ist groß.

Das Königreich Abessinien ist groß und unabhängig. Der Negus, der im Jahre 1763 regierte, hieß Jusof und war ein Sohn des Jaso, des Sohns des Makaffe. Alle diese Könige nannten sich Kaiser. Der Negus Jaso wurde mir als großer Fürst beschrieben, der alle Feinde des Reiches besiegte und prächtige Bauten errichten ließ. Er wurde etwa im Jahre 1755 von seiner Mutter (sie gab ihm vergifteten Tabak in seine Pfeife) ermordet, die mehr Anteil an der Regierung haben wollte und damit rechnete, großen Einfluss auf die Staatsgeschäfte zu gewinnen, wenn ihr junger Enkel den Thron bestieg.

Die christliche Religion ist in Abessinien zwar die herrschende, doch steigt die Zahl jener, die Mohammedaner werden, ständig an. Die Einwohner des Landes gelten als gute Soldaten. Die Hauptstadt ist das am Fluss Tonbul gelegene Gonda[125].

125 Gonda ist heute nur noch eine Provinzhauptstadt. Addis Abeba wurde erst 1889 Hauptstadt.

Gonda, in einer fruchtbaren Ebene gelegen, ist von einer starken Mauer umgeben und wird durch ein Kastell geschützt.

Das Klima Abessiniens ist ausgezeichnet. Denn die Regenmonate fallen in die heißeste Jahreszeit. Dadurch wird die Luft abgekühlt und das Land fruchtbar gemacht. Es gibt in Abessinien viele Flüsse. Diese vereinigen sich nach und nach in einen Fluss, nämlich den Nil, der ins Mittelländische Meer mündet. Der Nil ist der längste Strom der Erde.

Die Abessinier haben Überfluss an allen Lebensmitteln, besonders an Vieh. Nur Salz fehlt in den meisten Gegenden. Ausgeführt werden: Gold (in Stangen und als Staub), Kaffee, Zibet, das in Ochsenhörnern aufbewahrt wird, Zibetkatzen und verschiedene Gewürze. Der Kaffee Abessiniens soll nicht so gut wie der im Jemen sein.

Abessinien ist in mancher Hinsicht ein merkwürdiges Land. Es liegt am Ufer des zwar schmalen, aber langen Arabischen Meerbusens, wo sich in den ältesten Zeiten die Niederlagen des indischen und ägyptischen Handels befanden. Denn nicht nur aus den benachbarten afrikanischen Ländern und aus Arabien, sondern auch aus Indien wurden Kaufmannswaren hierher gebracht und von den Abessiniern, die nie Freunde der Schifffahrt waren, auf Kamelen durch Arabien nach Ägypten und Syrien gebracht. Durch den starken Verkehr mit entfernten östlichen und nördlichen Nationen wurden die Abessinier frühzeitig mit den Künsten und Wissenschaften bekannt. Dies sieht man vor allem daraus, dass die Abessinier von uralten Zeiten her eine eigene Schrift hatten. Das ist nach meiner Meinung ein Beweis dafür, dass die Abessinier mehr Fähigkeiten als die übrigen Völker Afrikas besitzen. Sie beherrschten seinerzeit auch einen weit größeren Teil Afrikas als jetzt, manchmal sogar den Jemen und Arabien.

Das Christentum erhielten sie am Beginn des 4. Jahrhunderts durch Frumentius, der von Athanasius[126] als Bischof nach Abes-

126 295–373, griechischer Kirchenlehrer, Bischof von Alexandria, war der Hauptgegner der Arianer, die behaupteten, Christus sei ein Mensch gewesen und erst durch seine Erlösungstat ein Gott geworden. Diese Lehre wurde durch das Konzil von Nizäa (325) verworfen.

sinien gesandt wurde. Seither blieben sie Anhänger der koptischen Kirche. Viele Abessinier lassen ihre Kinder beschneiden, obwohl sie ihre Religion hierzu nicht verpflichtet. Sie dürfen auch Schweinefleisch essen, doch sie tun es nicht, teils weil sie vor dem Fleisch eines unreinen Tiers Abscheu haben, teils weil in der Apostelgeschichte 15,20 befohlen wird, dass sich die Christen nicht von Ersticktem und Blut ernähren sollen. Der oberste Geistliche heißt Abuna und wird vom koptischen Patriarchen in Ägypten nach Abessinien entsandt.

Dies ist das Land, dessen Einwohner der Stifter des Jesuitenordens selbst bekehren wollte. Ich weiß wenig vom Jesuitenorden, doch ich glaube, dass dieses Land unter der Regierung der Jesuiten eines der blühendsten Reiche der Welt hätte werden können und auch wohl geworden wäre, wenn Ignatius von Loyola selbst seinen Boden betreten hätte. Denn er hätte sich dem Charakter der Abessinier besser angepasst als seine Schüler, er hätte sich die Gunst des Königs und des Adels erworben und die Geistlichkeit nicht beleidigt. Er wäre gewiss kein Despot gewesen.

Und was wäre aus Abessinien geworden, wenn Loyola die Bewohner bekehrt hätte? Vielleicht würden die Jesuiten jetzt nicht nur Abessinien beherrschen, sondern auch die Negervölker, von welchen wir so wenig wissen. Vielleicht wären die Abessinier jetzt die bedeutendsten Kaufleute der Welt. Die Abessinier können schreiben und haben viel Verstand. Sie könnten also wichtige Ämter bekleiden. Sie sind auch gute Soldaten. Also wären sie imstande gewesen, ihr Reich zu schützen. Nach meiner Meinung hätte keine Nation der Welt so mächtig werden können wie die Abessinier, wären die Schüler Loyolas tolerant und imstande gewesen, ihre Herrschsucht zu verbergen. Oder aber wenn Ignatius selbst nach Abessinien gekommen wäre.

Das Leben Carsten Niebuhrs, von seinem Sohn geschildert

Hadeln ist, wie eine geschichtliche Notiz am Ende der zu Wittewierum gedruckten altfriesischen Gesetze lehrt, eine friesische Landschaft und gehörte damals, Hadelre genannt, zum siebenten Seeland. Nachdem die große friesische Föderation aufgelöst war, verlor sie ihre republikanische Freiheit und geriet, nach verschiedenen Schicksalen, unter die Herzöge von Sachsen-Lauenburg und mit deren Herzogtum an Hannover. Das Land besteht aus Marsch, mit Ausnahme dreier Moorkirchspiele; die Landleute sind, nach friesischer Art, durchaus freie Eigentümer, von denen jeder seinen Hof mit vollkommenstem Eigentumsrecht besitzt, bewohnt und selbst bewirtschaftet.

In diesem Land, unter diesen freien Männern als freier Landmann wurde Carsten Niebuhr am 17. März 1733 im Westerende Lüdingworth auf dem Bauernhof seines Vaters geboren. Dieser und seine Vorfahren von dem Ururältervater an wohnten als Bauern auf ihren eigenen Marschhöfen: wohlhabende, aber keineswegs reiche Männer.

Carsten Niebuhr verlor seine Mutter, ehe er sechs Wochen alt war. Er wuchs unter einer Stiefmutter im Haus seines Vaters auf, wo seine Lebensart und seine Erziehung die eines gewöhnlichen Bauernknaben war. Wahrscheinlich ist es sein eigener reger Trieb nach Wissenschaft gewesen, der seinen Vater veranlasste, ihn auf die lateinische Schule nach Otterndorf zu bringen, von wo er später auf die zu Altenbruch kam. Aber die Versetzung des dortigen Lehrers und die Vorurteile seiner Vormünder (der Vater war inzwischen gestorben) machten seinen ersten Schulstudien früh ein Ende. Daher musste er sich bequemen zu erlernen, was ihm ohne Schulbesuch zugänglich war, und so trieb er ein Jahr lang eifrig Musik und lernte mehrere Instrumente spielen, mit der Absicht, Organist zu werden. Doch auch diese Beschäftigung fand nicht den Beifall seiner Vormünder; sein mütterlicher Oheim nahm ihn zu sich, und bei diesem lebte er etwa vier Jahre lang wieder ganz als Landmann.

Je älter er aber wurde, desto weniger konnte er die Leere dieses Lebens ertragen. Es drängte ihn, zu lernen und sich nicht nur mit Gemeindeangelegenheiten zu beschäftigen.

Ein Zufall war es, der meinem Vater die Richtung gab, die er von da ab unausgesetzt verfolgte, bis sie ihn dahin führte, dass er der Erste unter den Landreisenden der Neuzeit wurde. Ein Rechtsstreit über den Flächeninhalt eines Bauernhofes hatte nur durch Vermessung geschlichtet werden können, und da sich in ganz Hadeln kein Landmesser fand, hatte dieser aus einer anderen Gegend gerufen werden müssen. Niebuhr hatte in hohem Grade altväterliche Eifersucht für die Ehre seiner Landschaft, und dieser Vorfall schien ihm für sie schimpflich: Er konnte eine Pflicht gegen sein Vaterland erfüllen, wenn er die entbehrte Kunst erlernte, und dadurch wurden ihm ein Beruf und ein Ziel gegeben. Er war mittlerweile mündig geworden, und da er gehört hatte, dass in Bremen Unterricht in der praktischen Geometrie zu erhalten sei, begab er sich dorthin. Doch dieser Plan scheiterte. Der Lehrer, auf den er gerechnet hatte, war gestorben. Nun wandte er seine Blicke nach Hamburg.

Er war schon 22 Jahre alt, als er in Hamburg eintraf, um sein Studium von Neuem zu beginnen. Er nahm bei einem Landsmann namens Witke, der Theologie studierte, Privatunterricht und war von einem unsagbaren Fleiß. Zwanzig Monate Studium, von welchen acht für Vorbereitungen aufgewandt werden mussten, da ihm die lateinische Sprache noch fast ganz unbekannt war, waren für einen jungen Mann dennoch unzureichend, das zu erlernen, was glücklicheren Studenten sozusagen in den Schoß fiel. Er lernte unter anderem kein Griechisch, worüber er sich später immer wieder beklagte.

Bei Professor Büsch studierte er Mathematik. Er war der älteste und zugleich beste Schüler dieses Gelehrten. Büsch wurde später einer seiner besten Freunde.

Er war nach Hamburg gekommen, um Geometrie zu studieren und einige andere Kenntnisse zu erwerben. Nun jedoch, da er mit der Wissenschaft so richtig bekannt geworden war, wollte er den Schatz seines Wissens vergrößern und vertiefen. Deshalb übersiedelte er zu Ostern 1757 nach Göttingen. Am meisten lag ihm nach wie vor die Mathematik am Herzen. Da aber sein Vermögen immer geringer wurde, musste er sich nach einem Beruf umsehen, mit dessen Ertrag er sein Studium finanzieren konnte. Deshalb trat er in das hannoverische Ingenieurkorps ein, wo man zu dieser Zeit Männer mit mathematischen Kenntnissen dringend benötigte.

Er studierte mit der Sicherheit eines Menschen, der weiß, was er will, von Ostern 1757 ein volles Jahr lang, ungeachtet der Kriegswirren, welchen Göttingen häufig ausgesetzt war. Zu dieser Zeit erinnerte er sich an das Vorhandensein eines Familienstipendiums. Er erhielt es und verwendete es für die Anschaffung von Instrumenten.

Der Plan, eine Reise nach Arabien zu unternehmen, ging von dem Göttinger Professor Johann David Michaelis aus, dem Begründer der historisch-kritischen Betrachtung des Alten Testaments. Michaelis wandte sich mit diesem Plan an den dänischen Minister des Auswärtigen, Freiherrn Johann Hartwig Ernst von Bernstorff. Er tat dies nicht ohne Grund: Dänemark, von König Friedrich V. regiert, blieb damals von Kriegen verschont, außerdem war Bernstorffs Aufgeschlossenheit der Wissenschaft gegenüber bekannt.

Michaelis stellte dem dänischen Staatsminister vor, dass durch eine Erkundung Arabiens, eines von europäischen Reisenden kaum betretenen Landes, für die Philologie des Alten Testaments viele Erkenntnisse gewonnen werden könnten. Sein Plan beschränkte sich darauf, einen einzigen Reisenden, nämlich einen orientalischen Philologen aus seiner eigenen Schule, über Indien nach dem Jemen zu entsenden. Glücklicherweise erkannte der Minister sofort, dass das Ergebnis solch einer Reise bedeutungslos sein würde, auch wenn dieser Einzelreisende lebend zurückkam. Deshalb schlug er dem Gelehrten eine Erweiterung der Expedition vor.

Der erste Vorschlag wurde dem Freiherrn von Bernstorff wohl schon im Jahre 1756 gemacht. Bernstorff bevollmächtigte Michaelis, ihm einen Philologen vorzuschlagen. Michaelis'

Wahl fiel nicht, wie erwartet, auf Johann Jakob Reiske, der als der bedeutendste arabische Philologe seiner Zeit galt, sondern auf Herrn von Haven, dessen Kenntnisse damals wohl die eines Schülers waren.

Michaelis hatte auch den Auftrag erhalten, einen Mathematiker und Naturforscher auszuwählen. Er gab diesen Auftrag an Abraham Gotthelf Kästner weiter, der seit 1756 in Göttingen Mathematik und Physik lehrte. Eines Tages im Sommer 1758 betrat Kästner das Zimmer meines Vaters. »Hätten Sie Lust, nach Arabien zu reisen?«, fragte er. »Warum nicht, wenn jemand die Kosten bezahlt«, erwiderte mein Vater, den nichts an die Heimat band und außerdem das Verlangen, seinen Horizont zu erweitern, in die Feme zog. »Die Kosten«, antwortete Kästner, »soll Ihnen der König von Dänemark bezahlen.« Dann setzte er meinem Vater die geplante Reise auseinander. Niebuhr war sofort einverstanden, äußerte aber seine Zweifel, dass er für solch ein gewaltiges Unternehmen brauchbar war. Kästner beruhigte ihn, stellte ihm eine geraume Frist für die Vorbereitung in Aussicht und riet ihm, bei dem berühmten Mathematiker, Physiker und Astronomen Johann Tobias Mayer vor allem Astronomie zu studieren.

Mein Vater begab sich noch an demselben Abend zu Mayer. Dieser versprach ihm zwar den erbetenen Unterricht, warnte ihn aber vor einem allzu raschen Entschluss. Er wusste nicht, dass bei Niebuhr, gemäß seinem Charakter, ein einmal gefasster Entschluss unwiderruflich war.

Michaelis, bei dem sich Niebuhr am folgenden Tag meldete, hielt die schnelle Entscheidung wohl für Leichtsinn und zwang meinem Vater eine Frist von acht Tagen auf, doch noch alles gründlich zu überdenken und zu überlegen. Die acht Tage vergingen, ohne dass Niebuhr anderen Sinnes wurde. Nun nahm Michaelis seine Erklärung an. Seine Bedingungen waren: eineinhalb Jahre (bis Ostern 1760) zur Vorbereitung und während dieser Zeitspanne dasselbe Gehalt wie von Haven. Beides wurde von Herrn von Bernstorff ohne Bedenken bewilligt.

Niebuhr lebte nun ganz für seine Bestimmung. Er setzte die rein mathematischen Studien fort, vervollkommnete sich im Zeichnen, suchte an historischen Kenntnissen zu gewinnen, was für ihn bei seinen unvollkommenen Vorstudien erreichbar war, und übte sich in praktischer Mechanik, um seine Instrumente behandeln zu können. Außerdem beschäftigten ihn zwei Privatissima, in der arabischen Sprache bei Michaelis und in der Astronomie bei Mayer.

Mayer war unter den deutschen Astronomen und Mathematikern seiner Zeit ohne allen Vergleich der Erste. Sein Eifer, Niebuhr zu unterrichten, war ebenso groß wie der seines Schülers, bei ihm zu lernen. Unter allen Männern, welche Niebuhr im Laufe seines langen Lebens kennenlernte, verehrte und liebte er keinen so wie Mayer. Mayer nahm an der Ausrüstung meines Vaters so ganz wie an einer eigenen Sache Anteil und teilte seine Quadranten selber ein.

Die zugestandene Vorbereitungszeit hatte sich um ein halbes Jahr verlängert, und erst 1760 verließ Niebuhr Göttingen. In Kopenhagen wurde er von Bernstorff mit größtem Wohlwollen empfangen und gewann dessen Vertrauen vor den übrigen schon versammelten Mitgliedern der Reisegesellschaft. Da er vom König eine Pension zur Vorbereitung erhalten hatte, hatte er sich verpflichtet gefühlt, die Beobachtungsinstrumente auf eigene Kosten anzuschaffen. Bernstorff, dem dies zufällig bekannt wurde, nötigte ihm Ersatz dafür auf und übertrug ihm, aus Achtung für seine Strenge, die Reisekasse. Zu dieser Zeit wurde Niebuhr auch zum Ingenieurleutnant ernannt.

Die Reise nahm dann am 4. Januar 1761 ihren Anfang. Ihr Verlauf ist von meinem Vater in dem Werk »Reise nach Arabien und anderen umliegenden Ländern« eingehend geschildert worden.

Mein Vater kehrte am 20. November 1767 von seiner Reise zurück. Nach seiner Ankunft wurde er vom Hof, von den Ministern und den Gelehrten mit großer Auszeichnung empfangen. Graf Bernstorff würdigte seine Verdienste und kam ihm mit allergrößter Freundlichkeit entgegen. Durch ihn lernte mein

Vater viele bedeutende Persönlichkeiten kennen, so die Gräfin Stolberg und ihre Söhne, vor allem aber Friedrich Gottlieb Klopstock.

Die erste Aufgabe meines Vaters nach der Rückkehr war es, Rechnung zu legen. Er konnte nicht genau übersehen, wie viel die ganze Reise gekostet hatte, da ihm nicht bekannt war, was man für die Vorbereitungen aufgewendet hatte, doch ist anzunehmen, dass ein Betrag von 21 000 Reichstalern nicht überschritten wurde.

Dieser geringe Betrag erregte schon damals Verwunderung. Natürlich hätten sich die Kosten um vieles erhöht, wäre mein Vater nicht während der letzten vier Jahre allein übrig gewesen. Sie wurden aber ferner auch dadurch vermindert, dass mein Vater überflüssige Ausgaben vermied und aus seiner eigenen Tasche alles bezahlte, was er nach seiner Meinung für sich persönlich verwendete.

»Eine weit schwierigere Aufgabe«, schreibt er in den für die Seinen niedergeschriebenen Aufzeichnungen über sein Leben, »war die, dem Publikum über meine Reise Rechnung zu legen.« Der Stoff in seinen Tagebüchern und Heften war ungeheuer reich und weitläufig. Dass er ihn mit einer Vollkommenheit verarbeitet hat, zu der die gänzliche Kunstlosigkeit nicht wenig beiträgt, wird jeder erkennen. Er selbst aber misstraute seiner Fähigkeit fast bis zum Verzagen. Noch mehr jedoch fürchtete er, aus Mangel an Gelehrsamkeit Dinge falsch vorzutragen und deshalb verkannt und ungerecht beurteilt zu werden.

Zur Herausgabe der Reisebeschreibung gewährte Bernstorff eine beachtliche Unterstützung durch die dänische Regierung. Auf ihre Kosten wurden alle Kupferplatten angefertigt und meinem Vater zum Geschenk gemacht. Die übrigen Ausgaben bestritt mein Vater allerdings selbst, da er den unglücklichen Plan gefasst hatte, das Werk selbst zu verlegen.

Während er nun die Beschreibung von Arabien überarbeitete und den Druck vorbereitete, veränderten sich die politischen Verhältnisse in Dänemark auf eine Weise, die für ihn schmerzlich war. Struensee bemächtigte sich der Regierung, ja der höchsten Gewalt, Graf Bernstorff wurde entlassen. Mein Vater betrachtete sich nicht als eine öffentliche Person, er handelte auch bei dieser Gelegenheit nicht, um bemerkt zu werden. Aber er verleugnete seine eifrige Anhänglichkeit an Bernstorff nicht, während sich alle furchtsam von dem gestürzten Minister zurückzogen. Er und einige wenige andere, die ihm die Treue hielten, begleiteten ihn bis Roeskilde.

Er hat Struensee nie eines Besuches gewürdigt. Er sprach seine Gesinnung laut aus, er freute sich über die Volksbewegung gegen die Landesverderber und teilte den Jubel über ihren Sturz.

Zur Michaelismesse 1772 erschien die Beschreibung von Arabien. Ein Buch dieser Art konnte nicht allgemein gelesen werden, es war vielmehr nur für wenige bestimmt. Auf lebhafteres Interesse rechnete mein Vater im Ausland. Hiefür war die französische Übersetzung gedacht, welche er selbst im folgenden Jahr herausgab. Es wurde aber dabei ein zweifacher Fehler begangen, der den Einfluss des Unsterns noch erhöhte, der über seinen verlegerischen Unternehmungen waltete. Die Übersetzung hätte zugleich mit dem Original erscheinen müssen: Nun hatte ein holländischer Verleger genauso spekuliert und brachte das Werk gleichzeitig heraus. Wie schlecht aber auch das Französische in Holland geschrieben wird und wie wenig Lob die dort erschienenen Übersetzungen der Schrift meines Vaters verdienen – die dänische, von einem Geistlichen besorgte Übersetzung war noch weit schlechter, ja unlesbar. Mein Vater, der das Dänische nur notdürftig verstand, konnte dies leider nicht beurteilen und verlor bei dieser zwecklosen Unternehmung viel Geld.

Um diese Zeit kam ein Botschafter des Paschas von Tripolis namens Abderrachman Aga nach Kopenhagen. Mein Vater besuchte ihn und freute sich, wieder Arabisch zu hören und sprechen zu können, und nutzte die Gelegenheit, von einem Einheimischen Erkundigungen über Gegenden der arabischen Welt einziehen zu können, die er selbst nicht besucht hatte. So erfuhr er viel über Tripolis und die Berberei, noch wichtigere Nachrichten sammelte er über Innerafrika. Es waren dies die ersten, welche seit Johann Leo dem Afrikaner, einem arabischen Schriftsteller des 16. Jahrhunderts, gesammelt wurden, dies 16 Jahre vor der Zeit, in der die Engländer darangingen, Afrika zu entdecken. Abderrachman Aga verstand auch einige Negerdialekte. Von ihm und einem seiner Diener sammelte mein Vater Sprachproben.

Die Entdeckung zweier großer mohammedanisch zivilisierter Reiche in Innerafrika und die Versicherung des Tripolitaners, dass einer, der es verstehe, als Morgenländer zu reisen, dort auf keine größeren Schwierigkeiten als in Arabien stoßen würde, erweckten in meinem Vater eine starke Begierde, über Tripolis und Fäsan zum Niger zu reisen. Wahrscheinlich hätte er sich, ohne von der Regierung eine Unterstützung zu verlangen, dorthin aufgemacht, würde ihn nicht die Pflicht zurückgehalten haben, seine Reisebeschreibung zu vollenden.

Doch sein Leben sollte eine neue Richtung nehmen. Wäre er ledig geblieben, würde er die Vollendung seines Werks beschleunigt haben, um das Abenteuer, das ihn reizte, zu wagen. Aber in dieser Zeit lernte er meine Mutter, die Tochter des verstorbenen Leibmedikus Blumenberg, eines Thüringers, kennen und verlobte sich mit ihr. Es war die einzige Liebe, die er in seinem ganzen Leben empfand. Dass sie tief und stark war, geht daraus hervor, dass er ihr zuliebe auf die geplante zweite Entdeckungsreise verzichtete. Er verheiratete sich mit ihr im Sommer 1773. Sie gebar ihm zwei Kinder: meine Schwester und mich.

Zur Ostermesse des folgenden Jahres, 1774, erschien der erste Band der Reisebeschreibung. Ungeachtet der nachteiligen Erfahrungen, die er mit seinem eigenen Verlag gemacht hatte, fühlte sich mein Vater verpflichtet, auch die naturhistorischen Werke Forskåls herauszugeben. Dieser Freundschaftsdienst brachte ihm, da der Verkauf unglaublich gering war, von allen seinen Unternehmungen dieser Art den größten Verlust. Auch dies war ein Grund dafür, dass er mit der Herausgabe des zweiten Bandes der Reisebeschreibung lange zögerte. Dieser erschien erst 1778. Nach seinem Plan hätte die Reise in diesem zweiten Band abgeschlossen werden sollen. Er brach aber mit seiner Ankunft in Haleb ab. Der übrige Verlauf der Reise, die Abhandlungen über das Türkische Reich und die mohammedanische Religion sowie die Nachrichten über Abessinien hätten den dritten Band bilden sollen. Die Ursachen, durch welche der Druck desselben verhindert wurde, werden sich aus dem weiteren Verlauf dieser Biographie ergeben.

Mein Vater lebte mit seiner Familie und einigen wenigen Freunden sehr zufrieden in Kopenhagen. Als er aber hörte, dass General Huth die Absicht hatte, ihn als Vermessungsingenieur nach Norwegen zu senden, war es mit dieser Zufriedenheit vorbei. Er dachte nicht daran, sich von seiner Familie zu trennen. Deshalb bemühte er sich, den Militärdienst zu verlassen und in Holstein eine Anstellung als Zivilist zu erlangen. Die Regierung erfüllte seine Wünsche und wies ihm eine Landschreiberei in Meldorf zu, ein Amt, das ihn, wie sich später erwies, nicht allzu sehr in Anspruch nahm.

Er traf im Sommer 1778 mit den Seinen in Meldorf ein und blieb dort bis zu seinem Tod. Dieser Ort wurde für mich die eigentliche Vaterstadt.

Meldorf, in der alten Republik Dithmarschen Stadt, Hauptort, reich und bevölkert, war durch die vergangenen Kriege ganz heruntergekommen und verödet. Hier fehlte es damals für einen Mann von der Art meines Vaters an einem Umgang, der gerade ihm angemessen gewesen wäre. Gleichwohl richtete er sich für das Lehen ein, baute sich ein Haus, das durch altväterische Stärke der Mauern seiner Lebensart entsprach, und pflanzte einen Garten. So vergingen allmählich die Jahre, und er begann die Beendigung seines Werks aus den Augen zu verlieren. Hierzu trug die Gleichgültigkeit bei, die man seiner Forschungsarbeit in Deutschland entgegenbrachte.

Auch meine Mutter machte ihm Sorgen: Sie vertrug das Klima nicht und wurde immer kränker.

Die dumpfe Gleichgültigkeit, in die mein Vater hier allmählich verfiel, wich erst einer besseren Stimmung, als Heinrich Christian Boie, der Herausgeber des »Deutschen Museums«, als Landvogt nach Meldorf kam. Boie besaß ausgedehnte literarische Beziehungen und eine reichhaltige Bibliothek, die er meinem Vater gern zur Verfügung stellte. Bald entstand zwischen den beiden Männern und später, nachdem Boie geheiratet hatte, zwischen den beiden Familien eine innige Freundschaft.

Die Folge dieser Verbindung war, dass mein Vater Abhandlungen, die für den dritten Band seines Werkes bestimmt waren, dem »Museum« zum Abdruck überließ. Dies ist in mehr als einer Hinsicht nachteilig gewesen. Denn dadurch wurde der Vorsatz, den fehlenden Band herauszugeben, vernichtet, der Inhalt zerstreut.

Inzwischen wuchsen die Kinder heran, und mein Vater beschäftigte sich mit unserem Unterricht. Er unterwies uns beide in Geographie und Geschichte, mich lehrte er Englisch und Französisch. Am liebsten jedoch erzählte er. Ich erinnere mich noch sehr lebhaft an die Zeit, in der ich vor dem Schlafengehen auf seinen Knien saß und anstatt mit Märchen mit Schilderungen des Orients und der Geschichte Mohammeds gespeist wurde.

Ursprünglich war es sein sehnlichster Wunsch, ich möge wie er den Orient bereisen und so sein Nachfolger werden. Er trug sich mit dem Gedanken, mich nach Indien zu schicken, und gab mir deshalb englische Lehrbücher, ja sogar englische Zeitungen. Doch der Einfluss einer sehr zärtlichen und ängstlichen Mutter vereitelte diesen Plan.

Im November 1792 kam mein Vater durch eine Pleuresie dem Tod nahe und erholte sich nachher nur sehr langsam. Bei seiner starken Vollblütigkeit hatte die Untätigkeit in diesem seinem letzten Lebensabschnitt seine Gesundheit zerrüttet. Im folgenden Jahr spie er Blut. Er war nicht ernsthaft krank, litt aber an verschiedentlichen Beschwerden.

Als er das 66. Lebensjahr vollendet hatte, wandte sich alles noch einmal zum Guten. Ein Zufall hatte ihn bewogen, Moorländereien in der Nähe unseres Wohnortes zu kaufen und den Versuch zu unternehmen, sie urbar zu machen. Es erfrischte ihn, zum Beruf seiner Jugend zurückzukehren, er entwarf Urbarmachungspläne, betrieb sie mit jugendlichem Eifer und verhieß sich den schönsten Erfolg. Wenn sich dieser auch nicht einstellte, soll das nicht beklagt werden. Denn das Leben meines Vaters ist hiedurch ohne Zweifel verlängert und wieder inhaltsreich geworden.

Nun machte er sich viel Bewegung und besuchte den Hof, den er neu angelegt hatte, zu Fuß oder zu Pferd. Da die Abzugsgräben, welche die Felder voneinander trennten, sehr breit waren, bediente er sich, um die Entfernungen abzukürzen, eines Springstocks, an dessen Gebrauch er von seiner Kindheit her gewöhnt war. Er hatte sich so verjüngt, dass er noch im 70. Lebensjahr mit einem solchen sogenannten Kluvstaaken über einen zehn Fuß breiten Graben springen konnte.

In dieser Zeit trafen aus England mehrmals Anfragen ein, ob mein Vater bereit wäre, sein Werk in englischer Sprache herauszugeben. Er freute sich sehr, dass man ihn nicht vergessen hatte, lehnte aber ab, weil er es für ein Unrecht hielt, wenn der Schluss seines Werkes nicht zuerst in deutscher Sprache erschien. Das Werk gehörte – das war seine Meinung – Dänemark als dem Land, dem es seine Entstehung verdankte. Große Freude bereitete es ihm auch, dass er im Jahre 1802 zum auswärtigen Mitglied der Französischen Akademie gewählt wurde.

Die Amtsgeschäfte, welche meinem Vater oblagen, vermehrten sich jetzt. Dies machte ihm nichts aus. Er arbeitete im 71. und 72. Lebensjahr bis tief in die Nächte hinein und ließ sich davon nicht abhalten, obwohl er allmählich zu erblinden begann. Das bereitete ihm viel Kummer, weil er befürchtete, sein Amt niederlegen zu müssen. Zum Glück blieb ihm dies erspart.

Im Dezember 1807 starb meine Mutter an Brustwassersucht. Meine Schwester und eine verwitwete Schwester meiner Mutter, die seit zwölf Jahren im Haus lebte, konnten sich nun, der Krankenpflege entbunden, ganz um den schon hilfsbedürftigen Greis kümmern. Meine Schwester übernahm sogar die Geschäfte, die mein Vater nicht mehr besorgen konnte, war aber dieser Arbeit nicht gewachsen, da das, was mein Vater niederschrieb, kaum noch leserlich war.

Eine der schönsten Belohnungen für das edle und nützliche Leben meines Vaters war es, dass sich ein Freund fand, der mit der Ergebenheit und Liebe eines Sohnes seine Amtsgeschäfte übernahm. Seinen jetzigen Nachfolger Gloyer hatte ein lebhaftes Interesse an Länderkunde zur Bekanntschaft mit meinem Vater geführt und diesem seine Gesellschaft so lieb gemacht, dass er, da sein neu erworbener Freund von keinen anderen Pflichten abgehalten wurde, demselben vorschlug, sein Hausgenosse und Gehilfe zu werden. Gloyer gewährte ihm diesen Wunsch, und die Kammer bewilligte im September 1810 das Gesuch meines Vaters. Gloyer, nun offiziell als Amtsgehilfe anerkannt, teilte die Geschäfte mit meiner Schwester. Die Amtsgeschäfte wurden meinem Vater übrigens nicht fremd. Er hielt ihren Faden ununterbrochen, als er schon lange blind war. Alles wurde ihm vorgelesen und mit ihm beraten. Im Gespräch mit Gloyer lebte manches erloschene Bild des Orients wieder auf, und durch Gloyers Erzählungen wurde er mit dem Inhalt neuer Reisebeschreibungen bekannt. Dies war für ihn bei Weitem der anziehendste Genuss.

Diese Ablenkungen wurden um so notwendiger, je mehr Altersbeschwerden sich einstellten. Mein Vater besaß einen sehr blutreichen Körper, für den Aderlässe immer unentbehrlicher wurden. Unglücklicherweise kam er auf den Gedanken, er müsse diese wegen seines hohen Alters unterlassen, und schlug alle Warnungen und Vorstellungen so lange in den Wind, bis sich Schwindelanfälle, Schlaganfälle und Blutspeien einstellten. Bei einem unglücklichen Sturz Anfang März 1814 verletzte er sich den rechten Schenkel, und dies hatte eine bleibende Lähmung desselben zur Folge. Nun musste er sich in einem Rollstuhl fortbewegen. Gleichwohl störte dieses Missgeschick seine wahrhaft heilige Gelassenheit nicht.

So fanden wir ihn im Herbst 1814. Ein liebenswerteres Bild konnte es nicht geben. Alle seine Züge, mit den erloschenen Augen, hatten den Ausdruck des hohen, müden Alters einer starken Natur. Er war unveränderlich guter Laune und sagte mehrmals, dass er nun gern heimgehen würde, da alles, was zu erleben er gewünscht habe, vollbracht sei. Es gelang uns, ihn zu Erzählungen von seiner Reise zu veranlassen, und wir waren überrascht, wie lebendig er vortrug. So erzählte er einmal ausführlich von Persepolis und beschrieb die Wände, an welchen sich die Inschriften und Basreliefs befinden, so, als wäre er tags zuvor dort gewesen.

Am Beginn des Winters blutete er plötzlich so heftig aus der Nase, dass wir seinen Tod erwarteten. Doch er überstand auch diesen Anfall. Gegen Ende April 1815 hatte sich die schon lange vorhandene Verschleimung der Brust arg verschlimmert. Wir hielten diesen Zustand eher für quälend als gefährlich. Am Abend des 26. April 1815 jedoch schlummerte mein Vater ein und verschied ohne Kampf. Er hatte ein Alter von 82 Jahren und 6 Wochen erreicht.

Zahllose Männer aus allen Gegenden des Landes erwiesen ihm die letzte Ehre. Seit Menschengedenken war niemand so wie er betrauert worden.

Er war dänischer Etatsrat, Ritter des Dannebrogs vierter Klasse, Landschreiber in Süderdithmarschen, Mitglied der Göttinger Sozietät der Wissenschaften, der schwedischen, der norwegischen, der naturforschenden Gesellschaft, auswärtiger Assoziierter des französischen Nationalinstituts.

Er hatte eine mittlere Statur, war sehr stark und stämmig gebaut, bis zum vierzigsten Jahr hager, nachher untersetzt und wohlbeleibt. Seine Gestalt und Haltung, das starke Haupt, der mächtige Nacken und seine Bewegungen verliehen ihm ein ganz orientalisches Aussehen.

Er lebte äußerst einfach, woran er sich in seiner frühesten Jugend gewöhnt hatte, und trank nichts als Wasser und Milch. Außer der Bauernkost seiner Heimat hatte er keine Lieblingsspeisen.

Er war und blieb überhaupt sein ganzes Leben lang ein echter Bauer, mit allen Tugenden und auch mit den kleinen Fehlern seines Geburtsstandes. Unleugbar war er wohl eigensinnig, ihm einen festgefassten Gedanken auszureden, war sehr schwer; er kehrte immer zu demselben zurück. Ebenso fest hielt er an Vor-

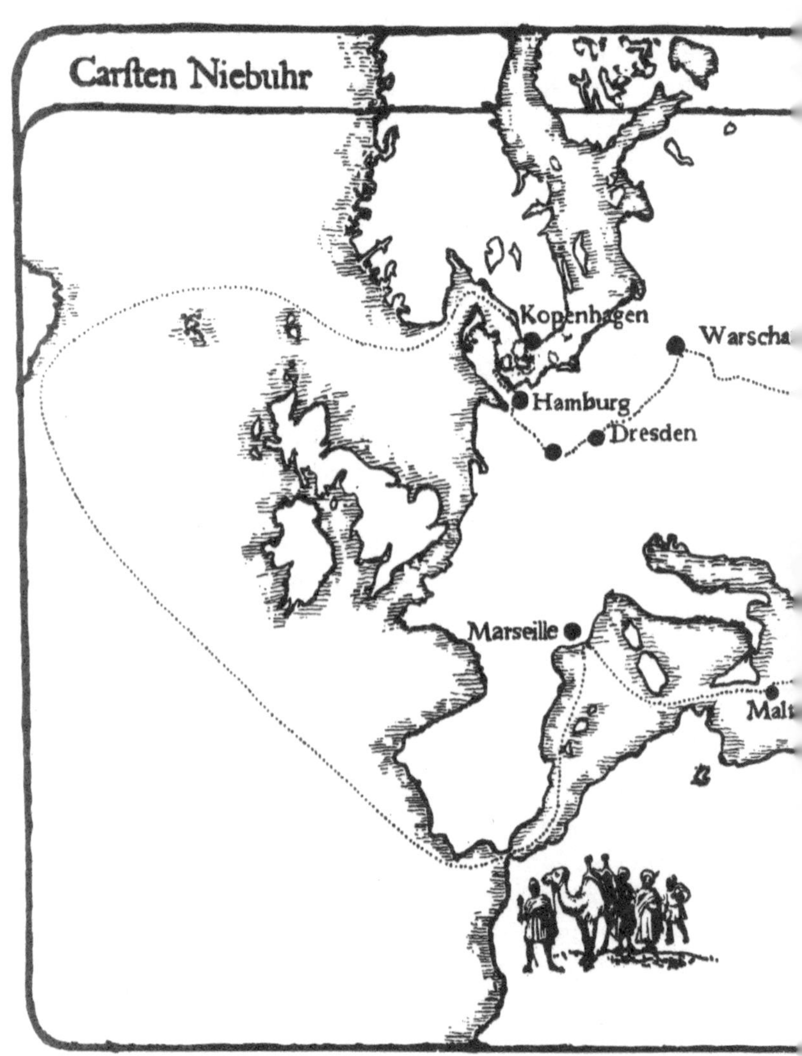
Carſten Niebuhr
Kopenhagen
Hamburg
Dresden
Marseille

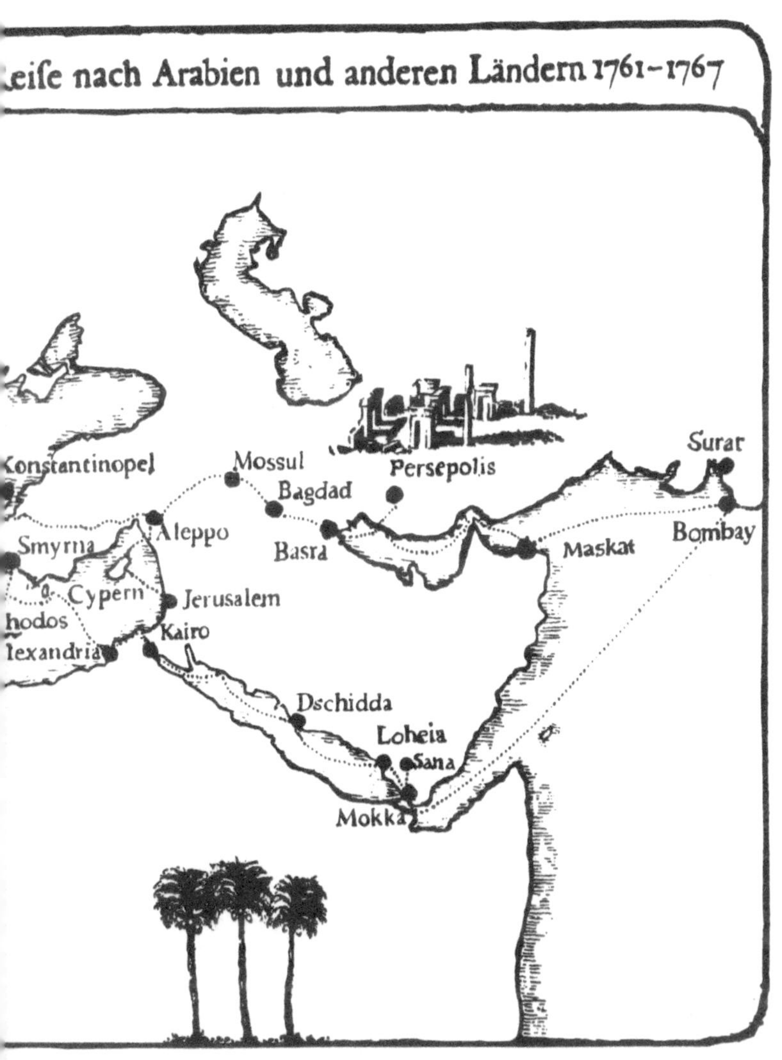
nach Arabien und anderen Ländern 1761–1767
Konstantinopel
Mossul
Persepolis
Bagdad
Surat
Aleppo
Smyrna
Basra
Maskat
Bombay
Cypern
Jerusalem
Kairo
Dschidda
Loheia
Sana
Mokka

urteilen für und wider Menschen. Aber dieselbe Beharrlichkeit war es, die ihm die Kraft gegeben hat, während der großen Zeit seines Lebens seinen Beruf zu erfüllen.

Sein Charakter war makellos, seine Sitten waren äußerst streng. Er war immer anspruchslos und aufopfernd.

Anerkennungen seiner Verdienste von Sachkundigen konnten ihm große Freude bereiten. Für Scheinehren und Eitelkeit jedoch war er gänzlich unzugänglich. Die ihm von dem Minister Guldberg angebotene Erhebung in den Adelsstand lehnte er ab. Das adelige Prädikat, welches er nach der für die dänische Armee geltenden Sitte als Ingenieuroffizier führte, veranlasste einen Verwandten, ihn zu fragen, ob er sich habe adeln lassen. »Nein«, antwortete er, »ich würde meine Familie nicht so beleidigen.« Er urteilte, dass, wer dies täte, seine Abstammung nicht für hinreichend ehrenvoll halten müsse.

Er hat seiner Familie eine höhere Nobilität gestiftet und hinterlassen. Noch immer kehrt kein Reisender aus dem Orient zurück ohne Bewunderung und Dankbarkeit für diesen Lehrer und Führer, den vornehmsten aller Reisebeschreiber des Orients. Keiner von allen, die ihm bis jetzt gefolgt sind, hat ihm verglichen werden können, und wir mögen wohl fragen, ob er je einen Nachfolger finden wird, der die Beschreibung von Arabien vollenden und neben ihm genannt werden kann.

Wir danken Herrn *Dr. Barthold C. Witte* für vielerlei wertvolle Anregungen und manche Hilfe bei der Vorbereitung dieser Neuausgabe der Aufzeichnungen Carsten Niebuhrs.

Wir danken auch der Universitätsbibliothek Tübingen für ihre entgegenkommende Hilfe bei der Bereitstellung der Originalausgaben im Zusammenhang der redaktionellen Arbeiten für dieses Buch.

Der Verlag

Bibliografische Information der Deutschen Nationalbibliothek
Die Deutsche Nationalbibliothek verzeichnet diese Publikation in der Deutschen Nationalbibliografie; detaillierte bibliografische Daten sind im Internet über http://dnb.d-nb.de abrufbar.

2. Auflage 2017

Der Text wurde behutsam revidiert
nach der Edition Erdmann Ausgabe Stuttgart, 1983
Lektorat: Dietmar Urmes, Bottrop
Covergestaltung: Nicole Ehlers, marixverlag GmbH
nach der Gestaltung von Nele Schütz Design, München
Bildnachweis: akg-images GmbH, Berlin
Satz und Bearbeitung: Medienservice Feiß, Burgwitz
Der Titel wurde in der Adobe Garamond gesetzt.
Gesamtherstellung: CPI books GmbH, Leck – Germany

ISBN: 978-3-86539-842-0

www.verlagshaus-roemerweg.de

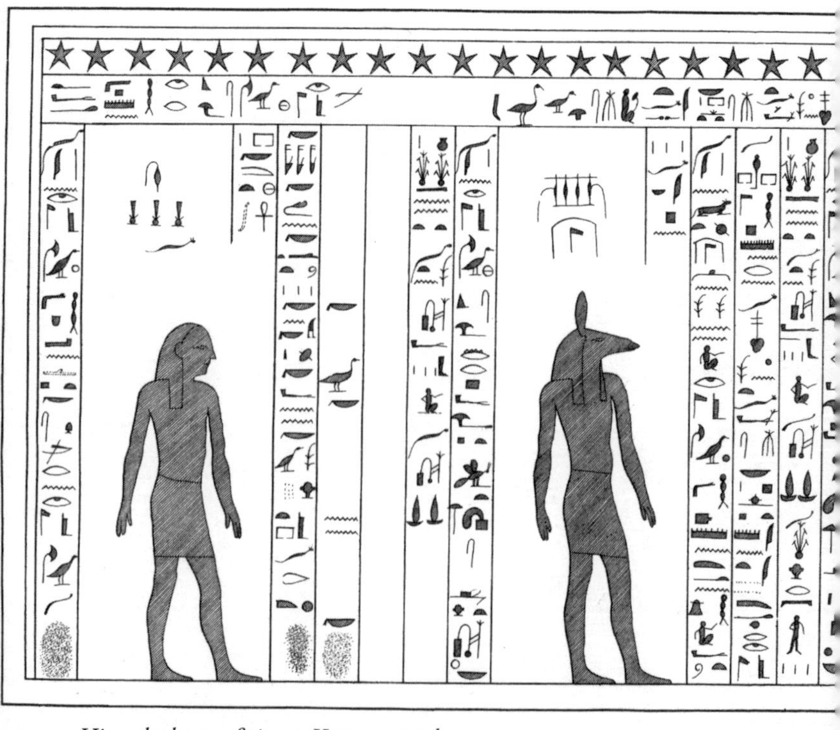

Hieroglyphen auf einem Kasten aus schwarzem Granit bei Kallá el Käbsch in Káhira